ACCESO GRATIS *a la Lectura en la Nube*

Para visualizar el libro electrónico en la nube de lectura envíe junto a su nombre y apellidos una fotografía del código de barras situado en la contraportada del libro y otra del ticket de compra a la dirección:

ebooktirant@tirant.com

En un máximo de 72 horas laborales le enviaremos el código de acceso con sus instrucciones.

La visualización del libro en **NUBE DE LECTURA** excluye los usos bibliotecarios y públicos que puedan poner el archivo electrónico a disposición de una comunidad de lectores. Se permite tan solo un uso individual y privado

DIÁLOGOS CONSTITUCIONALES EN LOS DERECHOS HUMANOS Y LA CULTURA DE LA PAZ

DIÁLOGOS CONSTITUCIONALES EN LOS DERECHOS HUMANOS Y LA CULTURA DE LA PAZ

ANGÉLICA JESÚS CECEÑA ALTAMIRANO
Coordinadora

tirant lo blanch
Ciudad de México, 2024

En caso de erratas y actualizaciones, la Editorial Tirant lo Blanch México publicará la pertinente corrección en la página web www.tirant.com/mex/

© EDITA: TIRANT LO BLANCH
DISTRIBUYE: TIRANT LO BLANCH MÉXICO
Av. Tamaulipas 150, Oficina 502
Hipódromo, Cuauhtémoc
CP 06100, Ciudad de México
Telf: +52 1 55 65502317
infomex@tirant.com
www.tirant.com/mex/
www.tirant.es
ISBN: 978-84-1169-042-3
MAQUETA: Disset Ediciones

Si tiene alguna queja o sugerencia, envíenos un mail a: atencioncliente@tirant.com. En caso de no ser atendida su sugerencia, por favor, lea en www.tirant.net/index.php/empresa/politicas-de-empresa nuestro procedimiento de quejas.

Responsabilidad Social Corporativa: http://www.tirant.net/Docs/RSCTirant.pdf

Autores

Enrique Arámbula Maravilla
Alfredo Francisco Castañeda Pulido
Angélica Jesús Ceceña Altamirano
Luis Antonio Corona Nakamura
Francisco Javier Cortes Fuentes
Luis Octavio Cotero Bernal
J. Jesús Francisco Duran Juárez
Alicia Livier Estrada Gutiérrez
José Guillermo García Murillo
Dulce María González Gómez
Joseline Adriana Gónzalez Madrigal
Arturo González Solís
Edgar Gutiérrez Aceves
Gelacio Juan Ramón Gutiérrez Ocegueda
José Cruz Guzmán Díaz
María Teresa Guzmán Robledo
Dante Jaime Haro Reyes
Luis Ernesto Hermosillo Tejeda
Esperanza Loera Ochoa
Thais Loera Ochoa
Marisol Luna García
Samantha Maldonado Ramos
Brenda Mariscal Gutierrez
Adrián Joaquín Miranda Camarena
Martín Moreno Reynaga
José Zócimo Orozco Orozco
Axel Francisco Orozco Torres
Alfonso Partida Caballero
Héctor Hugo Ramírez Larios
Elizabeth Leticia Souza Mosqueda

Índice

PRÓLOGO 17

José de Jesús Becerra Ramírez

RESPONSABILIDAD DE LA INICIATIVA PRIVADA EN LA SUSTENTABILIDAD COMO DERECHO HUMANO

Angélica Jesús Ceceña Altamirano, Mtro. Alfonso Partida Caballero, Mtro. Francisco Javier Cortes Fuentes y Mtro. J. Jesús Francisco Duran Juárez

I. RESUMEN 20
II. DESARROLLO 20
III. LA SUSTENTABILIDAD COMO DERECHO HUMANO (DHS)...... 21
IV. COMPAÑIAS INTERNACIONALES QUE APORTAN LA SUSTENTABILIDAD 22
V. PRINCIPIO AMBIENTAL Y SU VALOR VINCULANTE.................. 22
VI. MARCO NORMATIVO.. 23
VII. LAS DIMENSIONES Y ÁMBITOS ESTRATÉGICOS DE LA RESPONSABILIDAD SOCIAL.. 25
¿Cómo ha evolucionado la RSE en el tiempo? 27
¿Cómo planificar y medir la RSE ambiental?.................................. 27
CONCLUSIONES 29
REFERENCIAS BIBLIOGRÁFICAS 29

ESTRATEGIAS PARA PROMOVER Y EDUCAR EN UN ENFOQUE DE DERECHOS HUMANOS EN LA UNIVERSIDAD DE GUADALAJARA. - UN EJERCICIO DE INVESTIGACIÓN PARTICIPANTE EN EL DERECHO ACADÉMICO.

Dante Jaime Haro Reyes, Enrique Arámbula Maravilla, José Cruz Guzmán Díaz y Dulce María González Gómez

I. MARCO CONSTITUCIONAL Y REFORMAS LEGAL RECIENTES EN PRO DE LOS DERECHOS HUMANOS EN MÉXICO.................... 34

II. EDUCACIÓN FORMAL Y CONTINUA PRO DE LOS DERECHOS HUMANOS EN LA UNIVERSIDAD DE GUADALAJARA. 38

III. MARCO NORMATIVO DE LA DEFENSORÍA DE LOS DERECHOS UNIVERSITARIOS EN LA UNIVERSIDAD DE GUADALAJARA. 44

IV. CAPACITACIÓN Y FORMACIÓN EN DERECHOS HUMANOS POR LA DEFENSORÍA DE LOS DERECHOS UNIVERSITARIOS EN LA UNIVERSIDAD DE GUADALAJARA. 47

V. RETOS Y PERSPECTIVAS DEL ENFOQUE Y EDUCACIÓN EN DERECHOS HUMANOS, A PARTIR DE LA EXPERIENCIA DE LA UNIVERSIDAD DE GUADALAJARA. 49

FUENTES DE INFORMACIÓN. 50

CONFLICTO INTERNACIONAL Y PROPIEDAD INTELECTUAL

GELACIO JUAN RAMÓN GUTIÉRREZ OCEGUEDA Y EDGAR GUTIÉRREZ ACEVES

I. INTRODUCCIÓN 57

II. MARCO TEÓRICO 58

III. METODOLOGÍA 59

1. El conflicto y conceptos semejantes 60
2. Medios de control de conflicto internacional.- 62
3. La intimidación en las relaciones entre Estados nacionales 62
4. Entre la paz y la seguridad nacional: el dilema. 64
5. Ausencia de guerra pero presencia de conflictos no resueltos 64
6. Dimensiones clave para la acuñación de un concepto del conflicto.- 65
7. La naturaleza del conflicto.- 65
8. El conflicto prevención y el conflicto solución.- 66
9. El método científico en el estudio y solución del conflicto internacional. Ventajas y límites 67
10. La resolución del conflicto en el ámbito de la propiedad intelectual 69

IV. RESULTADOS 71

V. CONCLUSIONES 71
VI. PROPUESTAS 71
BIBLIOGRAFÍA 72

EL DERECHO HUMANO A LA SALUD EN MÉXICO: LA SALUD MENTAL

Adrián Joaquín Miranda Camarena y Samantha Maldonado Ramos

I. INTRODUCCIÓN. 75
II. EL DERECHO A LA SALUD EN MÉXICO. CONSIDERACIONES GENERALES. 76
III. SALUD MENTAL: IMPACTO. 79
IV. ANÁLISIS DE REFORMA 83
CONCLUSIONES 86
REFERENCIAS 87

CONSTITUCIONALISMO MEXICANO FRENTE AL PARADIGMA DEL NEOCONSTITUCIONALISMO

Luis Ernesto Hermosillo Tejeda
Elizabeth Leticia Souza Mosqueda
Martín Moreno Reynaga

I. ANTECEDENTES NORMATIVOS Y TEÓRICOS DEL PARADIGMA CONSTITUCIONAL MEXICANO 92
II. ELEMENTOS TEÓRICOS DEL CONSTITUCIONALISMO MEXICANO 94
III. EL CONSTITUCIONALISMO MEXICANO FRENE AL PARADIGMA NEOCONSTITUCIONAL 99
CONCLUSIONES 102
REFERENCIAS 102

LOS DERECHOS HUMANOS PARTE GENERAL

Mtro. Alfredo Francisco Castañeda Pulido

I. CARACTERÍSTICAS, IMPORTANCIA, FUNDAMENTOS, Y EN QUÉ CONSISTEN LOS DERECHOS HUMANOS.................................. 106

II. RETOS Y OBSTÁCULOS DE LA IMPLEMENTACIÓN DE LA REFORMA CONSTITUCIONAL EN MATERIA DE DERECHOS HUMANOS EN LOS TRES PODERES Y NIVELES DE GOBIERNO...... 108

III. DESAFÍOS DE LA REFORMA CONSTITUCIONAL EN MATERIA DE DERECHOS HUMANOS DE JUNIO DEL 2011.............................. 113

IV. EL DERECHO COMO SISTEMA DE GARANTÍAS......................... 115

1. Crisis del de derecho y crisis de la razón jurídica 115

2. Racionalidad formal y racionalidad sustancial en el paradigma garantista de la validez.. 116

REFERENCIAS BIBLIOGRÁFICAS:.. 117

ODS 8: TRABAJO DECENTE EN TIEMPOS POST-COVID19. UNA PROPUESTA PARA EL FORTALECIMIENTO DE EMPRESAS JALISCIENSES

Luis Antonio Corona Nakamura y Brenda Mariscal Gutierrez

I. METODOLOGÍA.. 120

II. OBJETIVO GENERAL. 120

III. HIPÓTESIS... 120

IV. DESARROLLO DE LA INVESTIGACIÓN 121

1. Trabajo decente y crecimiento económico en un Jalisco POST-COVID. 121

V. IMPUESTO SOBRE NÓMINAS EN JALISCO DEL 2% AL 2.5% 125

VI. UNA MECÁNICA DE ACREDITAMIENTO PARA FORTALECER LA EMPRESA JALISCIENSE.. 129

CONCLUSIONES. 130

BIBLIOGRAFÍA. 130

VIOLENCIA OBSTÉTRICA, LA VIOLACIÓN DE DERECHOS HUMANOS DESAPERCIBIDA EN NAYARIT

Marisol Luna García

I. VIOLENCIA OBSTÉTRICA 133

I.1. Problemática en Nayarit: 134
I.2. Marco Legal y Normativo: 135
I.3. Violencia Obstétrica su defensa del Derecho a decidir: 137
I.4. Sobre valoración de la maternidad: 137

II. INTERSECCIONALIDAD DE LA VIOLENCIA OBSTÉTRICA: 138
CONCLUSIONES Y RECOMENDACIONES: 139
BIBLIOGRAFÍA 140

EL DESAFÍO DE LA PROPIEDAD INTELECTUAL DE LAS TESIS EN DERECHO

Dr. José Zócimo Orozco Orozco

I. JUSTIFICACIÓN 144
II. MARCO METODOLÓGICO 145

1. Objetivo general 145
2. Objetivo específico 145
3. Objetivo específico 145
4. Metodología 145
5. Hipótesis 145

III. DESARROLLO DEL PROBLEMA 146

1. Tratamiento de la propiedad intelectual por los autores de tesis 149

IV. RESULTADOS. 152
CONCLUSIONES 152
PROPUESTAS 154
FUENTES 154

EL POPULISMO PUNITIVO: RESPUESTA CÍNICA DEL ESTADO MEXICANO

AXEL FRANCISCO OROZCO TORRES

I. CONTEXTUALIZANDO 158

II. LAS FUNCIONES Y LOS FINES DEL DERECHO PENAL 159

III. LA RUTA DEL POPULISMO PUNITIVO 162

1. Expansión Penal o Derecho Penal Expansionista *162*
2. Derecho Penal Simbólico *163*
3. Derecho Penal del Enemigo **163**

IV. LA RESPUESTA DE LOS ÓRGANOS REPRESENTANTES DEL ESTADO: EL POPULISMO PUNITIVO 165

CONCLUSIONES 167

REFERENCIAS 167

ESTADO DEL ARTE NORMATIVO DERECHO DE LAS TELECOMUNICACIONES

ARTURO GONZÁLEZ SOLÍS

I. LLUVIA DE IDEAS: 172

Reforma en Materia De Telecomunicaciones y Radio 173
Estado del arte 176
México Próspero: 179
Acceso universal a internet 184

II. LEY DEL SISTEMA PÚBLICO DE RADIODIFUSIÓN DEL ESTADO MEXICANO 187

III. CONSIDERANDO 188

DECRETO 191

CONCLUSIONES 193

FUENTES INFORMATIVAS ELECTRÓNICAS (ÚLTIMA CONSULTA: 27/ABRIL/2015) 195

LOS DERECHOS HUMANOS EN EL CONTEXTO DE LA PROPIEDAD INDUSTRIAL

Dr. José Guillermo García Murillo

I. INTRODUCCIÓN. 197

1. Los derechos humanos como una manifestación plena del desarrollo económico. 198

2. La propiedad industrial como política pública para impulsar el derecho humano al desarrollo económico. 202

II. CONCLUSIONES. 206

LA REFORMA CONSTITUCIONAL EN MATERIA DE EDUCACIÓN HACÍA UNA CULTURA DE LA PAZ

Dra. María Teresa Guzmán Robledo,
Joseline Adriana González Madrigal

I. INTRODUCCIÓN 209

II. LA CULTURA DE LA PAZ Y SU RELACIÓN CON LA EDUCACIÓN 210

III. LA EDUCACIÓN A TRAVÉS DE LAS CONSTITUCIONES MEXICANAS Y SUS REFORMAS 212

IV. LA CULTURA DE LA PAZ EN LA REFORMA CONSTITUCIONAL DEL ARTÍCULO 3° DEL AÑO 2019 215

V. CONCLUSIONES 218

REFERENCIAS BIBLIOGRAFÍA 220

DERECHOS HUMANOS DE NUESTRA NIÑEZ. RETOS EN MÉXICO

Thais Loera Ochoa y Esperanza Loera Ochoa

I. INTRODUCCIÓN 225

II. MARCO JURÍDICO 226

III. PERCEPCIÓN SOCIAL 227

IV. MODELOS DE PROTECCIÓN DE LA INFANCIA 230

V. EL INTERÉS SUPERIOR DE LA NIÑEZ EN LA LEY GENERAL 232

VI. EL SISTEMA DE PROTECCIÓN ANTES DE LA LEY GENERAL DE LOS DERECHOS DE NIÑAS, NIÑOS Y ADOLESCENTES 234

VII. ÓRGANOS Y OPERACIÓN DEL ACTUAL SISTEMA 236

VIII. LA FAMILIA COMO SUJETO DE DERECHOS Y DEBERES EN LA CONVENCIÓN SOBRE LOS DERECHOS DEL NIÑO 237

IX. PRINCIPALES RETOS 241

X. CONCLUSIONES 243

XI. BIBLIOGRAFÍA Y WEBGRAFÍA 244

Webgrafía 245

LA JUSTICIA ALTERNATIVA COMO PROMOTORA DE UNA CULTURA DE PAZ EN JALISCO

Alicia Livier Estrada Gutiérrez, Luis Octavio Cotero Bernal y Héctor Hugo Ramírez Larios

DESARROLLO: 249

BIBLIOGRAFÍA: 254

PRÓLOGO

Si algo debe de cultivarse en las sociedades contemporáneas es sin lugar a dudas el diálogo, para que se anteponga a la confrontación y a la violencia que pareciera ser el signo distintivo de estos tiempos. Por ello que pertinente que un grupo selecto de profesoras y profesores universitarios se den a la tarea bajo dicha premisa, de construir una serie de ensayos que, se materializaron en capítulos para dar vida a esta obra, la cual refleja la preocupación por mejorar las condiciones de todas las personas a partir de la teoría constitucional, sobre todo con la reflexión de uno de los pilares del constitucionalismo que son los derechos humanos, como elemento imprescindible para llegar a la paz.

Así mismo, festejo el hecho significativo de que los estudios constitucionales se catalicen en nuestros centros educativos, en razón que ahora más que nunca, es necesario la deliberación publica en nuestra democracia, de todos los temas de relevancia que impactan en la vida cotidiana. Pues si algo se adoleció en gran parte del siglo pasado en nuestro país, fue precisamente la gran ausencia de debate de los problemas constitucionales, por la presencia de más de 70 años de un régimen político que no lo permitió, aunado a la autocensura de muchas de las voces más autorizadas de tal periodo.

La virtuosidad de la obra que se prologa, es justo que da el paso hacia adelante para abordar diversos tópicos, que son de carácter inaplazable, en el que no puede un Estado que se jacte de ser constitucional y democrático, el hacer a un lado los grandes problemas que nos aquejan, como son los derechos humanos en su relación con la sustentabilidad, la educación, la propiedad intelectual e industrial, la salud, la cuestión punitiva, las telecomunicaciones, la niñez, la cultura de la paz, la justicia alternativa, entre otros aspectos del debate constitucional contemporáneo.

Por ello, es un gran honor prologar la presente obra colectiva que coordinan de una forma por demás meritoria la profesora universitaria Angélica Jesús Ceceña Altamirano. Obra en la que se reafirma la vocación deliberativa que debe prevalecer en el campo de la academia, pues abordan diversos tópicos que confirman esta apreciación.

Además, cabe también mencionar, que uno de los valores que tiene una obra colectiva de esta naturaleza, es el hecho que aborde una temática especifica perfectamente ordenada y sistematizada, que agrupe una disciplina del conocimiento y delimitada a un ámbito específico, situación que no es fácil realizar, por el hecho de que se tienen que conjugar esfuerzos individuales con un mismo fin. Pero, en la obra de referencia se realiza un esfuerzo por cumplir con tales exigencias y requerimientos.

Metodológicamente, este libro nos presenta una visión panorámica, el cual permite tener un enfoque amplio y certero de diversos temas relacionados con el constitucionalismo contemporáneo. Lo cual brinda la oportunidad a que el lector se familiarice con los diversos aspectos abordados en la obra, obtenga información valiosa y, en su momento incluso pueda a partir de dichas reflexiones, iniciar nuevos proyectos de investigación sobre ellas.

Los trabajos agrupados en el documento de referencia se presentan como una investigación seria que profundiza en aspectos novedosos, en razón que se preocuparon por abordar temáticas que implican retos mayúsculos para el constitucionalismo mexicano, con tópicos innovadores. Por ello, mi reconocimiento a todas y todos los autores, a su coordinadora por su esfuerzo, dedicación y compromiso con el trabajo académico, pero, sobre todo, por su deseo de realizar aportes sustanciales a la mejora de la justicia dentro de un Estado constitucional y democrático de derecho en nuestro país.

En consecuencia, se recomienda ampliamente la obra que se prologa, esperando que contribuya a profundizar el debate y deliberación pública de los aspectos fundamentales que aborda la misma.

José de Jesús Becerra Ramírez

Zapopán, Jalisco, México
Diciembre de 2023

RESPONSABILIDAD DE LA INICIATIVA PRIVADA EN LA SUSTENTABILIDAD COMO DERECHO HUMANO

Angélica Jesús Ceceña Altamirano[1],
Mtro. Alfonso Partida Caballero[2],
Mtro. Francisco Javier Cortes Fuentes[3]
y Mtro. J. Jesús Francisco Duran Juárez[4]

Palabras clave: Responsabilidad social empresarial, estrategia corporativa, grupos de interés, medio ambiente, sustentabilidad, derechos humanos.

Keywords

Corporate social responsibility, corporative strategy, interest groups, environment, sustainability, human rights.

Sumario: I Resumen; II. Resumen; III. Desarrollo; VI. La sustentabilidad como Derecho Humano (DHS); V. Compañías Internacionales que aportan la sustentabilidad; VI. Principio Ambiental y su Valor Vinculante; VII. Marco Normativo; VIII. Las dimensiones y ámbitos estratégicos de la responsabilidad social; IX. Conclusiones; X. Referencias Bibliográficas.

1 Doctora en Derecho por la Universidad de Guadalajara, profesora de tiempo completo Departamento de Derecho Público del Centro Universitario de Ciencias Sociales y Humanidades (CUCSH) de la Universidad de Guadalajara (UdeG), (México) CE: angelica.cecena@academicos.udg.mx, ORCID ID ORCID: 0000-0003-3175-5302.

2 Maestro en Derecho por la Universidad de Guadalajara, profesor de tiempo completo Jefe de Departamento de Derecho Público del Centro Universitario de Ciencias Sociales y Humanidades (CUCSH) de la Universidad de Guadalajara (UdeG), (México) CE: alfonso.partida@academicos.udg.mx

3 Maestro en Derecho por la Universidad de Guadalajara, profesor de tiempo completo Departamento de Derecho Público del Centro Universitario de Ciencias Sociales y Humanidades (CUCSH) de la Universidad de Guadalajara (UdeG), (México) CE: francisco.cortes@academicos.udg.mx

4 Licenciado en Derecho por la Universidad de Guadalajara, profesor de tiempo completo Jubilado del Departamento de Derecho Privado del Centro Universitario de Ciencias Sociales y Humanidades (CUCSH) de la Universidad de Guadalajara (UdeG), (México) CE: duran.legaspi@gmail.com.mx

I. RESUMEN.

La responsabilidad social del cuidado del medio ambiente y la preservación de los recursos naturales, pasa desde un enfoque estratégico netamente económico a uno cada vez más social y ambiental, en un alto grado de compromiso con la sostenibilidad y con los diferentes grupos de interés, al igual es una tendencia empresarial del siglo XXI para la ejecución de economías sustentables que garanticen sostenibilidad a largo plazo.

II. DESARROLLO

La sustentabilidad es un concepto que ha cobrado importancia durante las últimas décadas a nivel mundial, debido a la necesidad que representa para la estabilidad de un país en conjunto, desde una perspectiva ambiental, económica, social y cultural.

Sustentable, como objetivo se define como la capacidad que tiene un sistema para perdurar y mantenerse en un ambiente de cambio constante. Es decir, la sustentabilidad implica crecimiento, atendiendo a las necesidades inmediatas con los recursos disponibles y sin depender de fuentes externas: Sin que esto signifique que no se consideren. Generalmente cuando se habla de sustentabilidad se considera un crecimiento positivo, lo que vendría siendo hablar de desarrollo.

Los acontecimientos más importantes que se han dado están: en 1971 la Conferencia de Estocolmo, en 1987 el Informe Brundtland, en 1997 el Protocolo de Kyoto, la fundación de grupos civiles como WWF, Amnistía Internacional, Greenpeace, a nivel empresarial iniciativas como AA1000, SA8000, el Pacto Mundial y organizaciones como la Global ReportingInitiative o el Instituto Ethos(EXPOK, 2016).

Existen en la actualidad reglas que rigen a los empresarios a nivel mundial (o a nivel país) para la realización de sus operaciones comerciales, entre los que se puede mencionar el documento del Libro Verde y el Libro Blanco, guías de directrices de OCDE así como la ISO16000.

Sin embargo una nota del estado de México recientemente menciona la responsabilidad para alcanzar los objetivos de desarrollo sustentable del cual no recae solo en el sector público, se requiere de la colaboración internacional y la convicción cívica moral de la iniciativa privada para impulsar programas con propósitos de justicia social y bienestar para los mexicanos[5].

III. LA SUSTENTABILIDAD COMO DERECHO HUMANO (DHS)

El Derecho Humano como derecho autónomo es incipiente, el camino hacia la exigibilidad preocuoacion natal de todo sistema de protección,

Este concepto de DHS significan un amplio concepto para la humanidad, para que se integre mejor la sociedad en donde se respete este derecho humano, se cuide el ambiente y se borren las desigualdades externas, se prevea un futuro para las generaciones venideras.

El DHS parte desde lo humano, y aquí podría surgir una crítica a la propuesta, lo hace desde una visión comprensiva e incluyente, esto es, considerando la necesidad de utilizar y cuidar los recursos naturales, sobre todo aquellos que no son renovables no sólo para las generaciones presentes, sino para las futuras. Incorpora entre sus intereses el respeto y el cuidado hacia las diferentes formas de vida. Este paradigma se funda en la responsabilidad y el deber de los seres humanos de cuidar la naturaleza, ampliando con ello su horizonte moral.[6]

El paradigma del DHS considera que éste no es un proceso finito, sino que se da de diferente manera a lo largo de la vida y, por tanto, las necesidades y recursos que se requieren cambian con el tiempo.

---

5 México, 31 Mar (Notimex)

6 (ONU, 1987; UNESCO, 1998).

IV. COMPAÑIAS INTERNACIONALES QUE APORTAN LA SUSTENTABILIDAD

ºONU

º Acciona

º Telefonía

º Comunicación y Relaciones Institucionales de Naturgy México

Estas compañías expresan su compromiso con el progreso social, bajo la plataforma de colaboración estratégica de Asociaciones Público Privadas para el Desarrollo (APPD). Principalmente en el sureste con el programa electrificación rural a partir de la energía limpia en Oaxaca y Chiapas, al igual en comunidades remotas sin acceso a electricidad el cual se han instalado fotovoltaicos domésticos, lo que ha beneficiado a mas de 30 mil habitantes.

La compañía telefónica en México, cuenta con un laboratorio de Ciudadanía Digital que busca acortar la brecha digital en México[7]

La compañía de Comunicaciones y Relaciones Institucionales de Naturgy México a impulsado un programa llamado Impulso para tu negocio, en la ciudad de México la finalidad de este programa es la empleabilidad de jóvenes, mujeres y personas de la tercera edad que beneficia ya a más de mil quinientas personas.[8]

La intersección del derecho internacional de los derechos humanos y del derecho internacional ambiental dio lugar a la formación del llamado "derecho humano al ambiente" de reciente reconocimiento, cuyo titular al igual que el derecho a la paz y al desarrollo, sería la humanida.

V. PRINCIPIO AMBIENTAL Y SU VALOR VINCULANTE

Del derecho Internacional ambiental recoge principios de vigencia, lpos estados tienen el derecho de disponer libremente de sus recursos

7 Nidia Chávez, Directora de Fundación telefonica en Mexico.

8 Mauro Juárez, Director de Comunicación y Relaciones Institucionales de Naturgy México

naturales, aunque con la limitación de causar un perjuicio al medio ambiente de otro estado, afirmando por primera vez en el asunto del Estrecho de Corfún de 1949[9]. En este sentido se entiende que los Estados sobre sus rcursos naturales no son limitados, en su maxima aplicación tiene una norma para llevar acabo acciones legales y establecer responsabilidades por daño o perjuicio al medio ambiente. Este precepto esta estipulado en el numeral 21 de la Declaración de Estolcomo por la comunidad internacional durante los últimos 20 años (reafirmado en el principio 2 de Río), el cual ha pasado formalmente al derecho intenacional consuetudinario[10]

Objetivo

Es lograr un impacto visible en el desarrollo de las comunidades a nivel regional o nacional, mediante la participación y cooperación conjunta entre gobiernos e iniciativa privada[11]

VI. MARCO NORMATIVO

Hoy en día son cada vez más formales y se encuentran institucionalizados los diferentes organismos y reglas que rigen para los empresarios a nivel mundial (o a nivel país) para la realización de sus operaciones comerciales, entre los que se puede mencionar el documento del Libro Verde y el Libro Blanco, guías de directrices de OCDE así como la ISO16000.

La responsabilidad social jamás puede quedar a un lado.Los continuos cambios del mercado, de los consumidores, la contaminación, la escasez de recursos y materias primas favorecen la búsquedade nuevas maneras para preservar lo que actualmente tienen las empresas en la realización de sus operaciones comerciales. La responsabilidad social también exige de los empresarios una capacidad de adaptación y flexibilidad impresionante al propiciarnuevas estrategias comerciales y de producción en pro del mundo y la preservación del mismo.

9 CIJ. Recueil. 1949

10 SABI DE BARBERIS (2000); FRANZA (2001), entre otros.

11 Miguel Ángel Encinas, coordinador General de la Cooperación Española de la Embajada de España en México.

A continuación se muestra una gráfica completa acerca de los acontecimientos más relevantes de la responsabilidad social hasta la actualidad

La Responsabilidad Social Empresarial(RSE) es un tema que ha cobrado especial importancia en las últimas décadas. Dicha importancia se ha visto plasmada en un contexto internacional por la proliferación de normativas e índice cuyo objetivo fundamental es establecer patrones en dondelas empresas divulguen información respecto a las prácticas en temas relacionados a la RSE. (Valenzuela, Jara & Villegas, 2015, p. 330)

Antelo & Robaina (2015) sostienen que "*la responsabilidad social empresarial es el compromiso continuo de contribuir al desarrollo económico sostenible, mejorando la calidad de vida de los empleados y sus familias, así como la de la comunidad local y de la sociedad en general*" (p.59). Una empresa socialmente responsable es aquella cuyos directivos y propietarios son conscientes del efecto que las operaciones de la organización puede ocasionar al interior y al exterior de la compañía. A esto, Henríquez & Orestes (2015), agregan que "*la RSE no pretende que los integrantes de una organización actúen éticamente, sino que la compañía promueva este valor y lo haga propio de su cultura organizacional*". (p.18)

Cada vez en términos como normas ISO, huella verde, memoria de sostenibilidad, entre otros, son mayormente utilizados por empresas a nivel mundial.A mediados del siglo XX,[12] esta presentan propuestas argumentadas en estudios sobre la RSE, plantea que el entorno constituye el supra-sistema social de todas las organizaciones, tienen estas que adaptarse a él con la finalidad de poder perdurar en el tiempo, a la vez que señalan la importancia de dialogar con los diferentes públicos para

El concepto de la responsabilidad social empresarial debe entenderse como parte de un proceso de transformación evolutivo que el mundo empresarial ha tenido que llevar a cabo para pasar de sociedad industrial antigua, a una más actual, globalizada y responsable,

[12] Cutlip&Center (como se cita en Preciado, 2015)

consciente y comprometida con la conservación del medio ambiente y de la sociedad en su conjunto.[13]

VII. LAS DIMENSIONES Y ÁMBITOS ESTRATÉGICOS DE LA RESPONSABILIDAD SOCIAL

Para conocer plenamente la responsabilidad social, es importante destacar las seis dimensiones.Mediante estas se puede realizar un análisis y aplicabilidad más integral hacia la organización. y posteriormente Lacruz (2005) quienes plantean la división de las dimensiones en tres grupos:

a.- internas,
b.- medio ambientales y
c.- externas.

En ellas están contenidas las seis mencionadas a continuación:

1.- La primera dimensión es la *económica interna*, esta hace referencia al hecho de que se espera que la empresa sea sustentable económicamente en el tiempo, es decir, que genere utilidades y se mantenga a flote en el mercado. Esta dimensión prioriza la generación y distribución del valor agregado no solo de acuerdo con las condiciones del mercado, sino que también se considere la equidad y la justicia entre accionistas y colaboradores.[14]
2.- La segunda dimensión es la *económica externa* que principalmente apela a la participación activa de la definición e implantación de planes económicos para su país o región. Dentro de esta dimensión se considera el aporte impositivo de las organizaciones a las instituciones públicas, así también como la generación y distribución de servicios y bienes que son útiles y rentables para la comunidad dañada de dichos recursos.[15]

---

13 Evans, 2010.
14 Ulla, 2003)
15 (Ulla, 2003).

3.- En la dimensión *social interna* los proveedores, directivos, inversionistas y colaboradores comparten y subsidian la responsabilidad que tienen para con una buena calidad de vida, excelentes condiciones de trabajo y el pleno desarrollo de todos en lo que respecta a competencias y habilidades profesionales.[16]

4.- La cuarta dimensión es la *sociocultural y política externa* que resume la aportación y la realización de acciones adecuadas para preservar y mejorar el mercado en el cual se desarrolla la organización, la comunidad que la rodeay los recursos que utiliza, donde no solamente se requiere de apoyo económico, sino también de apoyo con recursos y tiempo. [17]

5.- En la dimensión *ecológica interna*, se implica la absoluta responsabilidad sobre cualquier tipo de daño ambiental que ocasiona la organización, por la realización de sus procesos productivos, productos terminados o subproductos derivados, por tanto incluye la prevención y reparación de los mismos ya sean causados ollegados a causar.[18]

6.- Por último la dimensión *ecológica externa*, son todas aquellas acciones que realizan las organizaciones para la preservación general del medio ambiente, independientemente de los recursos que utiliza, sus niveles de contaminación o el territorio en el cual se encuentra.[19]

La Responsabilidad Social Empresarial reconoce cuatro líneas o ámbitos estratégicos de aplicabilidad que son(Cajiga, 2013):

- Ética y gobernabilidad empresarial.
- Calidad de vida en la empresa (dimensión social del trabajo).
- Vinculación y compromiso con la comunidad y su desarrollo.
- Cuidado y preservación del medioambiente.

Todas las dimensiones y ámbitos estratégicos explicados con anterioridad requieren de una aplicación muy planificada y organizada

---

[16] (Ulla, 2003)
[17] (Ulla, 2003)
[18] (Ulla, 2003)
[19] (Ulla, 2003)

dentro de las organizaciones, de tal manera que la visión y misión de la organización se alinean a todo nivel con el cuidado y preservación de los recursos, el medio ambiente y la comunidad.

¿Cómo ha evolucionado la RSE en el tiempo?

La evolución presentada por la RSE hizo que esta pasara de simples prácticas de filantropía dentro y fuera de las organizaciones, a incorporar asuntos más trascendentales como el desarrollo sostenible, el cuidado del medio ambiente y los derechos humanos (Fabig&Boele, 1999). Celli (2015), señala que "*a comienzos de la década de los noventa, la agenda de la responsabilidad social en el ámbito angloamericano experimenta una inflexión que muy pronto fue acogida por las empresas de los países más avanzados del mundo*". (p.35)

Las empresas han volcado sus esfuerzos en dos vías: la satisfacción del cliente y la satisfacción laboral. En este sentido es importante considerar que la satisfacción del colaborador repercute de forma directa en la satisfacción del cliente, sin que esta lógica se cumpla en sentido inverso. González (2011), sostiene que mostrar interés por los colaboradores y buscar su satisfacción aumenta la productividad y la competitividad de la compañía.

¿Cómo planificar y medir la RSE ambiental?

Indiferente del área de la organización, cada vez que se ejecuta una actividad se debe identificar cuáles son los resultados obtenidos, para de esta manera evidenciar si el efecto ha sido positivo o negativo para la empresa. Directivos de todo el mundo están cada vez más comprometidos con la medición, se enfoca la búsqueda de variables que permiten, a la compañía.Conocer el rendimiento neto obtenido en la implementación de determinada actividad.

En línea con la identificación de variables adecuadas para la medición, Carroll (1991) propone un modelo de responsabilidad social empresarial piramidal, compuesto por cuatro tipos de responsabilidades: (1) responsabilidad económica, (1) responsabilidad legal, (3) responsabilidad ética, y (4) responsabilidad discrecional, voluntaria y filantrópica. Con este planteamiento, se propone un alcance muy amplio respecto a las consecuencias que las actividades de una empresa pueden ocasionar en la sociedad.

Por ejemplo, en el blog de la consultante chilena especializada en RSE se destaca "*el caso de Avon, empresa comercializadora de artículos cosméticos para mujeres, quien enfatiza en su estrategia comunicacional la retroalimentación con los empleados a quienes da total participación en campañas de RSE como lucha contra el cáncer de mama, esta iniciativa evidentemente ha tenido repercusiones positivas en Avon. El objetivo de Avon es el de mejorar el compromiso, la motivación y la implicación con la compañía por su participación en actividades que van más allá del negocio de la empresa y además crear espíritu de equipo*".[20]

Algunas de las ventajas de una adecuada gestión de planificación de responsabilidad ambiental,[21] en la empresa son:

- · Reduce costos de producción, mejora el manejo del riesgo por ende optimiza recursos y genera ahorro de dinero.
- · Mejora la imagen corporativa de la empresa, ya que se realizan campañas de marketing con el enfoque del compromiso medio ambiental y el desarrollo sostenible.
- · Mejora las operaciones internas como la optimización en la extracción o uso de los recursos usados como materia prima, reduce los desechos y mejora el tratamiento de los mismos, crea mayor conciencia en los procesos de seguridad y salud ocupacional, desarrolla nuevos conocimientos y disminuye la cantidad de residuos post-consumo.
- · Ayuda a mejorar el flujo de comunicación interna que se transmite a los colaboradores, quienes aumentan su conciencia ambiental porque se difunden errores, medidas correctivas y resultados.De esta manera se puede comparar e intercambiar información departamentalmente, a la vez que ayuda a detectar problemas presentes y futuros.
- · Prever losriesgos: disminuye los incidentes legales, reduce la exposición a demandas o incumplimiento de normas.

---

[20] González, 2011

[21] Uribe, 2014

CONCLUSIONES

La consideración de la responsabilidad social empresarial dentro de su gestión, cuando quieren tener éxito es un aspecto exigido por las leyes de los países, una conciencia transparente del impacto que causa cada industria al medio ambiente, a los recursos y a la sociedad en general.

No importa el tamaño ni la naturaleza de la empresa, lo que realmente importa es que se tome conciencia a todo nivel, desde la alta dirección hasta los más bajos niveles organizacionales de que la tierra es la que provee de todos los recursos que se utilizan para la producción, por tanto se debe cultivar para que las futuras generaciones y disfruten de ella.

En consecuencia, el de recho a la sustentabilidad (como síntesis moderna del derecho al ambiente y al desarrollo) viene a formar parte de los atributos que hacen a la dignidad humana. Esto implica que ningún Estado ni otro sujeto puede negarlo o desconocer1o y, aún más, que lo Estados tienen la obligación de garantizarlos y, en definitiva, organizar toda su estructura gubernamental para hacerlos efectivos.

REFERENCIAS BIBLIOGRÁFICAS

MSc. María José Pérez Espinoza, MSc. Cacibel Espinoza Carrión, MSc. Beatriz Peralta Mocha. (s/f). LA RESPONSABILIDAD SOCIAL EMPRESARIAL Y SU ENFOQUE AMBIENTAL: UNA VISIÓN SOSTENIBLE A FUTURO. *Revista Universidad y Sociedad*, *8*(9), 16.

http:/www.capitalmexico.com.mx

Accinelli, E., & De la Fuente, J. (2013). Responsabilidad social corporativa, actividades empresariales y desarrollo sustentable. *Contaduría y Administración, 58*(3), pp. 117-148. Recuperado de http://www.elsevier.es/es-revista-contaduria-administracion-87-pdf-90380283-S3

ACCIÓN RSE. (2007). *Guía para la empresa ambientalmente responsable*. Santiago de Chile: Acción RSE. Recuperado de http://www.mapeo-rse.info/sites/default/files/Guia_para_la_empresa_ambientalmente_sustentable.pdf

Antelo, Y., y Robaina, D. (2015). Análisis de la Responsabilidad Social Empresarial basado en un modelo de Lógica Difusa Compensatoria. *Ingeniería*

Industrial, *36*(1), pp. 58-69. Recuperado de http://scielo.sld.cu/scielo.php?script=sci_arttext&pid=S1815-59362015000100007&lng=es&tlng=es

Barroso, F. G. (2008). La responsabilidad social empresarial: Un estudio en cuarenta empresas de la ciudad de Mérida, Yucatán. *Contaduría y administración*, (226), pp. 73-91. Recuperado de http://www.scielo.org.mx/scielo.php?script=sci_arttext&pid=S0186-10422008000300005&lng=es&tlng=es

Bustos, F. (2016). *Manual de gestión y control ambiental*. Quito: Acierto gráfico. Recuperado de http://www.recaiecuador.com/manual_archivos/contenidomanual5.pdf

Cajiga, J. (2013). El concepto de responsabilidad social empresarial. México: CEMEFI.

Celli, J. (2015). La gran inflexión: la responsabilidad social en el siglo XXI. Debates IESA, 20(2), pp. 35-37. Recuperado de http://virtual.iesa.edu.ve/servicios/wordpress/wp-content/uploads/2016/04/2015-2-brunicelli.pdf

Clarke, T. (1997). Stakeholder communications. Journal of Communication Management, 1 (3), pp. 106-107.

Dahlsrud, A. (2008). How corporate social responsibility is defined: An analysis of 37 definitions. Corporate Social Responsibility and Environmental Management, 15, pp. 1-13. Recuperado de http://onlinelibrary.wiley.com/doi/10.1002/csr.132/full

Darskuviene, V., &Bendoraitiene, E. (2013). The Stakeholder Concept Analysis. Management of Organizations: SystematicResearch, 68, pp. 41-51. Recuperado de http://ejournals.vdu.lt/index.php/management-organizations/article/view/734/664

Evans, A. (2010). Una respuesta a la acción social, de la rentabilidad a la responsabilidad social empresarial. Revista Ciencias Estratégicas, 18 (23), pp. 11-15. Recuperado de https://dialnet.unirioja.es/descarga/articulo/3631293.pdf

EXPOK. (2016). EXPOK Comunicación de sustentabilidad y RSE. Recuperado de http://www.expoknews.com

Fabig, H., y Boele, R. (1999). The changing nature of NGO activity in a globalizing world: pushing the corporate responsibility agenda. IDS Bulletin, 30 (3), pp.58-67.

Freeman, R. (1984). Strategic management: a stakeholder approach. Marshfield, Maryland: Pitman.

González, E. (2011). Comunicar la responsabilidad social, una opción de éxito empresarial poco explorada. RevistaLasallista de Investigación, 8 (2), pp. 173-186. Recuperado de http://www.redalyc.org/pdf/695/69522607019.pdf

Gruning, J., y Repper, F. (1991). Excellence in public relations and communication management. Hillsdale: Lawrence Erlbaum.

Kim, C., y Mauborgne, R. (2009). Navegar en el océano azul: cómo la estrategia moldea la estructura. Harvard Business Review, 87 (9), pp. 81-89. Recuperado de https://dialnet.unirioja.es/servlet/articulo?codigo=3114051

Lacruz, F. (2005). La empresa ambientalmente responsable: Una visión de futuro. Economía, 21, pp. 39-58. Recuperado de http://www.redalyc.org/pdf/1956/Resumenes/Resumen_195617349003_1.pdf

Míguez, I. (2007). Análisis del uso de los conceptos de público, stakeholder y constituent en el marco teórico de las relaciones públicas. Revista de Estudios de Comunicación, 12 (23), pp. 183-197. Recuperado de http://www.ehu.eus/zer/hemeroteca/pdfs/zer23-09-miguez.pdf

Muzy, T. (2003). Whatabout social responsibility and publicrelations? European Public Relations News, 2 (4), pp. 11-14.

Preciado, A. (2015). Apoyo de las relaciones públicas a los programas de responsabilidad social en las empresas del sector eléctrico colombiano. Palabra Clave, 18(1), pp. 139-157. Recuperado de http://palabraclave.unisabana.edu.co/index.php/palabraclave/article/view/3616/html

Waddock, S. (2008). Building a new institutional infrastructure for corporate responsibility. Academy of Management Perspectives, 11(3), 8. Recuperado de https://business.illinois.edu/aguilera/Teaching/Waddock%20AMP%202008.pdf

https://www.scielo.org.mx/scielo.Desarrollo humano sustentable, derechos humanos y sexualidad en la salud

Emilse G. (2018) Derechos Humanos y Sustentabilidad en el marco del sistema Interamericano.

ESTRATEGIAS PARA PROMOVER Y EDUCAR EN UN ENFOQUE DE DERECHOS HUMANOS EN LA UNIVERSIDAD DE GUADALAJARA. - UN EJERCICIO DE INVESTIGACIÓN PARTICIPANTE EN EL DERECHO ACADÉMICO.

Dante Jaime Haro Reyes[1], Enrique Arámbula Maravilla[2],
José Cruz Guzmán Díaz[3] y Dulce María González Gómez[4]

Sumario: I. Resumen; II. Marco constitucional y reformas legal recientes en pro de los Derechos Humanos en México; III. Educación formal y continua pro de los Derechos Humanos en la Universidad de Guadalajara, IV. Marco normativo de la Defensoría de los Derechos Universitarios en la Universidad de Guadalajara; V. Capacitación y formación en Derechos Humanos por la Defensoría de los Derechos Universitarios en la Universidad de Guadalajara; VI. Retos y perspectivas del enfoque y educación

---

1 Doctor en Derecho por la Universidad de Heidelberg, Defensor de los Derechos Universitarios y profesor de tiempo completo del Centro Universitario de Ciencias Sociales y Humanidades (CUCSH) de la Universidad de Guadalajara (UdeG), dante.haro@academicos.udg.mx, ORCID 0000-0002-0599-488X

2 Doctor en Derecho por el Instituto de Altos Estudios Jurídicos, Tercer Visitador de la Defensoría de Derechos Universitarios y profesor de tiempo completo del CUCSH de la UdeG. enrique.amaravilla@academicos.udg.mx, ORCID 0000-0002-1963-4201

3 Doctor en Derecho por Instituto internacional del Derecho y del Estado y Maestro en Derecho por la Universidad de Guadalajara (U de G), Coordinador de la Maestría en Derecho en Centro Universitario del Sur y profesor de tiempo completo del mismo Centro Universitario de la Universidad de Guadalajara. joseg@cusur.udg.mx, ORCID 000-001-6465-2735

4 Abogada y Maestrante en Derecho por la Universidad de Guadalajara y Enlace Representante de la Defensoría de los Derechos Universitarios en el Centro Universitario de Los Valles de la Universidad de Guadalajara, dulcemgg 18@hotmail.com, ORCID 0000-0003-2112-0231

en Derechos Humanos, a partir de la experiencia de la Universidad de Guadalajara; y VII. Fuentes de información.

Resumen.

Mediante un ejercicio de investigación-acción se exponen los procesos y estrategias que ha implementado la Universidad de Guadalajara para promover el conocimiento de los Derechos Humanos en los diferentes sectores, ello como parte de los fines de esta Casa de Estudio.

Para el desarrollo del presente documento y como parte del método empleado, vale la pena referir a Sthephen y otros (2014), respecto a que la investigación acción evidencia las circunstancias particulares, a efecto de lograr producir transformaciones organizacionales (p.21). De tal forma que dentro del desempeño de las personas que hemos diseñado el presente documento, hemos participado de diversos procesos con los cuales se pueden identificar nichos de oportunidad en pro de los Derechos Humanos al interior de las Instituciones de Educación Superior (IES) y del Derecho Académico en general, el cual de conformidad con lo que señala Álvaro Marín (2000), aún cuando exista legislación y normatividad universitaria, es importante referir su congruencia con la praxis y con los principios políticos y filosóficos fundamentales.

I. MARCO CONSTITUCIONAL Y REFORMAS LEGAL RECIENTES EN PRO DE LOS DERECHOS HUMANOS EN MÉXICO.

Los Derechos Humanos han tenido diferentes orígenes y denominaciones, pero ya en sus dimensiones axiológicas, deontológicas y sociológicas (conforme al enfoque tridimensional del Derecho de Miguel Reale, 1997) más contemporáneas los identificamos en la Declaración de los Derechos del Hombre y del Ciudadano, aprobada por la Asamblea Nacional Constituyente francesa el 26 de agosto de 1789, documento fundamental de la Revolución francesa (Universidad Nacional Autónoma de México, 2022a).

En dicha tradición, la Constitución Política de los Estados Unidos Mexicanos (CPEUM) de 1857, en el Título Primero, incluye la Sección I, denominada "De los Derechos del Hombre" (Cámara de Diputados del Congreso de la Unión, 2022a). Sin embargo, producto de la influencia del positivismo, dicha constitución en su reforma estructural de 1917, en el Título Primero, al Capítulo I, le denomina "De las Garantías Individuales" (Cámara de Diputados del Congreso de la Unión, 2022b), generando gran atención internacional, por el hecho de que se incorporaron en una Ley fundamental derechos sociales.

Es importante referir que representantes de todas las regiones del mundo, con diferentes antecedentes jurídicos y culturales trabajaron en la Declaración Universal de los Derechos Humanos, proclamada por la Asamblea General de las Naciones Unidas en París, el 10 de diciembre de 1948 en su Resolución 217 A (III). Dicha Declaración establece los Derechos Humanos fundamentales que deben protegerse en el mundo, entre otros aspectos relevantes (Organización de Naciones Unidas, 2022).

Debido a la presión internacional y de organismos internacionales como la Corte Interamericana de Derechos Humanos, verbigracia en el caso Radilla Pacheco (Comisión Mexicana de Defensa y Promoción de los Derechos Humanos, 2022), dieron pie a que el órgano revisor de la Constitución, aprobara la reforma publicada el 10 de junio de 2011 en el Diario Oficial de la Federación (DOF).

Huelga decir que en dicha reforma, el artículo 1o. constitucional sujeta a todas las autoridades de los diferentes órdenes de gobierno y de los diversos poderes a que se respeten los Derechos Humanos, estableciendo todo un sistema para garantizar su eficacia, lo que le da el nombre del Título Primero, Capítulo I, de la Constitución Federal, al denominarlo "De los Derechos Humanos y sus Garantías" (Cámara de Diputados del Congreso de la Unión, 2022c). No se soslaya que la Constitución Política del Estado de Jalisco también incluye la Declaración Universal de los Derechos Humanos como obligatoria en la entidad, además de incluir el principio del mínimo vital (Congreso del Estado de Jalisco, 2022a).

En la reforma constitucional publicada en el DOF del 10 de junio de 2011, se incluyó en el artículo 3o. que: "La educación se basará en el respeto irrestricto de la dignidad de las personas, con un enfoque de Derechos Humanos y de igualdad sustantiva..."

Bajo dichas enmiendas y considerando lo previsto en el artículo 3o., fracción VII, de la Constitución Federal en lo que respecta a la autonomía universitaria, el 30 de septiembre de 2019 se emitió en el DOF la Ley General de Educación, la cual en su artículo 49 refiere que las autoridades educativas respetarán dicho régimen jurídico, lo que implica reconocer la facultad de las IES públicas con dicho atributo para ejercer la libertad de cátedra e investigación, crear su propio marco normativo, la libertad para elegir sus autoridades, gobernarse a sí mismas, y administrar su patrimonio y recursos.

En diversos artículos de la Ley se incluye que la educación alentará la construcción de relaciones sociales, económicas y culturales con base en el respeto de los Derechos Humanos (artículo 12), que la educación que imparta el Estado, sus organismos descentralizados y los particulares con autorización o con reconocimiento de validez oficial de estudios, inculcarán el enfoque de Derechos Humanos y de igualdad sustantiva, y promoverán el conocimiento, respeto, disfrute y ejercicio de todos los derechos, con el mismo trato y oportunidades para las personas (artículo 15, fracción III).

Razón por la cual los contenidos de los planes y programas de estudio de la educación, de acuerdo al tipo y nivel educativo, son, entre otros, la promoción del valor de la justicia, de la observancia de la ley y de la igualdad de las personas ante ésta, la cultura de la legalidad, de la inclusión y la no discriminación, de la paz y la no violencia en cualquier tipo de sus manifestaciones, así como la práctica de los valores y el conocimiento de los Derechos Humanos para garantizar el respeto a los mismos (artículo 30 fracción XXI), existiendo un tratamiento específico para el caso de la educación inclusiva garantizada por el Estado, en todos los tipos y niveles, con el fin de favorecer el aprendizaje de todos los estudiantes, con énfasis en los que están excluidos, marginados o en riesgo de estarlo, para lo cual buscará favorecer el máximo logro de aprendizaje de los educandos con respeto a su dignidad, Derechos Humanos y libertades fundamentales, reforzando su autoestima y aprecio por la diversidad humana; (artículo 62, fracción I).

> En la Ley de marras, se establece en el artículo 74 que las autoridades promoverán la cultura de paz, con sustento en la dignidad de las personas y los Derechos Humanos, involucrando a la comunidad de su plantel, los estudiantes y sus progenitores. Además, dichas autoridades se encargarán de prevenir y atender la violencia que se ejerza en el entorno escolar. (Cámara de Diputados del Congreso de la Unión, 2022d)

Una remisión tradicional para respetar la autonomía universitaria, se advierte en el artículo 1o. de la Ley de Educación del Estado de

Jalisco, a saber: "La función social educativa de las universidades y demás instituciones de educación superior a que se refiere la fracción VII del artículo 3o. de la Constitución Política de los Estados Unidos Mexicanos, se regulará por las leyes que rigen a dichas instituciones."

Por lo anterior, de manera orientadora se encuentran otros preceptos en la referida ley estatal de educación, en los cuales se manifiesta que la educación que imparta el Estado de Jalisco, sus municipios y sus organismos descentralizados (como lo es la Universidad de Guadalajara), tendrán, además de los fines señalados en el artículo 3o. de la Constitución Federal y en la Ley General de Educación, los fines de promover el conocimiento, la cultura y el respeto de los Derechos Humanos (artículo 7o., fracción XXIII).

En lo que respecta a los criterios que orientan la educación que se imparta en el Estado de Jalisco, además ser humanitaria, contribuirá a la mejor convivencia humana; tanto por los elementos que aporte a fin de robustecer en el educando la cultura de la igualdad y equidad de género y el respeto por Derechos Humanos (artículo 8o., fracción III) y en el caso de los adolescentes, conforme el artículo 9o., todo tipo de educación para menores se promoverá el conocimiento, la cultura y el respeto de los Derechos Humanos (Congreso del Estado de Jalisco, 2022b), lo cual cobra gran sentido, ya que en educación media superior e inicios de la educación superior, se admiten menores de edad en la Universidad de Guadalajara.

En la Ley General de Educación Superior, publicada en el DOF el 20 de abril de 2021, se enuncia la remisión tradicional a las leyes orgánicas de las Universidades con autonomía, pero señala que se regirán por dicha ley en lo que sea compatible. También señala que cualquier reforma a sus leyes orgánicas tendrán que respetar el artículo 3o., fracción VII, constitucional, respecto de los alcances autonómicos, por lo que se exige que, previo a cualquier reforma legal, exista una consulta previa a la Comunidad Universitaria y a sus órganos de gobierno, con una "respuesta explícita de su máximo órgano de gobierno colegiado".

En el artículo 7o., fracción V, de la Ley General de Educación Superior, se manifiesta que la educación superior fomentará el desarrollo humano integral del estudiante en la construcción de saberes basado, entre otros, en la construcción de relaciones sociales, económicas y culturales consistentes en la igualdad entre los géneros y el respeto de los Derechos Humanos y conforme el artículo 8o., fracción X, del mismo cuerpo legal, se establece que la educación superior se orientará conforme al criterio de la cultura de la paz y la resolución pacífica de los conflictos, así como la promoción del valor de la igualdad, la justicia, la solidaridad, la cultura de la legalidad y el respeto a los Derechos Humanos.

En el artículo 36 de la ley de marras, se establece que las acciones que realicen las autoridades educativas se basarán en el enfoque de Derechos Humanos y de igualdad sustantiva, respetando el principio de inclusión. Tendrán una perspectiva de juventudes, de género, así como de interculturalidad con especial atención a los pueblos y comunidades indígenas, a las personas afromexicanas, a las personas con discapacidad y a los grupos en situación de vulnerabilidad. Tomarán en cuenta medidas para proporcionar atención a estudiantes con aptitudes sobresalientes y a personas adultas que cursen algún nivel del tipo de educación superior (Cámara de Diputados del Congreso de la Unión, 2022e).

II. EDUCACIÓN FORMAL Y CONTINUA PRO DE LOS DERECHOS HUMANOS EN LA UNIVERSIDAD DE GUADALAJARA.

La Universidad de Guadalajara, conforme a los artículos 1o y 2o. de su Ley Orgánica, es un organismo público descentralizado del gobierno del Estado de Jalisco con autonomía, personalidad jurídica y patrimonio propios, que se rige por lo dispuesto en el artículo 3o. y demás relativos de la Constitución Política de los Estados Unidos Mexicanos, la particular del Estado de Jalisco, la legislación federal y local aplicables, dicha ley y la normativa que de la misma deriven. Siendo uno de sus fines, conforme el artículo 5o., fracción I, de la citada Ley Orgánica: "Formar y actualizar los técnicos, bachilleres, técnicos profesionales, profesionistas, graduados y demás recursos humanos que requiera el desarrollo socioeconómico del Estado" (Congreso del Estado de Jalisco, 2022c).

A raíz de la reforma constitucional publicada en el DOF el 18 de junio de 2008, mediante al cual aprueba la implementación del nuevo sistema de justicia penal acusatorio en los Estados Unidos Mexicanos y que en su artículo PRIMERO Transitorio se establece que se otorgarían ocho años para su implementación, se creó el 13 de octubre de 2008 la Secretaría Técnica del Consejo para la Implementación del Nuevo Sistema de Justicia Penal Acusatorio, mejor conocida como SETEC, dependencia de la Secretaría de Gobernación de la administración pública federal (Secretaría de Gobernación, 2022).

Dicha Secretaría estableció toda una serie de mecanismos e instrumentos de formación para el referido sistema penal, para lo cual se aprobaron programas en los que serían capacitados operadores de dicho sistema, por lo que obviamente, debería también de capacitarse y formarse en esos temas personal de las IES, los cuales para poder enseñar a los operadores requerían como requisito *sine quan non* certificarse, para ello existía un sistema de capacitación en bloques, correspondiéndole al bloque 2 la certificación en Derechos Humanos.

El compromiso de la Universidad de Guadalajara fue impulsar la implementación de dicho sistema penal, aprobando diversos cursos y diplomados, así como participar en las licitaciones públicas para coadyuvar en dicho fin, como resultado el 28 de noviembre de 2014, 34 docentes de la Universidad de Guadalajara aprobaron el examen de certificación de la SETEC: 29 en el Bloque Primero, uno en el Bloque de Derechos Humanos, dos en el Bloque de Peritos y dos en el Bloque de Reinserción Social.

En el ámbito externo, en el mes de noviembre de 2014 culminó un proceso de capacitación para un total de 1,759 operadores, en siete perfiles: jueces, fiscales, defensores públicos, peritos, conciliadores y mediadores, policías y personal policial. Desde el mes de junio de 2015 y hasta el mes de noviembre de dicho año se capacitaron 3,448 operadores (Universidad de Guadalajara, 2015a, p. 9) en los siete perfiles que SETEC reconocía, distribuidos en un total de 98 grupos, con el apoyo de una plantilla de casi 80 docentes certificados por SETEC. De esta forma, la Universidad de Guadalajara (2016) refrendó su compromiso social con la seguridad pública, el Estado de Derecho y los Derechos Humanos.

Cabe señalar que ante la falta de un programa específico para capacitar en Derechos Humanos se constituyó un equipo para el diseño curricular del mismo, en el que personal académico y directivo de la Universidad de Guadalajara, estuvo trabajando para proponer la creación de un Diplomado en Derechos Humanos, el cual se sometió a la discusión de instancias académicas del Sistema de Educación Virtual de la Universidad de Guadalajara, para su posterior aprobación del Consejo de dicho Sistema el 29 de junio de 2015 (Universidad de Guadalajara, 2015b), sin soslayar la creación de los otros Diplomados que correspondían a la capacitación de los operadores del sistema de justicia penal acusatorio.

Con dichos Diplomados fueron convocados profesores de la Red de la Universidad de Guadalajara, así como de Instituciones con Reconocimiento de Validez Oficial de Estudios (Universidad de Guadalajara, 2015c, p. 17), los cuales además de su experiencia en Derecho Constitucional, Derechos Humanos, Juicio de Amparo y en Universidad de Guadalajara en diversas áreas jurídicas, también eran servidores públicos de la Administración Pública Centralizada y Descentralizada, del Poder Judicial, de la Comisión Estatal de Derechos Humanos, de la Fiscalía del Estado de Jalisco, respecto de los cuales se lograron certificar 70, quienes fueron *ad hoc* para impulsar la capacitación y formación de la Comunidad Universitaria en estos temas, así como en el Estado de Jalisco para los demás operadores del sistema de justicia penal acusatorio.

En ese mismo tiempo, se aprobó el plan 25 de la Carrera de Abogado, el cual se imparte en todos los Centros Universitarios Regionales y en el Centro Universitario de Ciencias Sociales y Humanidades (CUCSH) de la misma Universidad de Guadalajara, mediante un esfuerzo de un comité curricular intercentros, conforme al Reglamento General de Planes de Estudios (Universidad de Guadalajara, 2022a) y demás normatividad aplicable, se sometió a la aprobación del Honorable Consejo General Universitario (H. CGU) de la mencionada Casa de Estudio, en cuyo programa se incluyó como requisito de ingreso deseable conforme el resultando quince: "Interés en la transformación del entorno social, a través del ejercicio profesional, sustentado en el respeto y protección de los derecho humanos", siendo un contenido transversal los Derechos Humanos, ello conforme el resolutivo

DÉCIMO y que sustenta que en el perfil de egreso de la Carrera, conforme el resultando 16, se manifieste:

> Que el egresado del PE (Programa Educativo) cuenta con una formación académica integral que le permite desarrollarse profesionalmente en el campo jurídico a nivel regional, nacional e internacional, con un alto grado de compromiso, liderazgo y responsabilidad social para aplicar el derecho en sus diversos campos, con valores y principios éticos, humanistas, cultura de paz, legalidad, defensa, protección de los Derechos Humanos, consciente de la necesidad de una constante actualización. (Universidad de Guadalajara, 2022b)

Lo anterior, tiene gran relevancia, considerando que la matrícula en dicha licenciatura en el ciclo lectivo 2022A es de 12,096 estudiantes (Universidad de Guadalajara, 2022c).

Así mismo, en la creación del actual programa de la Maestría en Derecho de la Universidad de Guadalajara se integró un Comité de reforma curricular, el cual propuso que se incluyera el contenido trasversal de Derechos Humanos, ya que en el resultando 20 del dictamen respectivo se indica que el egresado de ese programa educativo: "entiende las más reciente y principales teorías en las ciencias jurídicas y en la filosofía jurídica, relacionadas a los Derechos Humanos y la teoría del estado, así como en las ciencias forenses y en otras disciplinas de las ciencias sociales", incluyéndose como competencias genéricas el conocimiento de la Teoría de los Derechos Humanos e integrando en el Área de formación obligatoria la filosofía Jurídica y de los Derechos Humanos (Universidad de Guadalajara, 2022d). Dicha maestría en el ciclo escolar 2022A cursan 214 estudiantes (Universidad de Guadalajara, 2022c) y se encuentra inscrita en el Programa Nacional de Posgrados de Calidad (PNPC) del Consejo Nacional de Ciencias y Tecnología (CONACYT).

Así como la aprobación del Doctorado en Derechos Humanos en la Universidad de Guadalajara (2022e), mediante el dictamen número I/2017/358 del H. CGU, el cual también actualmente es un programa inscrito en el PNPC de CONACYT y que tiene una matrícula registrada en el 2022A de 47 estudiantes (Universidad de Guadalajara. 2022c). Sin soslayar que se ha constituido en el 2021 un Comité Curricular para proponer la apertura de dicho Doctorado en el Centro Universitario del Sur de la misma institución.

Previamente se había aprobado un Doctorado en Derecho, mediante el dictamen I/2011/081 del H. CGU, que en el resultando 3 enfatiza que es preciso re-significar los conceptos tradicionales de Derechos Humanos, de ahí que los tradicionales contenidos epistemológicos, soliciten una investigación a fondo. Una de las líneas de investigación de dicho doctorado es en: Derecho Constitucional, como se desprende de la lectura del resolutivo 12, inciso a) del dictamen I/2011/081 (Universidad de Guadalajara, 2022f).

Un esfuerzo de gran relevancia para la promoción de los Derechos Humanos es la Red Internacional de Derechos Humanos y Derecho Humanitario (REDDHI), organismo de naturaleza académica, con impacto social y sin fines de lucro, en el que participan instituciones educativas, civiles y gubernamentales, entre ellas la Universidad de Guadalajara, la cual es una de las principales promotoras, incluso en el Consejo Directivo que tomó protesta el 12 de febrero de 2019 para el periodo 2019-2022, en el cual hay un importante integrante de la Comunidad Universitaria con representación de la institución.

Entre las acciones que emprende la REDDHI figuran la publicación de material científico; fomentar el intercambio académico; suscribir convenios entre instituciones; establecer programas de capacitación y creación o promoción de protocolos, acuerdos y convenciones que fortalezcan a los Derechos Humanos; y la certificación de profesionales en instituciones en tal materia (Universidad de Guadalajara, 2022g).

Así mismo, en el CUCSH, en el periodo del 2017 al 2019, se instituyó la Clínica Internacional de Derechos Humanos, en la que en cada emisión se materializaba en nueve meses de trabajo reflejado en 120 horas de trabajo e investigación, en el que hubo formación académica, debates, surgimiento de ideas, trabajo en equipo y elaboración de informes. En dicha clínica se formaba a los estudiantes y profesionistas en la defensa de los Derechos Humanos desde una perspectiva crítica e interdisciplinaria, elaborándose informe de trabajo, los cuales eran presentados a diversas organizaciones de las Naciones Unidades, a diarios de circulación nacional y al Comité para la eliminación de la discriminación contra la mujer, -CEDAW, por sus siglas en inglés- (Universidad de Guadalajara, 2022h). Ejercicio que se encuentra en proceso de replicarse en la Defensoría de los Derechos Universitarios y en el Centro Universitario del Sur.

Así mismo, hacemos la referencia de que desde el 2010 se instituyó el Observatorio Ciudadano de Cultura de Paz y de Legalidad en el Centro Universitario del Sur, conformado por un grupo de investigación cuyo objeto de estudio inicial fue el estudio y prevención de las violencias sociales. Actualmente, también se desarrollan actividades intervención social, en los cuales uno de los temas principales son la cultura de paz y la difusión y estudio de los Derechos Humanos, mediante diversas perspectivas y dimensiones.

Es importante destacar en el 31 de marzo de 2022 se constituyó la Academia de Derechos Humanos en el Departamento de Derecho Público de la División de Estudios Jurídicos (antigua Facultad de Derecho) en el CUCSH de la Universidad de Guadalajara (2022i), consistente dicha academia en la agrupación de profesores de materias integradas por ejes cognoscitivos o disciplinares, bajo la responsabilidad de un Departamento y que guardan afinidad con respecto a sus funciones de investigación, docencia y servicio, tal y como lo establecen los artículos 17 del Estatuto General de la Universidad de Guadalajara (2022j) y 51 del Estatuto Orgánico del CUCSH de la misma Casa de Estudio, que dentro de sus atribuciones conforme el artículo 52 del mismo Estatuto son unificar criterios en los procesos educativos, promover la formación y actualización docente, realizar investigación que apoye los procesos educativos, intercambiando conocimientos y experiencias relacionadas con el proceso de enseñanza-aprendizaje, evaluar el impacto de los cursos docentes, la investigación y la difusión que estén bajo la responsabilidad de la Academia, organizar sus programas en razón de la formación integral de estudiantes, que les permita la aplicación de sus competencias educativas en el ejercicio profesional, entre otras (Universidad de Guadalajara, 2022k).

Dentro de la generación de investigación a partir de cuerpos académicos, se cita el caso del Cuerpo Académico UDG-CA-476 “Seguridad y Derechos Humanos”, registrado desde 2005, el cual se encuentra consolidado, gracias a que sus trabajos académicos están relacionados con su temática principal, con proyección nacional e internacional (Universidad de Guadalajara, 2022l).

III. MARCO NORMATIVO DE LA DEFENSORÍA DE LOS DERECHOS UNIVERSITARIOS EN LA UNIVERSIDAD DE GUADALAJARA.

En el ámbito iberoamericano, la evolución del *ombudsman* se tradujo en la creación del Defensor del Pueblo, que se implementó en España en 1978, luego de transitar hacia un régimen abierto. Este modelo de *ombudsman* español inspiró la creación de la Defensoría de los Derechos Universitarios (DDU) en la Universidad Nacional Autónoma de México. El Consejo Universitario aprobó el Estatuto de este órgano defensor, durante la sesión del 29 de mayo de 1985, mientras que su Reglamento sería aprobado el 30 de julio de 1986 (Universidad Nacional Autónoma de México, 2022b).

En el contexto de las reformas a la CPEUM en materia de Derechos Humanos, así como el reconocimiento de estos derechos en el artículo 4o. de la Constitución Política del Estado de Jalisco, los Tratados Internacionales firmados por México, el apartado de Educación Superior, del Programa de Acción de la Declaración de México sobre Educación en Derechos Humanos en América Latina y el Caribe[5], incluida "La Carta Universitaria. Compromiso por los Derechos Humanos", propició que la Universidad de Guadalajara reforzara la responsabilidad de impulsar los Derechos Humanos y Universitarios.

La Carta Universitaria antes referida fue suscrita por la Secretaría de Gobernación, la Comisión Nacional de Derechos Humanos y la Asociación Nacional de Universidades e Instituciones de Educación Superior (ANUIES) el 18 de febrero de 2016, a la cual la Universidad de Guadalajara se adhirió el 6 de mayo de 2016, en la sesión ordinaria 01.2016 del Consejo Regional Centro Occidente de la ANUIES. Es importante destacar que la Máxima Casa de Estudios de Jalisco se comprometió en dicho documento a:

---

[5] En este documento se "*insta a los Estados y autoridades universitaria a la protección de todos los miembros de la comunidad educativa, especialmente a la de educadores/defensores en Derechos Humanos*" y "*recomienda la instalación de defensorías de derechos universitarios en todos los países.* Véase el punto 4 de la Exposición de motivos del dictamen IV/2018/1565 del Consejo General Universitario de la Universidad de Guadalajara (2022m)

- Incorporar transversalmente los contenidos de los Derechos Humanos en los planes y programas de estudio;
- Promover y difundir los Derechos Humanos con un enfoque práctico;
- Generar una cultura de paz y de respeto en la comunidad universitaria;
- Impulsar o fortalecer su funcionamiento si ya existen, defensorías, mecanismos, instancias o instituciones de protección de Derechos Humanos de la comunidad universitaria;
- Fomentar la especialización en materias específicas de impacto sobre el goce y ejercicio de los Derechos Humanos;
- Armonizar políticas, reglamentos y protocolos de actuación con los principios de los Derechos Humanos para evitar todo tipo de discriminación y violencia, y,
- Promover plena accesibilidad para las personas con discapacidad. (Universidad de Guadalajara, 2022m)

En los planes y programas federales y estatales se retoma constantemente la promoción de los Derechos Humanos, en este tenor en el Plan Institucional de Desarrollo de la Universidad de Guadalajara 2014-2030 se estableció el compromiso de crear un *Ombudsperson* para coadyuvar el respeto y ejercicio de los Derechos Humanos fundamentales en toda la Comunidad Universitaria (Universidad de Guadalajara, 2022n, p. 52).

Así mismo, el Consejo de Rectores en su sesión del 7 de junio de 2018, asumió el compromiso de: "Desarrollar una cultura de la prevención con acciones de formación en torno a la paz, los derechos humanos, la perspectiva e identidad de género, la equidad y el respeto, y un programa permanente de concientización alineado a nuestro Código de Ética."[6]

En ese orden de ideas, el H. CGU de la Universidad de Guadalajara, con fecha 29 de octubre de 2018 aprobó el dictamen número IV/2018/1565, mediante el cual adiciona el Capítulo VI BIS

---

[6] Véase el punto 4 de la Exposición de motivos del dictamen IV/2018/1565 del Consejo General Universitario dela Universidad de Guadalajara (2022m)

denominado "De la Defensoría de los Derechos Universitarios" y los artículos 113-BIS 1, 113-BIS 2; 113-BIS 3 del Estatuto General de la Universidad de Guadalajara y en el mismo dictamen, aprueba el Reglamento de la Defensoría de los Derechos Universitarios, ordenamientos que fueron modificados mediante el dictamen número IV/2021/516 del 10 de junio de 2021 (Universidad de Guadalajara, 2022o).

En el artículo 113-BIS 1, primer párrafo, del Estatuto General de la Universidad de Guadalajara se define que la Defensoría de los Derechos Universitarios es un órgano unipersonal con plena libertad de actuación y decisión, que depende del H. CGU y que es la responsable principal de contribuir a la cultura del respeto entre las personas, de promover los Derechos Humanos, de proteger los derechos universitarios en favor de quienes integran su comunidad (Universidad de Guadalajara, 2022j).

La competencia de la Defensoría de los Derechos Universitarios en lo que corresponde a la promoción de los Derechos Humanos se manifiesta que en el artículo 6o., numeral 1, fracciones I y II, de su Reglamento, además de contribuir a la cultura del respeto entre las personas.

Una descripción más desglosada se encuentra en el artículo 9, numeral 1, fracciones II, IV, V, VI, VII, VIII y XVI del cuerpo normativo de marras, el referir que la Defensoría fomenta y promueve el conocimiento, el respeto, la protección y la garantía de los Derechos Humanos y de los Derechos Universitarios; procurar que en las funciones sustantivas universitaria se incorpore la cultura del respeto a los Derechos Humanos; formula propuestas de reforma normativa para procurar y promover el respeto de los Derechos Humanos y Universitarios; coopera y colabora con organismos, organizaciones y con cualquier ente o persona pública o privada, tanto nacional como internacional, en el estudio, fomento, difusión, defensa, promoción y protección de los Derechos Humanos y Universitarios; forma parte de asociaciones, fundaciones o demás organizaciones, públicas o privadas, que tengan por fines la promoción, difusión, protección y respeto de los Derechos Humanos y Universitarios (Universidad de Guadalajara, 2022p).

IV. CAPACITACIÓN Y FORMACIÓN EN DERECHOS HUMANOS POR LA DEFENSORÍA DE LOS DERECHOS UNIVERSITARIOS EN LA UNIVERSIDAD DE GUADALAJARA.

Para el despliegue de las atribuciones de la Defensoría de los Derechos Universitarios en materia de capacitación y formación en Derechos Humanos, la persona titular de la dicha entidad universitaria, conforme el artículo 16, numeral 1, fracciones XV, XVI, XVII y XIX, del Reglamento de la Defensoría tiene encomendada la responsabilidad de emitir su opinión respecto de los proyectos de creación o modificación de normatividad universitaria, en caso de que se le requiera, a efecto de procurar el respeto de los Derechos Humanos o Universitarios; proponer a las instancias competentes, en los términos de la legislación aplicable, la suscripción de acuerdos, bases de coordinación, convenios de colaboración y demás instrumentos jurídicos, con autoridades, organismos, instituciones académicas y asociaciones culturales, de defensa de los Derechos Humanos y Universitarios para el mejor cumplimiento de sus fines; participar en las actividades que tengan como fines la promoción, difusión, protección y respeto de los Derechos Humanos y Universitarios; y llevar a cabo visitas de supervisión dentro de la Red Universitaria, con la finalidad de promover la defensa y protección de los Derechos Humanos y Universitarios.

Por su parte, las personas titulares de las Visitadurías de la Defensoría de los Derechos Universitarios, de conformidad con los artículos 19, numeral 1, fracciones V, VI, XIX y XXI, del Reglamento de la Defensoría, tienen las atribuciones de auxiliar y participar en las actividades de promoción, divulgación, protección que fortalezcan la cultura de respeto de los Derechos Humanos y Universitarios, así como apoyar en la elaboración de contenidos que fortalezcan la cultura de los Derechos Humanos y Universitarios, y realizar visitas de inspección dentro de la Red Universitaria, para promover la defensa y protección de los Derechos Humanos y Universitarios (Universidad de Guadalajara, 2022p).

Para el cumplimiento de sus funciones de la Defensoría de los Derechos Universitarios propuso al Consejo de Rectores, la creación de Representantes Enlaces en los órganos desconcentrados de la Red

Universitaria, lo cual le fue aprobado por dicho órgano de planeación y coordinación en el 11 de febrero de 2019 el día (Universidad de Guadalajara, 2022q), existiendo en casi todos los Centros Universitarios Temáticos y Regionales un Representante, así como en el Sistema de Educación Media Superior.

Mediante la circular DDU/003/2019 de fecha 12 de julio de 2019 de la Defensoría de los Derechos Universitarios, se establecieron los "Lineamientos relativos a las Acciones y Funciones de las Personas que Fungen como Enlaces Representantes de la Defensoría de los Derechos Universitarios en los Centros Universitarios y Sistemas de la Red Universitaria", en los cuales en el lineamiento PRIMERO, fracción XIII, se indica que son funciones de dichos Representantes realizar las acciones que les sean encomendadas por la persona titular de la Defensoría de los Derechos Universitarios, en lo que se refiera a promover la cultura de paz y la promoción de los Derechos Universitarios (Universidad de Guadalajara, 2019a). Para ello es necesario considerar la definición de estos últimos, que se encuentra en el artículo 3, numeral 1, fracción XI, del Reglamento de la Defensoría, respecto a que son: "Los derechos conferidos a quienes integran la comunidad universitaria, en la Ley Orgánica de la Universidad de Guadalajara y en la normatividad que de ésta deriva, en el marco de los derechos humanos."

En el Sistema de Educación Media Superior (SEMS), la Defensoría de los Derechos Universitarios ha promovido la designación honorífica de Promotores de Cultura de Paz, tal y como se advierte Lineamientos que establecen las bases de operación en los Centros de Cultura de Paz en la Red Universitaria, definidos estos conforme el lineamiento PRIMERO como: "...los espacios universitarios destinados para llevar a cabo prácticas que contribuyan, generen y promuevan la cultura para la paz y el respeto entre los miembros de la comunidad universitaria, así como para realizar acciones de prevención de la violencia en los espacios y ámbitos universitarios. Dichas prácticas serán operadas por los promotores por la paz, que para tal efecto sean designados". De tal forma que en el lineamiento TERCER, en los numerales 3 y 5, se establece que las personas promotoras por la paz, realizarán actividades de promoción de los Derechos Humanos y Universitarios a través de talleres, ponencias, conferencias, y demás herramientas que permitan sensibilizar a la comunidad universitaria en su plantel educativo y difundir las acciones y actividades realizadas por la Defensoría de los Derechos Universitarios (Universidad de Guadalajara, 2019b), práctica que la ANUIES ha decidido difundir como buena práctica con sus integrantes en el 22 de septiembre de 2022, en el marco de las "Jornadas por la Paz en las Instituciones de Educación Superior" (Defensoría de los Derechos Universitarios de la Universidad de Guadalajara, 2022a).

Se destacan que el 9 y 10 de diciembre de 2019 se celebró el Primer Congreso Nacional en Derechos Universitarios, organizado por diversos Centros Universitarios, el SEMS y la Defensoría de los Derechos Universitarios, en que en diversas mesas se incluyeron los Derechos Humanos como contenido transversal (Defensoría de los Derechos Universitarios de la Universidad de Guadalajara, 2022b).

Aunado a la generación de productos académicos que ha estado impulsado la Defensoría de los Derechos Universitarios en materia de Derechos Humanos, como es el caso del libro "Una Aproximación a los Derechos Universitarios", publicado en el 2021 (Haro, Cervantes, 2021), además de acciones de difusión presenciales y virtuales, mediante cursos, talleres, conferencias, paneles, congresos, webinars, tic toc´s, publicaciones en redes sociales, convocatorias para el diseño y el otorgamiento de premios en escultura, fotografía y méritos en la promoción de Derechos Humanos y Derechos Universitarios, en los que además de lo anterior en la Feria de los Derechos Universitarios diseñada por la Defensoría, que se celebra *in situ* en las Escuelas Preparatorias del SEMS y en diversos Centros Universitarios de la Red Universitaria en acuerdo con las respectivas autoridades universitarias, también se desarrollan actividades lúdicas en las que se incluyen la promoción de los Derechos Humanos.

V. RETOS Y PERSPECTIVAS DEL ENFOQUE Y EDUCACIÓN EN DERECHOS HUMANOS, A PARTIR DE LA EXPERIENCIA DE LA UNIVERSIDAD DE GUADALAJARA.

Los antecedentes internacionales, nacionales, locales e institucional, así como el marco constitucional, legal, normativo y organizacional es propicio para generar diversas estrategias institucionales participativas para promover y formar en Derechos Humanos, de tal forma que congruente con sus funciones sustantivas y fines, las IES con autonomía pueden aprobar cursos, diplomados, licenciaturas, maestrías, doctorados (programas educativos), que complementados con la labor de sus Academias, Cuerpos Académicos, Defensorías, Redes, Clínicas, Observatorios, Congresos, Ferias, *inter alia* pueden generar proyectos, investigaciones, publicaciones, programas y evaluaciones para tales propósitos.

Por lo anterior, la importancia de que las promoción y formación en Derechos Humanos además de ser un criterio obligado para la educación en todos los niveles, tiene que verse reflejada con contenidos transversales en todas las actividades universitaria, por exigencia constitucional, convencional, legal y normativa, no sólo en los programas tendientes a las ciencias jurídicas, sino en general en todas las disciplinas y áreas del conocimiento.

Para lo anterior, no sólo se tendrá que recurrir a las actividades formativas tradicionales, sino también con enfoques innovadores e incluso adaptados al aprendizaje, dando oportunidad abandonar enfoque adultocéntricos, y considerar en los diseños curriculares y en las actividades extra escolares, enfoques constructivos y lúdicos, en los que la participación de la Comunidad Universitaria (estudiantes, egresados, personal académico, administrativo, directivo y jubilados) será fundamental, en alianza con los diversos sectores sociales.

FUENTES DE INFORMACIÓN.

Cámara de Diputados del Congreso de la Unión (2022a) Constitución Política de los Estados Unidos Mexicanos de 1857, recuperado en: www.diputados.gob.mx/biblioteca/bibdig/const_mex/const_1857.pdf el 3 de septiembre de 2020

Cámara de Diputados del Congreso de la Unión (2022b), Constitución Política de los Estados Unidos Mexicanos de 1917, -texto original-, recuperado en: www.diputados.gob.mx/LeyesBiblio/ref/cpeum/CPEUM_orig_05feb1917_ima.pdf el 3 de septiembre de 2020.

Cámara de Diputados del Congreso de la Unión (2022c), Constitución Política de los Estados Unidos Mexicanos, recuperado en: www.diputados.gob.mx/LeyesBiblio/pdf/CPEUM.pdf el 3 de septiembre de 2020.

Cámara de Diputados del Congreso de la Unión (2022d), Ley General de Educación, recuperado en: www.diputados.gob.mx/LeyesBiblio/pdf/LGE_300919.pdf el 4 de septiembre de 2022

Cámara de Diputados del Congreso de la Unión (2022e), Ley General de Educación Superior, recuperado en: www.diputados.gob.mx/LeyesBiblio/pdf/LGES_200421.pdf el 4 de septiembre de 2022

Comisión Mexicana de Defensa y Promoción de los Derechos Humanos (2022), Caso Rosenda Radilla, recuperado en http://cmdpdh.org/casos-paradigmaticos-2-2/casos-defendidos/caso-rosendo-radilla-pacheco-2/ el 4 de septiembre de 2022.

Congreso del Estado de Jalisco (2022a), Constitución Política del Estado de Jalisco, recuperado en: https://congresoweb.congresojal.gob.mx/bibliotecavirtual/busquedasleyes/Listado.cfm#Constitucion el 4 de septiembre de 2022

Congreso del Estado de Jalisco (2022b), Ley de Educación del estado Libre y soberano de Jalisco, recuperado en: https://congresoweb.congresojal.gob.mx/BibliotecaVirtual/LeyesEstatales.cfm el 4 de septiembre de 2022

Congreso del Estado de Jalisco (2022b), Ley Orgánica de la Universidad de Guadalajara, recuperado en: https://congresoweb.congresojal.gob.mx/BibliotecaVirtual/LeyesEstatales.cfm el 10 de septiembre de 2022

Defensoría de los Derechos Universitarios de la Universidad de Guadalajara (2022a) Nota: Destacan las acciones positivas y buenas prácticas en favor de la Cultura de Paz realizadas por la Universidad de Guadalajara a través de la Defensoría de los Derechos Universitarios de la Universidad de Guadalajara .- En el marco de las "Jornadas por la Paz en las instituciones de Educación Superior" publicada el 22 de septiembre de 2022, recuperada en: https://www.facebook.com/DDUUDGOFICIAL/posts/2284931258329946/ el 25 de septiembre de 2022.

Defensoría de los Derechos Universitarios de la Universidad de Guadalajara (2022b) Programa del 1o. Congreso Nacional de Derechos Universitarios publicado el 4 de diciembre de 2019 en: www.facebook.com/CNDU.UDG recuperado el el 25 de septiembre de 2022.

Haro, Dante Haro y Cervantes Mario –Coordinadores- (2021) Una aproximación a los Derechos Universitarios, Universidad de Guadalajara, México.

Kemmis Sthephem, Et. Al (2014) The Action Research Planner.- Doing Critical Participatory Action Research, Springer Science+Business Media Singapore, recuperado en: https://link.springer.com/content/pdf/10.1007%2F978-981-4560-67-2.pdf el 4 de septiembre de 2022.

Marín, Álvaro (2000) El Derecho Académico en México en los albores del siglo XXI, Nomadas 1, Enero-junio, España, recuperado el 4 de septiembre de 2022 en: www.redalyc.org/pdf/181/18100114.pdf

Organización de Naciones Unidas (2022), Declaración Universal de los Derechos Humanos, recuperado en: www.un.org/es/universal-declaration-human-rights/, el 4 de septiembre de 2022.

Reale, Miguel (1997) Teoría Tridimensional del Derecho, Ed. Tecnos, España.

Secretaría de Gobernación (2022), Acuerdo por el que se establece las políticas para la obtención y aplicación de los recursos destinados a la implementación de la reforma del sistema de justicia penal, a favor de las entidades federativas para el ejercicio fiscal 2016, publicado en el Diario Oficial de la Federación el 13 de octubre de 2008 y recuperado en: http://dof.gob.mx/nota_detalle.php?codigo=5063719&fecha=13/10/2008 el 10 de septiembre de 2022

Universidad de Guadalajara (2015a) Nota periodística: UdeG impulsa los juicios orales, de Julio Ríos, Gaceta Universitaria, Universidad de Guadalajara, del 30 de noviembre de 2015, México, p. 9

Universidad de Guadalajara (2015b), Dictamen SUV/014/2015 mediante el cual se crea el Diplomado en el Sistema de Justicia Penal con orientación en Derechos Humanos, aprobado por el Consejo del Sistema de Universidad Virtual, México.

Universidad de Guadalajara (2015c) Convocatoria de Capacitación para Participar en el Proceso de Certificación Docente ante la Secretaría Técnica del Consejo de Coordinación para la Implementación del Nuevo Sistema de Justicia Penal (SETEC), Gaceta Universitaria, Universidad de Guadalajara, del 12 de octubre de 2015, México.

Universidad de Guadalajara (2016), Informe del 2015 de la Coordinación de Innovación Educativa y Pregrado de la Coordinación General Académica, Universidad de Guadalajara, México.

Universidad de Guadalajara (2019a) Circular DDU/003/2019 que contiene los Lineamientos relativos a las Acciones y Funciones de las Personas que Fungen como Enlaces Representantes de la Defensoría de los Derechos Universitarios en los Centros Universitarios y Sistemas de la Red Universitaria, de fecha 12 de julio de 2019, Defensoría de los Derechos Universitarios, México.

Universidad de Guadalajara (2019b) Lineamientos que establecen las Bases de Operación en los Centros de Cultura de Paz en la Red Universitaria, Defensoría de los Derechos Universitarios, México.

Universidad de Guadalajara (2022a), Reglamento General de Planes de Estudio de la Universidad de Guadalajara, recuperado en: https://secgral.udg.mx/sites/default/files/Normatividad_general/reglagpe.pdf el 10 de septiembre de 2022.

Universidad de Guadalajara (2022b), Dictamen número I/2016/438, aprobado el 27 de octubre de 2016 por el Consejo General Universitario, recuperado en: www.hcgu.udg.mx/sites/default/files/sesiones_cgu/2015-2016/I.%20Educaci%C3%B3n/2016-10-27%2000%3A00%3A00/edu438.pdf el 10 de septiembre de 2022.

Universidad de Guadalajara (2022c), Informe Reportado del 1er Semestre de fecha 15 de julio de 2022, recuperado en: www.escolar.udg.mx/estadisticas/alumnos/informe-de-matricula-inicio-de-curso-2022a_w el 11 de septiembre de 2022.

Universidad de Guadalajara (2022d), Dictamen número I/2013/518 mediante el cual se crea la Maestría en Derecho, aprobado el 17 de diciembre de 2013 por el Consejo General Universitario, recuperado en: www.hcgu.udg.mx/sesiones_cgu/dictamen-numero-i2013518 el 11 de septiembre de 2022.

Universidad de Guadalajara (2022e), Dictamen número I/2017/358 mediante el cual se crea el Doctorado en Derechos Humanos, aprobado el 15 de diciembre de 2017 por el Consejo General Universitario, recuperado en: www.hcgu.udg.mx/sites/default/files/sesiones_cgu/2017-2018/I.%20Educaci%C3%B3n/2017-12-15%20 00%3A00%3A00/edu358.pdf el 11 de septiembre de 2022.

Universidad de Guadalajara (2022f), Dictamen número I/2011/081 mediante el cual se crea el Doctorado en Derecho, aprobado el 25 de marzo de 2011 por el Consejo General Universitario, recuperado en: www.hcgu.udg.mx/sites/default/files/sesiones_cgu/2010-2011/Educaci%C3%B3n%20y%20Hacienda/2011-03-25%20 00%3A00%3A00/edh081-25mar11.pdf el 11 de septiembre de 2022.

Universidad de Guadalajara (2022g), Nota periodística: Toma Protesta los integrantes de la Red Internacional de Derechos Humanos y Derecho Humanitario, de Julio Ríos, recuperada en: www.udg.mx/es/noticia/toman-protesta-integrantes-red-internacional-derechos-humanos-derecho-humanitario el 11 de septiembre de 2022.

Universidad de Guadalajara (2022h), Nota periodística: Clínica internacional de Derechos Humanos, de Editorial de la Coordinación de Extensión del Centro Universitario de Ciencias Sociales y Humanidades, del 5 de julio de 2018, recuperada en: www.cucsh.udg.mx/noticia/clinica-internacional-de-derechos-humanos-0 el 11 de septiembre de 2022.

Universidad de Guadalajara (2022i), Nota periodística: Eligen a la Dra. Esperanza Loera Ochoa como Presidenta de la Academia de Derechos Humanos de la División de Estudios Jurídicos del CUCSH, de Editorial de la Coordinación de Extensión del Centro Universitario de Ciencias Sociales y Humanidades, del 1 de abril de 2022, recuperada en: www.cucsh.udg.mx/noticia/eligen-la-dra-esperanza-loera-ochoa-como-presidenta-de-la-academia-de-derechos-humanos-de-la, el 11 de septiembre de 2022.

Universidad de Guadalajara (2022j), Estatuto General de la Universidad de Guadalajara, recuperado en: https://secgral.udg.mx/sites/default/files/Normatividad_general/EG%20%28Abril%20 2022%29.pdf en el 17 de septiembre de 2022.

Universidad de Guadalajara (2022k), Estatuto Orgánico del Centro Universitario de Ciencias Sociales y Humanidades, recuperado en: https://secgral.udg.mx/sites/default/files/Normatividad_especifica/eocucsh-noviembre-2019.pdf el 17 de septiembre de 2022.

Universidad de Guadalajara (2022l), Cuerpos Académicos, en el portal del Centro Universitario de Ciencias Sociales y Humanidades, recuperado de: www.cucsh.udg.mx/cuerpos_academicos/derechos-humanos-y-estado-de-derecho el 17 de septiembre de 2022.

Universidad de Guadalajara (2022m), Dictamen IV/2018/1565 aprobado el 29 de octubre de 2018 por el Consejo General Universitario, recuperado en: www.hcgu.udg.mx/sites/default/files/sesiones_cgu/2017-2018/Normatividad%2C%20Responsabilidades%20y%20Sanciones%20y%20Hacienda/2018-10-29%2000%3A00%3A00/norreshac1565.pdf el 17 de septiembre de 2022.

Universidad de Guadalajara (2022n) Plan Institucional de Desarrollo 2014-2030.- Construyendo el Futuro, aprobado el 24 de marzo de 2014 por el Consejo General Universitarios, recuperado en: www.hcgu.udg.mx/sites/default/files/sesiones_cgu/2013-2014/2014-03-24%2000%3A00%3A00/pdi_2030_21marzo14.pdf el 18 de septiembre de 2022.

Universidad de Guadalajara (2022o), Dictamen IV/2021/516 aprobado el 10 de junio de 2021 por el Consejo General Universitario, recuperado en: http://www.hcgu.udg.mx/sites/default/files/sesiones_cgu/2020-2021/Educaci%C3%B3n%2C%20Hacienda%2C%20Normatividad%20y%20Responsabilidades%20y%20Sanciones/2021-06-10%2000%3A00%3A00/eduhacnorres516.pdf el 18 de septiembre de 2022

Universidad de Guadalajara (2022p) Reglamento de la Defensoría de los Derechos Universitarios, recuperado en: https://secgral.udg.mx/sites/default/files/Normatividad_general/RDDU%20%28Junio%202022%29.pdf el 18 de septiembre de 2022.

Universidad de Guadalajara (2022q) Acuerdo 350/05 en el que se aprueba la asignación de un espacio en cada Centro Universitario y Sistema de la Red Universitaria para albergar al representan de la Defensoría de los Derechos Universitarios, aprobado en la sesión del 11 de febrero de 2022 del Consejo de Rectores, recuperado de:

https://cr.udg.mx/sites/default/files/2021-10/acta_cr_350.pdf el 18 de septiembre de 2022.

Universidad de Guadalajara (2022r) Reglamento de la Defensoría de los Derechos Universitarios, recuperado en: https://secgral.udg.mx/sites/default/files/Normatividad_general/RDDU%20%28Junio%202022%29.pdf el 18 de septiembre de 2022.

Universidad Nacional Autónoma de México (2022a), Programa de Universitario de Derechos Humanos, recuperado en: http://www.pudh.unam.mx/declaracion_DH_hombre_ciudadano.html el 3 de septiembre de 2022.

Universidad Nacional Autónoma de México (2022b), página oficial de la Defensoría de los Derechos Universitarios, recuperado en: https://www.defensoria.unam.mx/defensoria/defensoria-de-los-derechos-universitarios/antecedentes el 17 de septiembre de 2022.

CONFLICTO INTERNACIONAL Y PROPIEDAD INTELECTUAL

Gelacio Juan Ramón Gutiérrez Ocegueda[1]
y Edgar Gutiérrez Aceves[2]

PALABRAS CLAVE
Conflicto. Guerra. Paz. Propiedad intelectual. Libertad. Emancipación.
KEYWORD
Conflict. War. Peace. Intellectual property. Liberty. Emancipation.

I. INTRODUCCIÓN

Como punto de inicio resulta prudente conceptualizar lo que el conflicto implica. Para ello se debe tomar en consideración que la definición dependerá de cómo sea comúnmente percibida, a partir de alguna o varias de las alternativas siguientes: (i) forma de oposición entre las partes; (ii) ausencia de acuerdo entre las partes; (iii) forma de externar y propiciar la solución de las contradicciones sociales; (iv) o como un proceso normal que forma parte de la interacción humana (LYAMOURI-BAJJA, y otros 2012, 54).

---

1 *Gelacio Juan Ramón* ***GUTIÉRREZ OCEGUEDA*** es abogado egresado de la Facultad de Derecho de la Universidad de Guadalajara; titular del *Diplôme Supérieur de l'Université de Droit, d'Économie et Sciences Sociales de Paris II*; y del *Diplôme d'Études Doctorales* de *l'Université Panthéon-Assas Paris II*; Profesor investigador de tiempo completo titular "C" de la Universidad de Guadalajara; Perfil PRODEP vigente, y miembro del Sistema Nacional de Investigadores del Consejo Nacional de Ciencia y Tecnología nivel I durante los periodos 2009-2011; 2013-2015, y 2022-2024. *https://orcid.org/0000-0001-8880-094X*

2 ***Edgar GUTIÉRREZ ACEVES*** es abogado egresado de la División de Estudios Jurídicos del Centro Universitario de Ciencias Sociales y Humanidades de la Universidad de Guadalajara, con estudios de Maestría en Derecho y doctorante del Programa de Doctorado en Derecho por Investigación en el Instituto de Altos Estudios Jurídicos de Jalisco, A.C. *https://orcid.org/0000-0002-0289-5464*

Un análisis del fenómeno del conflicto internacional nos permite profundizar en la identificación de sus: (i) tipos; (ii) razones; (iii) motivaciones; (iv) causas; (v) consecuencias; (vi) componentes; (vii) participantes; (viii) niveles; (ix) relaciones con otros; (x) índices de gravedad; (xi) intereses, y (xii) necesidades. (LYAMOURI-BAJJA, y otros 2012, 48).

En el ámbito de la propiedad intelectual las controversias entre titulares de los derechos que de la misma derivan y que portan diferentes nacionalidades, son susceptibles de resultar a partir de las insatisfacción de los compromisos asumidos por las partes y/o de las decisiones de gobierno que entrañan el incumplimiento de tratados, acuerdos o negociaciones internacionales (resultando más visibles en las naciones cuya ideología es de izquierda radical). Algunas de dichas controversias resolver al Centro de Arbitraje y Mediación de la Organización Mundial de la Propiedad Intelectual (OMPI) como organismo de la Organización de las Naciones Unidas, lo que implicará para efectos de este estudio, constatar sus ventajas e inconvenientes en la solución de conflictos de naturaleza comercial en aras de mantener la paz en el contexto internacional.

II. MARCO TEÓRICO

La Teoría Crítica ha resultado útil en el análisis de la temática abordada en este trabajo investigativo. Dicha teoría se integra de las aportaciones de orden filosófico brindadas en el circulo de la Escuela de Fráncfort, y particularmente como producto de las investigaciones realizadas por pensadores del *Institut für Sozialforschung*. Considerada como una investigación inacabada la Teoría Crítica concentra una diversidad de puntos de vista con la finalidad de dar cuenta dialécticamente de las transformaciones de la realidad social. No pretende en forma alguna asemejarse a una corriente propia del marxismo doctrinario, masificado, obsesionado por el deseo de materializar, objetivar la verdad escribiéndola en el orden materialmente indeformable (MACHEREY 2014, 1).

Uno de los aspectos sobre los que reflexiona la Teoría Crítica es la relación de autoridad, lo que resulta de utilidad en esta investigación dado que corresponder al Estado ejercerla en aras de mantener la paz y el respeto de los derechos que tutela a la propiedad intelectual, evitando así cualquier posibilidad de conflicto. Pierre MACHEREY explica en forma magistral el alcance de esta relación de autoridad expresando su significado a partir de la postura de la Teoría Crítica:

> En una relación de autoridad, todos los que participan en ella comparten sus efectos, en formas diferenciadas que se prestan a ser renegociadas: la autoridad no es algo que se impone o se rechaza, de lo que se aprovecha o se sufre; pero se transmite, se comunica dentro de un espacio de inversión; paradójicamente, une separando; aunque complaciente, suscita efectos de resistencia que son impensables independientemente de ella (MACHEREY 2014, 5).

Una aspiración natural del hombre consiste en la emancipación con respecto de cualquier tipo de autoridad. La Teoría Crítica explica las condiciones en que el proceso de emancipación admitiría ser desarrollado. Más que liberación en el sentido estricto del término, se trata de aprovechar las ventajas que la autoridad ofrece, oscilando entre el dogmatismo y el anarquismo, lo que permite lograr un sano equilibrio. A continuación la explicación que al respecto ofrece Pierre MACHEREY:

> Por eso la emancipación, es decir el proceso de liberación, no consiste en liberarse de la autoridad sino en utilizarla de otra manera, explotando sus potencialidades: uno no se libera de la 'autoridad'; uno se libera en la autoridad, desplazando el punto de aplicación y modificando las formas de ejercicio. Al basar su reflexión en el concepto de autoridad, los pensadores de la Teoría Crítica lucharon por tanto simultáneamente en los dos frentes del dogmatismo y del anarquismo: se apoyaron en la ambivalencia de este concepto, que es por excelencia un concepto crítico, que les permitió escapar de la obligación de elegir a favor o en contra de la autoridad, cuyas diversas manifestaciones se contentaron con identificar, con miras a dotarse de los medios para explotar esta diversidad. (MACHEREY 2014, 5)

III. METODOLOGÍA

La presente investigación se encuentra ejecutada con sustento en los métodos: (i) **sintético** (que ha implicado el ejercicio de un proceso de vinculación de hechos que en principio se encuentran aislados y se formula una teoría que unifica los diversos elementos, en este caso propios del conflicto internacional); (ii) **analítico** (por virtud del que se identifican y diferencian los elementos de un fenómeno como es el del conflicto internacional con respecto de otros que le resultan similares o integradores y se procede a revisar ordenadamente cada uno de ellos por separado); (iii) y **dialéctico** (por el que se considerarán a los fenómenos de naturaleza histórica, política, social, cultural y demás inherentes al conflicto internacional), tomando en consideración que la realidad es variable y por ende sujeta a contradicciones, evolución y desarrollo perenne, y proponer con este método que todos los fenómenos (en este caso propios del ámbito del conflicto internacional) sean analizados en relación con otros, y en su estado de continuo cambio, en razón de que esta metodología estima que nada existe como un objeto aislado, sino más bien que cada manifestación o fenómeno social, al tener sus tipologías propias y distintivas, por lo que amerita ser abordado en su proceso de evolución interno.

Resulta necesario puntualizar que para el estudio de una temática tan complicada como es el conflicto se han diseñado una serie de métodos particularmente apropiados, tales como: (i) el **mapeo del conflicto**; (ii) el **triángulo ABC**; (iii) la **metáfora de la cebolla** para desentrañar las posiciones, intereses y necesidades; (iv) el **árbol del conflicto**, y (v) la **pirámide** del conflicto.

1. El conflicto y conceptos semejantes

El latín el origen del vocablo conflicto al derivar de *conflictus*, cuya significación es la de colisión o choque. No obstante, ha ameritado un ajuste en su aplicación fáctica, razón por la cual se coincide con la opinión de Nadine LYAMOURI-BAJJA, Nina GENNEBY, Ruben MARKOSYAN y Yael OHANAAL considerar que "Sin embargo, la tendencia general reciente ha sido considerar el conflicto como algo normal, un fenómeno social cotidiano, y una característica simple y natural de los sistemas sociales humanos". (LYAMOURI-BAJJA, y otros 2012, 54)

A).- Desde la vertiente del pensamiento de Mohammad Salim AL-RAWASHDEH y Sahar A.AL- MAJALI, la distinción entre el concepto de conflicto y otros que le son similares radica en su grado de acentuación a lo largo del tiempo iniciando con una tensión, transitando posteriormente hacia una crisis y concluyendo con el desencadenamiento de una guerra:

La diferencia entre el conflicto y algunos conceptos similares:

Hay algunos conceptos que son similares en forma de conflicto y que son provocados por el desarrollo evolutivo del conflicto. Son los siguientes:

Tensión: Es una situación que acompaña al conflicto y no se caracteriza por la violencia y puede llevar a la ruptura de las relaciones entre las partes.

Crisis: Una etapa avanzada de un conflicto y una confrontación tensa entre las partes de un conflicto que puede resultar en una guerra.

Guerra: La última etapa del conflicto internacional, un conflicto armado entre dos o más partes con un alto nivel de violencia (AL-RAWASHDE y A.AL-MAJALI 2017, 3489).

B).- Un diverso intento de disociar el término conflicto con relación a nociones que le son afines habla de la existencia de: (i) **diferencias**; (ii) **desacuerdos**; (iii) **problemas**; (iv) **disputas**, y (v) **crisis**.

Es necesario puntualizar la naturaleza y límites existentes entre una diferencia, un desacuerdo y un problema. En lo que a las **diferencias** se refiere, dado su alto contenido humano estas son propias de la convivencia entre las personas, es el ingrediente que les dota de vitalidad; (ii) la identificación seguida de la selección de preferencias y prioridades genera los **desacuerdos**, y (iii) el **problema** surge cuando el desacuerdo o sus causas generadoras afectan solamente a alguna de las partes.

En la **disputa**, las partes no sólo están involucradas de una u otra manera, sino que también tienen interés en revertir la potencial tendencia hacia una escalada y realizan un esfuerzo con el objetivo de ganar recíprocamente o por lo menos no perder, por lo que identifican, controlan y evitan que se propaguen cualquier riesgo de agravación. Se trata entonces de ofrecer razones o hechos en apoyo u oposición a algo.

Por lo que a la **crisis** se refiere, se le distingue como un proceso de toma de decisiones y fijación de posiciones. En ese sentido Mohammad Salim AL-RAWASHDEH y Sahar A.AL-MAJALI precisan que:

> Si bien la definición central de la crisis se basa en determinar el contenido de la política, problema o situación, la definición procedimental enfatiza el núcleo esencial de las características de la situación sin tener en cuenta si un particular caso incluye, por ejemplo, un conflicto interno, político o incluso crisis individual (AL-RAWASHDE y A.AL-MAJALI 2017, 3492).

2. Medios de control de conflicto internacional.-

Mohammad Salim AL-RAWASHDEH y Sahar A.AL-MAJALI coinciden en afirmar que existen diversos mecanismos para el manejo del conflicto internacional y cuya naturaleza puede ser: (i) **diplomática**; (ii) **mediática** (iii) **militar,** y (iv) **política:**

> **Medios de gestión del conflicto internacional:**
>
> *Medios diplomáticos*: el proceso de negociación y representación entre estados, es decir, cada parte por sus propios medios para convencer a su oponente está tratando de ganarse la opinión pública a su favor.
>
> *Medios de comunicación*: es un medio moderno de comunicación y medio para ganarse la opinión pública.
>
> *Medios militares*: Este método se adopta tras el fracaso de los medios anteriores (diplomacia) en la gestión del conflicto, de modo que el conflicto se convierte en guerra y conflicto armado.
>
> *Medios políticos*: Esto significa negociación, mediación, buenos oficios, investigación y conciliación, medios legales, tribunales de justicia y arbitraje. (AL-RAWASHDE y A.AL- MAJALI 2017, 3489)

3. La intimidación en las relaciones entre Estados nacionales

Preocupada la Organización de las Naciones Unidas para la Educación, la Ciencia y la Cultura (*The United Nations Educational, Scientific and Cultural Organization UNESCO*) por fomentar la cultura de la paz, desde hace ya algún tiempo ha venido desarrollando investigaciones en torno a sus causas, por lo que me parece oportuna la afirmación de Kenneth E. BOULDING (colaborador de la Revista Internacional de las Ciencias Sociales auspiciada por dicha organización) en lo que se refiere a la descripción del tipo de relacionen entre los países:

> Si el sistema internacional está dominado por las relaciones entre Estados, es importante preguntarse cuál es la naturaleza de estas relaciones. Distingo por otra parte tres tipos principales de relación entre los elementos que detentan el poder de decisión y poseen un poder de organización: la relación de intimidación, fundada en la amenaza, la relación de intercambio y la relación de integración (BOULDING 1965, 433).

Dicho autor pone de manifiesto que frecuentemente las decisiones adoptadas por los dirigentes nacionales se sustentan en probabilidades que conciernen al ámbito del riesgo calculado, en una hipótesis soportada en la intuición, en una abstracción de la realidad y de lo que verdaderamente sucede en el mundo, lo que les conduce a poner a prueba su escala de valores al creer que sus actos decisorios se encuentran orientados por principios de eticidad y moralidad, situación que los expone frecuentemente a padecer esquizofrenia política a causa de la alteración de la información (o carencia de rigor científico en su obtención) que les proporcionan sus colaboradores y la incapacidad del gobernante de corroborarla, lo que le permitiría descubrir que en muchas de las ocasiones se trata solamente de una realidad aparente, brindando con ello a la guerra un gran margen de consolidación como único mecanismo de constatación.

> El problema se complica aún más por el hecho de que, en el sistema internacional, quienes detentan el poder de decisión suelen estar muy influenciados por su propia escala de valores, que actúa como un filtro selectivo para descartar los elementos de información que podrían cuestionar la imagen que tienen del sistema.
>
> ... En ausencia de medios adecuados de verificación, por la información, la realidad de las imágenes que condicionan el sistema internacional, la guerra en sí misma se convierte en un medio por el cual la realidad aparente es sometida a prueba. Es un método costoso y que el mundo moderno condena y rechaza cada vez más; pero, a falta de otro método que permita comprobar la realidad, tiende fuertemente a mantenerse]. (BOULDING 1965, 436- 347).

Desde la perspectiva de Kenneth E. BOULDING la guerra como mecanismo de persuasión intimidatoria requiere dar prueba de una alta probabilidad de materializarse, por lo que su capacidad de destrucción debe ser utilizada y no solamente anunciada ya que la amenaza se diluiría a través del tiempo:

> Todo sistema basado en la intimidación lleva consigo poderosos elementos de inestabilidad En efecto, para que un sistema de este tipo sea eficaz, es decir que tener éxito en provocar un cierto comportamiento, la amenaza debe ser plausible; sin embargo, lo es cada vez menos, si nunca se pone en ejecución. (BOULDING 1965, 437)

Bajo esa tesitura, y coincidiendo con la opinión de Kenneth E. BOULDING, en el contexto internacional el poder de una nación radica en el alto grado de convicción que irradia a los demás respecto de dos aseveraciones intimidatorias: (i) su **capacidad destructiva,** y (ii) la **potencial voluntad de ejecutarla:**

En el sistema internacional, el poder de un Estado implica, la creencia por parte de otros Estados de que puede causarles daño si no acceden a sus deseos. Esta creencia, o credibilidad, tiene dos componentes: la creencia en la capacidad de destrucción y la creencia en la voluntad de ejecutarla. Estas dos creencias tienden a disminuir con tiempo, cuando la capacidad destructiva no se utiliza, y puede verse reducida con el tiempo (BOULDING 1965, 437).

4. Entre la paz y la seguridad nacional: el dilema.

Para prevenir los riesgos potenciales de una guerra y en la búsqueda de metodologías que permitan el justo equilibrio entre los instrumentos de paz y seguridad nacional, Kenneth E. BOULDING constata que las naciones suelen verse inmersas en problemáticas de ponderación: "También se puede sostener que el problema consistente en reforzar al máximo la seguridad nacional, sin comprometer la paz, no es tan diferente al de reforzar la paz al máximo sin comprometer la seguridad nacional". (BOULDING 1965, 444)

5. Ausencia de guerra pero presencia de conflictos no resueltos

Es posible que en el contexto internacional se advierta la ausencia de guerra entre naciones pero se aprecien rasgos de conflictos históricamente pendientes de resolver acompañados de la nula voluntad de instaurar instrumentos jurídicos orientados a su conclusión, de lo que surgen postergaciones interminables en lo que a alternativas de solución se refiere y hasta la presencia de fenómenos de orden psicológico develados por Léo HAMON de la manera siguiente:

> El actual sistema de ausencia de guerra aparece así como un sistema caracterizado tanto por la existencia de conflictos no resueltos, la ausencia de un procedimiento jurídico aceptado, tanto para la resolución de los conflictos sobre el fondo como por su "desvío del borde del abismo", y por la realidad de un mecanismo psicológico comúnmente llamado "equilibrio del terror"... (HAMON 1965, 454)

6. Dimensiones clave para la acuñación de un concepto del conflicto.-

A decir de Mohammad Salim AL-RAWASHDEH y Sahar A.AL-MAJALI existen diversas dimensiones a considerar en la confección de un concepto de conflicto: (i) la dimensión relativa a la **situación misma del conflicto** (donde se presupone la preexistencia de una contradicción de intereses o valores; la conciencia compartida no solamente de la situación que lo detona sino también la identificación precisa de los puntos de contradicción, así como la postura de las partes normalmente inconsciente de la legitimidad de las pretensiones de las demás y respecto de las cuales se muestra no obstante reticente; (ii) la dimensión relativa a las **partes** en el conflicto (en donde se distinguen tres niveles de conflicto: un primer nivel en el que las partes en el conflicto son individuales, un segundo nivel que es el conflicto entre grupos, y un tercer nivel representado por el conflicto entre estados), y la dimensión inherente al **conflicto internacional** (en el que a partir de la aplicación de los postulados de teorías psicológicas, biológicas, culturales, sociales, económicas, políticas, medioambientales y hasta de civilización, se analizan sus causas determinantes principalmente del fenómeno armamentista, y las potenciales alternativas de control de los riesgos asociados al conflicto (AL- RAWASHDE y A.AL-MAJALI 2017, 3490-3491).

7. La naturaleza del conflicto.-

Esta es susceptible de distinguir a partir de dos aspectos: (i) uno **negativo** (por virtud del cual se devastan, explotan o atribuyen soluciones unilateralmente), y (ii) el otro **positivo** (a través del cual se conduce la generación de contactos que cuenten con autoridad decisoria, a la propuesta e intercambio de soluciones entre las partes.

8. El conflicto prevención y el conflicto solución.-

A decir de Fred TANNER y coya postura es compartida por el suscrito, la noción de prevención de conflictos envuelve una serie de actividades orientadas a evitarlos y resolverlos mediante técnicas como la mediación, el mantenimiento de la paz, la pacificación o consolidación de la paz, mecanismos de fomento de la confianza y la diplomacia a doble vía (TANNER 2000, 541). En el contexto internacional la prevención del conflicto ha ameritado especial atención, tal y como lo reconoce dicho autor:

> El concepto de prevención de conflictos descansa hoy en un impresionante cuerpo de literatura. Asimismo, las Naciones Unidas, los organismos regionales, las entidades estatales y las organizaciones no gubernamentales han participado en los últimos años en ejercicios sistemáticos de "lecciones aprendidas" y "mejores prácticas" con respecto a misiones fallidas u oportunidades perdidas (TANNER 2000, 541).

En el espacio europeo, por ejemplo, corresponde a la Organización para la Seguridad y la Cooperación en Europa (OSCE) la función de prevención conflictual que le fue conferida desde el 21 de noviembre del año 1990 al tenor de la Carta de París para una nueva Europa mediante el empleo de medios políticos.

Algunos esfuerzos considerables de la Organización de las Naciones Unidas orientados hacia la prevención de conflictos, se encuentran asentados en la publicación de los reportes concernientes a sus misiones en Srebrenica (Bosnia y Herzegovina) y Ruanda, mostrando así la enseñanza que le han dejado sus oportunidades fallidas en la prevención de la escalada de la violencia mortal hacia el genocidio total.

Fred TANNER nos ofrece hábilmente y de manera sintética una muestra de tales esfuerzos manifestando: (i) la **inexistencia de explicaciones simples** para las causas generadoras de los conflictos y la forma que se alimenta una escalada de violencia (para comprender la dinámica de generación y crecimiento del conflicto resulta indispensable el conocimiento de parámetros básicos como son los indicadores de pobreza, el sostenido e incontrolable crecimiento demográfico, la escasez de recursos, los índices de discriminación y desempoderamiento de las minorías o ciertos grupos sociales, provocaciones militares y fuentes inminentes de inseguridad; (ii) resulta de crucial relevancia identificar y distinguir entre las **causas** generadoras **directas** e inmediatas del conflicto de aquellas que le resultan **subyacentes**; (iii) frecuentemente las causas del conflicto son resultado de deliberadas decisiones adoptadas por líderes o políticos que utilizan el lenguaje del halago, ideologías radicales o falsas promesas para conseguir el favor del pueblo lo que les conlleva fijar posturas violentas en temas controversiales; (iv) no existe una opinión favorable uniforme sobre la utilidad de las **alertas tempranas**; (v) el **empleo** de la **fuerza** ofrece una doble utilidad al ser un recurso eficaz para la **prevención de conflictos** y mecanismo de garantía en la instrumentación de **acuerdos de paz**, y (vi) el hecho de que un considerable número de los conflictos internos tienen un impacto importante en la comunidad internacional por lo que requieren una atención temprana (que no está libre de riesgos, ni está libre de costos políticos y financieros) para evitar su propagación al contexto internacional, en el entendido de que una efectiva prevención requiere de una comprensiva, multidimensional y coherente estrategia, sin pasar por alto la implicación de sumergirse en el dilema entre mitigar una crisis humanitaria y encontrar una solución a largo plazo (TANNER 2000, 544- 557).

9. El método científico en el estudio y solución del conflicto internacional. Ventajas y límites

Monty G. MARSHALL nos propone aprovechar el método científico en el estudio, prevención y solución del conflicto internacional, veamos a continuación el contenido de su postura.

El autor en alusión resalta que históricamente se ha venido advirtiendo un decremento progresivo en el uso de la violencia en las relaciones humanas. El avance se debe a la exigencia de formulación y aplicación de políticas severas y proactivas que favorezcan mecanismos no violentos de prevención, gestión y resolución de conflictos complementadas con medidas de proscripción del uso de la fuerza.

Si bien el método científico aporta el beneficio de identificar la situación o el estado del conflicto y sus causas, también habrá que reconocer sus limitaciones al no estar en condiciones de determinar la "verdad" detrás de un conflicto, ni mucho menos fungir como árbitro final en la conclusión de los diferendos.

Coincidiendo con la aportación de Monty G. MARSHALL es admisible afirmar: "Lo que puede hacer es ayudarnos a descubrir e identificar los métodos más eficaces para adecuar nuestras diferencias y resolver nuestras disputas sin menoscabar innecesariamente nuestra prosperidad y calidad de vida recurriendo a la fuerza". (MARSHALL 1998, 72-73)

En cuanto al uso de la fuerza, tres circunstancias pueden identificarse umbrales: (i) la tolerancia de la violencia; (ii) la condonación de la violencia; y (iii) la utilización de la violencia. Así, un conflicto adquiere fisionomía propia al mostrar sus características en función a diversos parámetros o umbrales: (i) la **tolerancia** a la violencia; (ii) la **condonación** de la violencia, y (iii) el **uso** de la violencia. Esto conduce necesariamente a la formulación de la interrogantes que nos permita conocer bajo qué específicas circunstancias se tolerará, prescindirá o utilizará la violencia en asuntos humanos.

Monty G. MARSHALL evidencia asertivamente el vacío mismo que conlleva el reconocimiento de la ley universal a partir de la cual se consagra la política exterior de que todos los estados nacionales quieren la paz. En contrapartida, se pone de manifiesto que nadie prefiere sostener una situación de guerra constante (incluso aquellos países que la propician habitualmente) cuando les resulta factible, sea lograr sus objetivos sin acciones abiertamente hostiles, o bien actuar impunemente.

Otra realidad imperante es que, ante la ausencia de voluntad de las partes en conflicto para dar terminación a la guerra, esta concluirá de igual manera dado que la capacidad para generarla y sostenerla tiene sus límites. Lo interesante en valorar a través del método científico será los costos y daños que se generen durante su vigencia, sean directos o colaterales. Aquí la pregunta inevitable a formular consiste en conocer qué aspectos determinan la predilección entre la guerra o la paz. Al respecto, parece asertiva la reflexión de Monty G. MARSHALL en el sentido de que la predilección por la guerra no depende necesaria e indefectiblemente de las preferencias humanas sino más bien de sus prioridades. En lo que a la elección de la paz se refiere, esta dependerá del precio que se quiera pagar por ella dado que "la paz es fundamentalmente una función de la voluntad y la facultad de los individuos para adaptarse, ajustarse, o alterar sus apetitos y comportamientos". (MARSHALL 1998, 73)

La ciencia y la técnica han permitido el desarrollo de la humanidad y generado las condiciones para que los estados nacionales gocen de la paz, corresponderá a sus líderes abstraerse de toda tentación que provoque ambientes de hostilidad que detonen la guerra, o inevitable que esta resulte, propiciar circunstancias para concluirla en los mejores términos. A continuación la inserción que en ese sentido ofrece Monty G. MARSHALL:

> Dado el estado actual del desarrollo científico no hay excusa para hacer, aprobar o tolerar la guerra bajo ninguna circunstancia; la guerra continúa sin embargo, principalmente en función del egoísmo, la ignorancia y la complacencia. Por primera ocasión en la historia de la humanidad, el avance progresivo de la ciencia ha hecho posible la paz. Sigue siendo una cuestión vital si podemos generar la voluntad colectiva para construirla (MARSHALL 1998, 72-73).

10. La resolución del conflicto en el ámbito de la propiedad intelectual

La propiedad intelectual es concebida en términos generales como un bien económico y cultural. Desde una tonalidad visualizada por la Organización Mundial de la Propiedad Intelectual (OMPI) se encuentra relacionada con las creaciones de la mente: invenciones, obras literarias y artísticas, así como símbolos, nombres e imágenes utilizados en el comercio (OMPI 2022).

La propia dinámica del ejercicio de los derechos inmanentes a la propiedad intelectual genera ocasionalmente la colisión entre sus titulares, lo que brinda un espacio de oportunidad a la OMPI para propiciar su solución a través de las figuras de la mediación o el arbitraje. Efectivamente, en el contexto internacional la propiedad intelectual es objeto de protección a través del Centro de Arbitraje y Mediación creado desde el año 1994 en el seno de la OMPI.

Desafortunadamente uno de los desafíos de la propiedad intelectual consiste en contrarrestar la inercia en que se ven envueltos los titulares de este tipo de derechos cuando los mismos son objeto de controversia, ya que prefieren someterla a la consideración de las autoridades jurisdiccionales (con todas las implicaciones e inconvenientes que ello representa) en lugar de emplear los mecanismos que la OMPI pone a su disposición.

Entre las ventajas que implica la participación del aludido Centro del Arbitraje y Mediación de la OMPI encontramos: (i) la **unicidad** del procedimiento; (ii) la **autonomía** de las partes en la decisión de las elegir las reglas de procedimiento, el derecho aplicable, el lugar e idioma en que se desarrollará el procedimiento; (iii) la **neutralidad** de la resolución (al unificar el idioma, cultura institucional y la legislación aplicable a las partes en el conflicto, resta cualquier ventaja estratégica que para alguna de las partes representaría dirimir la controversia en los tribunales de su lugar de origen, donde se encuentra identificado con el derecho aplicable y los procedimientos que domina); (iv) la **confidencialidad** (de los resultados obtenidos en sede OMPI lo que elimina o mitiga los riesgos de comprometer tanto la reputación de las partes como la develación de la secrecía que la materia amerita particularmente los secretos industriales, comerciales y empresariales salvaguardando consecuentemente sus ventajas competitivas), y (v) la **irrevocabilidad** y **fuerza ejecutiva transfronteriza o extraterritorial** de los laudos arbitrales (al no admitir la interposición de recurso alguno, y ante la obligación de los Estados miembros de la Convención sobre el reconocimiento y ejecución de las sentencias arbitrales extranjeras, de 1958, identificada en el contexto internacional como la Convención de Nueva York, de reconocer la ejecutividad de los laudos arbitrales sin que amerite la revisión del fondo del asunto).

El inconveniente de instar al Centro de Arbitraje y Mediación de la OMPI radica en que el alcance de su resolución ya que solamente es vinculante con respecto a las partes en la controversia. Ello significa que en ningún momento tendría efectos generales, por lo que resulta imposible crear un sistema de precedentes o que la decisión resulte predictiva y obligatoria para una generalidad de interesados y supuestos controversiales asimilables.

IV. RESULTADOS

Del desarrollo de la presente investigación se logró indagar: (i) la conceptualización del conflicto;

(ii) los medios de control del conflicto internacional; (iii) la intimidación en las relaciones entre estados nacionales; (iv) el dilema existente entre la paz y la seguridad nacional; (v) la ausencia de guerra pero la presencia de conflictos no resueltos; (vi) dimensiones clave para la acuñación de un concepto de conflicto;

(vii) naturaleza del conflicto; (viii) el conflicto prevención y el conflicto solución; (ix) el método científico en el estudio y solución del conflicto internacional puntualizando sus ventajas y límites, y (x) la solución del conflicto en el ámbito de la propiedad intelectual coadyuvando así a mantener la paz no solamente entre las partes cuyos derechos se ven comprometidos, sino también la buena relación entre los estados de donde son originarias las contrapartes beligerantes.

V. CONCLUSIONES

Pese a los avances científicos y tecnológicos logrados a lo largo de la evolución histórica de la humanidad, la solución de conflictos en el contexto internacional y por ende la solución de controversias en materia de propiedad intelectual, sigue dependiente de la voluntad de las naciones y contrapartes comerciales. La Teoría Critica continúa representando una valiosa alternativa en la interpretación del rol que juega en estado en el ejercicio de su autoridad, su vigencia se palpa en la identificación de las condiciones bajo las cuales la emancipación podría ser detentada en la solución de conflictos, incluidos aquellos que se refieren a la propiedad intelectual.

VI. PROPUESTAS

La solución de conflictos en el contexto internacional y el logro de la paz en el ámbito de la propiedad intelectual derivado de controversias de naturaleza comercial permanece aún como desafío ante la limitante de los efectos individuales del laudo arbitral. Lo deseable sería que alcance de su resolución, al menos en asuntos relevantes, tuviere efectos *erga omnes* instaurando así un sistema de precedentes a partir del cual conflictos con las mismas tipologías pudieren ser resueltos predictivamente.

BIBLIOGRAFÍA

AL-RAWASHDE, Mohammad Salim, y Sahar A.AL-MAJALI. «The phenomenon of International Conflict in International Relations.» *The International Journal of Social Sciences and Humanities Invention THEIJSSHI* (The International Journal of Social Sciences and Humanities Invention THEIJSSHI) 4(5): 3488-3502, 2017, nº 4(5): 3488-3502, 2017 (mayo 2017): 16.

BOULDING, Kenneth E. «Vérification du réel et influence des jugements de valeur dans les systèmes internationaux: ròle de la recherche.» Editado por UNESCO. *Revue Internationale des Sciences Sociales* (UNESCO. Reherches sur la paix.) XVIII, nº 3 (julio-sepriembre 1965): 193.

HAMON, Léo. «Esquisse d'une recherche sur la paix :causes, effets et problèmes.» Editado por UNESCO. *Revue Internationale des Sciences Sociales. Recherches sur la paix.* (UNESCO) XVII, nº 3 (julio- septiembre 1965): 193.

LYAMOURI-BAJJA, Nadine, Nina GENNEBY , Ruben MARKOSAYAN , y Yael OHANA. *Youth transforming conflict.* 1. Editado por Council of Europe and European Commission. Youth partnership. Vol. 12. Strasbourg, Strasbourg: Council of Europe and European Commission, 2012.

MACHEREY, Pierre. « La Théorie critique : une rationalité sous tension », Methodos [En ligne], 14 | 2014, mis en ligne le 22 avril 2014, consulté le 22 juillet 2022. URL : http://journals.openedition.org/methodos/3754 ; DOI : https://doi.org/10.4000/methodos.3754

MARSHALL, Monty G. «The Scientific Study of International Conflict Process: Postcards at the Edge of the Millennia. Center for Sistemic Peace.» Editado por Center for Sistemic Peace. *Center for*

Sistemic Peace. Occasional Paper Series # 1. (Center for Sistemic Peace.), nº 1 (April 1998): 81.

OMPI, Organización Mundial de la Propiedad Intelectual. *Organización Mundial de la Propiedad Intelectual (OMPI).* Editado por Organización Mundial de la Propiedad Intelectual (OMPI). Vers. Electrónica. Organización Mundial de la Propiedad Intelectual (OMPI). 22 de julio de 2022. www.wipo.int (último acceso: 22 de julio de 2022).

TANNER, Fred. «Conflict prevention and conflict resolution: limits of multipateralism.» *Revue Internacionale de la Croix-Rouge* (Revue Internacionale de la Croix-Rouge) 82, nº 839 (September 2000): 541-559.

EL DERECHO HUMANO A LA SALUD EN MÉXICO: LA SALUD MENTAL

ADRIÁN JOAQUÍN MIRANDA CAMARENA Y SAMANTHA MALDONADO RAMOS

SUMARIO: I. INTRODUCCIÓN/ II. EL DERECHO A LA SALUD EN MÉXICO. CONSIDERACIONES GENERALES. /III. SALUD MENTAL: IMPACTO. / IV. ANÁLISIS DE REFORMA. /V. CONCLUSIONES. /VI. REFERENCIAS

Palabras clave: derecho humano, salud, México, problemática, reforma.

Resumen: El presente artículo presenta un estudio sobre el derecho a la protección de la salud en México haciendo énfasis en la salud mental y sus alcances para en función de ello determinar la efectividad de las acciones del Estado mexicano ante las nuevas exigencias de una sociedad que vive en medio de una histórica crisis en materia de derechos humanos. La finalidad principal es evaluar la situación actual del Estado de Derecho en esta materia y comprobar la eficacia de la norma vigente en México que el sistema conformado por instituciones, mecanismos, políticas públicas y presupuesto destinado a este derecho y su enfoque en salud mental brinda. Como referente teórico se analiza la concepción del derecho a la salud, su naturaleza como derecho humano fundamental y las particularidades del derecho a la salud mental desde una óptica internacional de los derechos humanos que hacen trascendental su protección.

I. INTRODUCCIÓN.

Inicialmente, entre los numerosos menesteres que la sociedad exige actualmente con mayor vehemencia es la salud. Después de poner a prueba el sistema de salud, instituciones y procesos al atravesar una pandemia mundial, surge la interrogante respecto de la eficacia de aquel conjunto de leyes y prácticas que han estado vigentes para la protección de este derecho. Entre sus alcances, se encuentra la salud mental, la cual cobro auge tras la pandemia por considerarse una de las herramientas más necesarias para complementar a un individuo en su bienestar. Como derecho humano fundamental es obligatoria su tutela y coexiste acorde al estado de derecho que conforma al gobierno mexicano. Las acciones adoptadas por el estado consagran la eficacia de proteger el derecho a la salud mental para todos, sin embargo, bajo los restos de una crisis de salud, se han manifestado lagunas que han frustrado la atención absoluta a este problema. Para entender la situación en México es necesario atender instrumentos internacionales que buscan la efectividad en las prácticas en esta materia y enfrentar la realidad actual del país. Es de suma importancia comprender que la salud mental como parte primordial del derecho a la salud debe ser garantizada. Su importancia lo configura como parte del mínimo vital que vela por la dignidad humana. Si bien puede llegar a relacionarse con ciertos estigmas ante la sociedad, un cambio de estructura en su percepción podría lograr cambios de paradigma que forjen un cuidado significativo por parte del estado y cumpla así con su deber de inclusión y protección para todos. Recientemente en México se advierte en la Ley General de Salud un capítulo dedicado a un nuevo modelo para ocuparse de las acciones en materia de salud mental. Lo que para efectos de la presente investigación es una herramienta de análisis y punto de partida para probar qué tanto se trabaja en esta materia y cómo es que ha evolucionado su tutela.

II. EL DERECHO A LA SALUD EN MÉXICO. CONSIDERACIONES GENERALES.

Entre la miscelánea de derechos contenidos en el artículo 4 de la Constitución mexicana está plasmado el derecho a la protección de la salud. A partir del enunciado donde se establece la definición de un sistema de salud, es obligación del Estado llevar a cabo las acciones necesarias para su cumplimiento, por lo que, de ese punto de inicio se derivan las leyes para lograr garantizar este derecho.

Como principal conductor está la Ley General de Salud la cual expone en su artículo 1 bis lo siguiente: "Se entiende por salud como un estado de completo bienestar físico, mental y social, y no solamente la ausencia de afecciones o enfermedades" (Ley General de Salud, 2022, Artículo 1). Tras este concepto se infiere la importancia que acompaña la garantía en esta materia. La dignidad del ser humano se conforma por piezas elementales y la salud es prioritaria. Particularmente sobre la salud mental, la Ley General de Salud (2022) señala entre otras materias que la salud mental es un servicio básico para los individuos y materia de salubridad general por lo que tiene carácter prioritario en la salud pública del país, bajo este esquema establece que toda persona tiene derecho a gozar del más alto nivel posible de salud mental, debiendo brindarse conforme a lo establecido en la Constitución e instrumentos internacionales, los cuales refuerzan estos parámetros haciendo énfasis en su garantía.

Los alcances del derecho a la salud mental en el medio internacional se rigen principalmente por los instrumentos jurídicos donde se hace presente el derecho a la salud. Entre los principales está la Declaración Universal de los Derechos Humanos siendo uno de los documentos que incorporan por primera vez el derecho a la salud a partir de la figura descriptiva de un nivel de vida adecuado, en su numeral uno artículo veinticinco, que a la letra dice que:

> Toda persona tiene derecho a un nivel de vida adecuado que le asegure, así como a su familia, la salud y el bienestar, y en especial la alimentación, el vestido, la vivienda, la asistencia médica y los servicios sociales necesarios; tiene asimismo derecho a los seguros en caso de desempleo, enfermedad, invalidez, viudez, vejez y otros casos de pérdida de sus medios de subsistencia por circunstancias independientes de su voluntad. (Declaración Universal de los Derechos Humanos, 1948, Artículo 1)

Igualmente, el Pacto Internacional de Derechos Económicos, Sociales, Culturales y Ambientales, donde el párrafo 1 del artículo 12 reconoce al derecho a la salud como "el derecho de toda persona al disfrute del más alto nivel posible de salud física y mental" (Pacto Internacional de Derechos Económicos, Sociales y Culturales, 1966, Artículo 12), así también por hacer mención del término "mental", el Comité de Derechos Económicos, Sociales, Culturales y Ambientales expone en la Observación General Número 14 titulada "El derecho al disfrute del más alto nivel posible de salud" un desglose de conceptos relativos al artículo 12 del mismo Pacto que contiene el derecho a la salud comprendiendo también las acciones necesarias para la salud mental, como lo son obligaciones del Estado para dar garantía mediante el otorgamiento de bienes, servicios, atención, actividades de prevención, información, tratamiento apropiado de enfermedades, afecciones, lesiones y discapacidades frecuentes, preferiblemente en la propia comunidad; el suministro de medicamentos esenciales, y el tratamiento y atención apropiados de la salud mental (Observación General N. 14 "El Derecho al disfrute del más alto nivel posible de salud", 2000).

Tras estos conceptos base integrados en medios jurídicos internacionales se puede deducir que su aplicación radica en los Estados que forman parte del compromiso de lograr estas metas, siendo pieza clave para la garantía de los derechos humanos. La función primordial del Estado podría prestarse a interpretaciones banales sobre que su obligación de mantener sanos a los individuos y no es así. El Estado tiene la obligación fundamental de brindar un sistema de salud de calidad, que sea vasto para todas las personas de manera igualitaria, accesible, gratuito y digno; desde la promoción de la misma hasta el tratamiento necesario.

El derecho a la salud como derecho humano fundamental en su carácter de derecho prestacional se configura como una directriz de la actividad estatal, con el objetivo de satisfacer las necesidades de la sociedad mediante mecanismos jurídicos, presupuestales y de infraestructura.

Aunque no con una denominación específica en la norma nacional o internacional, existe la teoría del derecho al mínimo vital, la cual conforme a los conceptos recogidos por los instrumentos internacionales y nacionales se configura a través de una interpretación sistemática. Según esta interpretación todo individuo debe de contar con una cantidad mínima de seguridad económica y satisfacción de necesidades para subsistir. El derecho a un mínimo vital "se refiere a la libre disposición de unos recursos económicos mínimos para hacer frente a las necesidades más perentorias del ser humano" (Escobar Roca, 2012).

Conforme al derecho constitucional mexicano por medio de la Suprema Corte de Justicia de la Nación (2015) en la Tesis I.9o.A.1 CS (10ª.) se ha formulado un concepto del "mínimo vital" que habla sobre abarcar todas las medidas posibles para evitar que una persona se vea perjudicada en su dignidad. Englobando matices de la garantía de un derecho y diridiéndose expresamente a salvaguardar derechos fundamentales. Como objeto abarca todas las medidas positivas o negativas para evitar que persona alguna se vea afectada en su valor intrínseco como ser humano. Asimismo aclara que no se debe entender únicamente como una protección económica sino como una tutela efectiva. Para mayor entendimiento, la Primera Sala de la Suprema Corte de Justicia de la Nación en la ejecutoria que dio origen a la tesis aislada 1ª.XCVIII/2007 (Suprema Corte de Justicia de la Nación, 2007) explica que el derecho al mínimo vital se fundamenta en la dignidad humana, la solidaridad, la libertad, la igualdad material y el Estado social, toda vez que las personas para lograr gozar de su libertad requieren un mínimo de seguridad económica y necesidades básicas.

"Los derechos humanos son inherentes al ser humano, por el solo hecho de existir." (Hernández Cruz, 2015, p. 44), esta simple definición de derechos humanos, fue evolucionando, el mismo autor señala (2015) que el Estado se transforma y con él los derechos humanos y sus necesidades básicas también, aumentando también la calidad que ameritan los mismos, del estado liberal se pasa al democrático del derecho. Así es su surgimiento y se conoce así su división en generaciones, que procuran una forma de entender la base histórica de los derechos. El estado evoluciona y con él los derechos, el catálogo de derechos aumenta, del estado liberal se pasa al estado social y democrático de derecho. Por ello es importante analizar el derecho a la salud mental bajo esta tesitura, la evolución de la sociedad y los acontecimientos históricos como la pandemia mundial, ha revelado la importancia de la salud mental en el mundo jurídico actual y es necesario adecuar su acceso como una necesidad básica.

III. SALUD MENTAL: IMPACTO.

Posiblemente el mencionar el término *salud mental* aún contenga un estigma social adquirido culturalmente, hoy en día en nuestra sociedad siguen vigentes prejuicios en cuanto al cuidado de la salud psicológica y hacia las personas que tienen algún padecimiento o tratamiento mental, lo cual apunta a una falta de cultura del cuidado de la misma inclusive a un desconocimiento total del acceso que se puede tener y el bienestar que puede imperar con ello. Cualquier persona puede requerir en un momento dado atención de este tipo y no debe existir impedimento alguno para obtenerla. Sin embargo, existe un descuido tanto del Estado para ofrecer atención suficiente, así como de la sociedad para exigir la atención que a su vez como se mencionó anteriormente estigmatiza el tema. Este descuido además de ser una violación de derechos, puede provocar problemas sociales importantes como el aislamiento, discriminación, malos tratos, violencia de algún tipo hacia las personas con algún padecimiento o trastorno mental, vulnerando entonces totalmente la dignidad humana. La salud mental como derecho humano de naturaleza social debe ser protegido por el estado, quién debe intervenir en cualquier acción que compele a su cumplimiento.

La salud mental según el Informe de la Organización Mundial de la Salud significa "tener la capacidad de relacionarse, desenvolverse, afrontar dificultades y prosperar" (Organización Mundial de la Salud, 2022, p. 2) Su impacto recae en personas con mayor vulnerabilidad para padecer trastornos mentales por condiciones externas como la disfuncionalidad familiar, estilos de vida nocivos, ambientes insalubres, la pobreza, entre otros. Así también existen grupos vulnerables que son víctimas de la mayoría de los problemas sustanciales de México; el problema de las personas sin hogar que deambulan con un estado mental visiblemente afectado en total desamparo es perturbador, las personas en extrema pobreza sin acceso a servicios de salud, los niños, niñas y adolescentes, personas explotadas en un ámbito laboral, víctimas de violencia, personas con discapacidad, etcétera; cada grupo en perspectiva padece afectaciones en cierto grado que pueden desencadenar un trastorno o requieren por su condición servicios de salud mental.

Los trastornos mentales pueden ir desde la depresión, ansiedad hasta casos más graves ocasionados por el consumo excesivo de sustancias, etcétera; es importante destacar que trastornos de esta índole suelen ser incapacitantes. Inclusive el término "discapacidad psicosocial o mental" es utilizado para referirse a aquellas personas que padecen algún problema mental; según la Ley General para la Inclusión de las Personas con Discapacidad una persona con discapacidad mental cuenta con "alteración o deficiencia en el sistema neuronal, que aunado a una sucesión de hechos no puede manejar, por lo cual detona un cambio en su comportamiento que dificulta su pleno desarrollo y convivencia social, (...)" (Ley General para la Inclusión de las

Personas con Discapacidad, 2022). Debido a esa condición suelen ser objeto de vulneración de derechos. La discriminación, el abandono social y el estigma que carga su concepto ha provocado también que no se logre la reinserción social adecuada de este grupo de personas, ya sea en hospitales psiquiátricos o fuera de los mismos.

El Doctor Tedros Adhanom Ghebreyesus actual director de la Organización Mundial de la Salud señala contundentemente que "no hay salud, sin salud mental" (2022), esta perspectiva no está alejada de la realidad, la existencia de algún trastorno mental puede transformarse en un factor incapacitante, por lo que muchas personas deben tomar medidas preventivas propias y en su caso hacer lo correspondiente al tratamiento de sus padecimientos. Amenazas para la salud mental siempre están presentes y numerosos son los casos en los que la falta de apoyo, acceso o calidad provocan una de la más cruda realidad y consecuencia de estas carencias en México es: el suicidio.

Según el Instituto Nacional de Estadística y Geografía el suicidio es la "cuarta causa de muerte en personas de entre 15 y 29 años de edad" (Instituto Nacional de Estadística y Geografía, 2022). En 2021 se registraron 8,351 fallecimientos por lesiones autoinfligidas en el país (2022). Durante la pandemia en el año 2020 se registraron 7,818 fallecimientos representando el 0.7% del total de muertes en el año (2021), y un año antes en 2019 se contabilizaron 6 710 muertes lo que representa una tasa de suicidio de 5.4 por cada 100 mil habitantes (2020). La cifra de fallecimientos por suicidio va en aumento lo que denota una falta de atención en este rubro. El descuido de la salud mental no sólo afecta a las personas de manera individual, las afectaciones repercuten en general en toda la sociedad, en la educación y cultura del país, no es casualidad que la violencia se vea en aumento año con año, y que hasta ahora se estén realizando adecuaciones a la legislación. Una persona sin salud mental es propicia a adquirir comportamientos negativos como la violencia, la delincuencia. Sin embargo, hay factores que pueden incidir mayormente a estos declives.

El impacto que origina el no dar garantía a este derecho humano es alarmante porque contraviene a la finalidad del Derecho que es la de otorgar en base a sus preceptos la justicia y seguridad de obtener aquello que busque el bienestar general y así también al objeto de mantener la dignidad humana intacta.

En México según la Secretaría de Salud se estima que 1 de cada 4 personas entre 18 y 65 años tendrán un problema de salud mental a lo largo de su vida, por lo que es indispensable que exista la protección de este derecho, espacios accesibles y gratuitos para poder tener acercamiento, atención, tratamiento y un seguimiento concreto.

Si bien dentro de la protección del derecho a la salud mental existen niveles que van desde la atención primaria, hasta la que requiere hospitalización. Del grado que sea, debe el Estado tener una respuesta a la misma. Desde los trastornos que se consideran como un indicio, hasta trastornos mayores deben ser atendidos para cultivar y educar el cuidado de la salud mental, es necesario realizar esfuerzos para la promoción y prevención de la misma por parte de la sociedad, sin embargo, el gobierno debe redoblar los esfuerzos para en verdad lograr resultados.

Un país que no atiende la salud mental de sus integrantes también puede estar sometiéndose a baja productividad en actividades socio-económicas. El no otorgar presupuesto adecuado para hacer sostenible la integración del sistema de salud, trae como consecuencia otorgar mayor presupuesto para otros rubros. La productividad económica de un país se sostiene por los trabajadores y trabajadoras que requieren una salud mental estable para lograr la eficiencia y maximizar resultados en sus entornos laborales.

La adopción de medidas para el cumplimiento de lo anterior compromete otorgar un presupuesto suficiente para lograr el objetivo del trabajo legislativo, no obstante, según la Organización Panamericana de la Salud, (2020) el gasto en la salud mental de los gobiernos es menor al 2% de la totalidad de los gastos de salud del gobierno a nivel mundial, por lo que sugiere que se invierta mayor porcentaje toda vez que como derecho humano requiere acceso equitativo, haciendo hincapié en que tratamientos a tiempo para las personas producen mejoras en salud y entre otras cosas, mayor capacidad y productividad de trabajo que puede actuar en beneficio para el estado. (p.6) La sugerencia de la institución no es descabellada, como se vio anteriormente una sociedad con buena y efectiva salud mental puede lograr mayor productividad en diversos sectores y entonces crea un beneficio mutuo.

IV. ANÁLISIS DE REFORMA.

Ahora bien, después de señalar algunas de las consideraciones más relevantes del impacto que tiene el derecho a la salud mental, será materia de estudio la reforma que establece cambios contundentes en el modelo, concepción y prácticas del sistema de salud mental que se ha manejado. ¿Qué aporta esta reforma al estado actual en materia de salud mental? Hay aspectos de la reforma en los que hay que poner atención, por lo que a continuación se desglosan en un ejercicio comparativo:

Tabla 1

Contenido de la Ley General de Salud VII Capítulo Titulado "Salud Mental".

Artículo previo a la reforma	Reforma de fecha 16/05/2022
Artículo 72. La prevención de las enfermedades mentales tiene carácter prioritario. Se basará en el conocimiento de los factores que afectan la salud mental, las causas de las alteraciones de la conducta, los métodos de prevención y control de las enfermedades mentales, así como otros aspectos relacionados con la salud mental.	**Artículo 72.** La salud mental y la prevención de las adicciones tendrán carácter prioritario dentro de las políticas de salud y deberán brindarse conforme a lo establecido en la Constitución y en los Tratados internacionales en materia de derechos humanos. El Estado garantizará el acceso universal, igualitario y equitativo a la atención de la salud mental y de las adicciones a las personas en el territorio nacional. (...)
	Artículo 72 Bis. (...) La atención de la salud mental deberá brindarse con un enfoque comunitario, de recuperación y con estricto respeto de los derechos humanos de los usuarios de estos servicios, en apego a los principios de interculturalidad, integralidad, intersectorialidad, perspectiva de género y participación social.
	Artículo 73. Los servicios y programas en materia de salud mental y adicciones deberán privilegiar la atención comunitaria, (...)

Artículo 74. La atención de las enfermedades mentales comprende: La atención de personas con padecimientos mentales, la rehabilitación psiquiátrica de enfermos mentales crónicos, deficientes mentales, alcohólicos y estupefacientes o sustancias psicotrópicas, y La organización, operación y supervisión de instituciones dedicadas al estudio, tratamiento y rehabilitación de enfermos mentales.	**Artículo 74.** Para garantizar el acceso y continuidad de la atención de la salud mental y adicciones, se deberá de disponer de establecimientos ambulatorios de atención primaria y servicios de psiquiatría en hospitales generales, hospitales regionales de alta especialidad e instituciones de salud. Asimismo, para eliminar el modelo psiquiátrico asilar, no se deberán construir más hospitales monoespecializados en psiquiatría; y los actuales hospitales psiquiátricos deberán, progresivamente, convertirse en centros ambulatorios o en hospitales generales dentro de la red integrada de servicios de salud. (...) **Artículo 74 Ter.** La población usuaria de los servicios de salud mental tendrá los siguientes derechos: (...) Derecho al consentimiento informado de la persona con relación al tratamiento a recibir;(...)
	Artículo 75. (...) el internamiento sólo podrá llevarse a cabo de manera voluntaria y cuando aporte mayores beneficios terapéuticos para la persona que el resto de las intervenciones posibles; (...)

En las consideraciones vertidas en la tabla 1 destaca en el primer artículo a consideración la implementación del término "adicciones" como referencia a los problemas que derivan del abuso de sustancias en el capitulado, si bien su distinción es clara, la narrativa trata de correlacionar los conceptos y así lograr un alcance mayor. Se puede observar también en el artículo en comento, que previo a esta reforma e integración de enunciados, sólo existía el reconocimiento de la salud mental como enfermedades mentales y como un servicio básico, sin embargo, no contenía el peso legal que ahora plantea la misma. A través de una visión nueva se busca atender con todas las herramientas posibles en materia de derechos humanos el tema de la salud mental en México, se emplea una descripción más particular de los objetivos a lograr por el Estado y acoge principios específicos de instrumentos internacionales; asume en demasía el cuidado de los derechos humanos e implementa estrictamente la voluntad y el consentimiento de los usuarios de los servicios.

Conforme se puede apreciar en la tabla comparativa, dentro de las adiciones en el artículo 72 bis también se prioriza un "enfoque comunitario", es decir, se incorpora a la comunidad, a la sociedad, como un actor para también desarrollar los objetivos de la tutela y así contrarrestar peso al Estado sobre su función. De esta manera puede parecer una herramienta para fortalecer el sistema de salud, sin embargo, la reforma también añade en su artículo 74 la búsqueda de no construir más hospitales psiquiátricos para así eliminar el modelo clásico psiquiátrico asilar que se maneja en México. Esto es importante, a fin de cuentas, esa carga de los cuidados de pacientes que requieren la atención especializada y utilizan el modelo actual, va a repercutir en otras instituciones o autoridades de salud o bien en manos de la sociedad que en lugar de moderar el problema puede transformarlo en otros problemas de salud pública por la falta de capacitación. Se habla de un sistema ambulatorio, que se puede entender como centros de entrada por salida, o bien la implementación en hospitales generales ésta nueva red de servicios. Pareciera que el Estado al dejar de crear espacios para pacientes psiquiátricos deja de hacerse cargo de la obligación de otorgar ese servicio básico para algunas personas, pero también adquiere una mayor responsabilidad de materializar cada punto de la narrativa que se reformó para prevención, promoción y atención. La percepción de que esas personas quedan a la deriva es reflejo de la desconfianza hacia el Estado, sin embargo, la intención es positiva al pretender suprimir los actos de abandono de personas con padecimientos graves. La tendencia al cambio del modelo puede ser efectiva. En los artículos 74 ter y 75 se advierte el derecho al consentimiento y la voluntad que las personas tendientes a buscar el servicio de salud tendrán, lo cual es un gran componente del nuevo modelo que se constituye, toda vez que como anteriormente se mencionó, las personas con discapacidad psicosocial suelen verse afectadas en sus derechos principalmente en su capacidad jurídica, por tanto, muchas veces era vulnerada su libertad de decisión.

Este nuevo modelo ambulatorio requiere de recursos humanos, adaptación de infraestructura, capacitaciones, reacomodo de pacientes, etcétera. De manera general en los artículos donde se adiciona este modelo se habla de su integración, sin embargo, no se establecen los lineamientos para llevarse a cabo.

La capacitación que exige este nuevo modelo es necesariamente para profesionistas de la salud mental que cuenten también con los estudios elementales de los derechos humanos que se requieren para ese servicio. El trabajo multidisciplinario es la clave para dar inicio a este proyecto.

Según datos del Observatorio Laboral de la Secretaría del Trabajo y Previsión Social (2021) la cifra de profesionistas en salud mental es de 227,525 aproximadamente, cifra que ante la cantidad de población registrada hasta el año 2020 de 126,014,024 millones de personas, muestra una diferencia marcada por el reto de abastecer realmente con recursos humanos capacitados también esta visión.

El reto que implementa esta reforma en materia de salud mental es importante, trae consigo gran trabajo en múltiples disciplinas que requiere presupuesto, recursos humanos y consciencia de cada individuo que forme parte del mismo proyecto. Así también el compromiso de cada entidad federativa para integrar a sus legislaciones esta materia y adoptar el plan que a grandes rasgos se pretende que es dar prioridad y atención a la demanda de salud mental actual en el país.

CONCLUSIONES

A manera de conclusión, en México no se garantiza el derecho humano a la protección de la salud mental, el Estado de derecho es fallido y esto es grave, si bien la ley cuenta con una narrativa que parece ideal, la realidad es muy distinta en el sistema de salud. El presupuesto que se otorga no es suficiente y para la integración del ambicioso nuevo modelo plasmado en la Ley General de Salud se requiere gran compromiso y voluntad de las instituciones y autoridades pertinentes. Los enunciados de la ley son utópicos, pueden procurar el modelo ideal, los mecanismos y planteamientos suficientes, sin embargo, una vez llevado a la aplicación y ejecución las dificultades de la realidad merman los resultados. Se requiere presupuesto, gran cantidad de recursos humanos, infraestructura, capacitación, promoción para su funcionalidad. Aunado a esto, es necesario también un cambio de paradigma en la cultura propia del cuidado de la salud mental. El impacto de no atender con prevención y promoción temprana hoy en día ya se desencadena en graves situaciones que afectan al país. La vulnerabilidad de las personas es amenazada con cualquier factor externo, sin embargo, debemos contar con las herramientas mínimas para satisfacer nuestra necesidad de atención adecuada. Tal como lo reconoce su característica de interdisciplinaria e interdependiente, la salud mental de manera general, depende de factores imperantes como lo es la educación. Si en el sistema de educación se implementaran mayores medidas de atención y acercamiento a edades tempranas para tratar la salud mental, las generaciones venideras podrían contar con instrumentos propios para fortalecer su dignidad humana y por lo tanto su salud mental.

Es importante analizar como la manera de dar tutela a este derecho puede llegar a significar todo un reto para cambiar el paradigma que lo envuelve, el paradigma que refrende la normalización de la salud mental para todos en cualquier grado de atención y situación en particular. México está pasando por una crisis de salud mental que no ha logrado abastecer con leyes, por lo que es necesario realizar acciones contundentes en esta materia, principalmente de presupuesto y recursos humanos; de la mano de disciplinas afines como lo es la cultura y la educación, evaluando los desaciertos y con la convicción intensa de dar garantía efectiva a todos de manera gratuita, en un plano de igualdad, es posible lograr un cambio.

REFERENCIAS

Asamblea General de las Naciones Unidas. (1948, 10 de diciembre). *Declaración Universal de los Derechos Humanos.*

Asamblea General de las Naciones Unidas. (1966, 16 de Diciembre). *Pacto Internacional de Derechos Económicos, Sociales y Culturales*. Naciones Unidas Serie de Tratados. Obtenido de https://www.refworld.org.es/docid/4c0f50bc2.html

Cámara de Diputados del H. Congreso de la Unión. (2022, 16 de Mayo). *Ley General de Salud.* Diario Oficial de la Federación. Obtenido de https://www.diputados.gob.mx/LeyesBiblio/pdf/LGS.pdf

Cámara de Diputados del H. Congreso de la Unión. (2022, 29 de abril). *Ley General para la Inclusión de las Personas con Discapacidad.* México.

Comité de Derechos Económicos, Sociales y Culturales de las Naciones Unidas. (2000, 25 de Abril). *Observación General No. 14 "El derecho al disfrute del más alto nivel posible de salud."*. Obtenido de https://www.acnur.org/fileadmin/Documentos/BDL/2001/1451.pdf

Escobar Roca, G. (2012). El Derecho a un Mínimo Vital. En G. Escobar Roca, *Derechos Sociales y Tutela Antidiscriminatoria.* Thomson Reuters.

Hernández Cruz, A. (2015 noviembre). III. Los derecho humanos y sus "garantías". En A. Hernández Cruz, *Eficacia Constitucional y Derechos Humanos.* México.

Instituto Nacional de Estadística y Geografía. (2021). *Estadísticas a próposito del día mundial para la prevención del suicidio.*

Instituto Nacional de Estadística y Geografía. (2022). *Estadísticas a próposito del día mundial para la prevención del suicidio.*

Instituto Nacional de Estadísticia y Geografía. (2020). *Estadísticas a propósito del día mundial para la prevención del suicidio.*

Noveno Tribunal Colegiado en Materia Administrativa del Primer Circuito. MÍNIMO VITAL. CONFORME AL DERECHO CONSTITUCIONAL MEXICANO Y AL INTERNACIONAL DE LOS DERECHOS HUMANOS, SE ENCUENTRA DIRIGIDO A SALVAGUARDAR LOS DERECHOS FUNDAMENTALES DE LAS PERSONAS FÍSICAS Y NO DE LAS JURÍDICAS., Semanario Judicial de la Federación y su Gaceta. Amparo Directo 261/2015 Tesis 1.9o A.1 CS Registro 2011316 (10a.) (13 de agosto de 2015).

Observatorio Laboral de la Secretaría del Trabajo y Previsión Social. (2021). *Estadísticas de carreras profesionales por área.* Obtenido de https://www.observatoriolaboral.gob.mx/static/estudios-publicaciones/Biologia.html

Organización Mundial de la Salud. (2022). *Informe mundial sobre salud mental: transformar la salud mental para todos. Panorama General.*

Organización Panamericana de la Salud. (2020). *Invertir en Salud Mental.* Organización Mundial de la Salud. Obtenido de https://www.paho.org/es/documentos/presentacion-invertir-salud-mental-dia-mundial-salud-mental-2020

Suprema Corte de Justicia de la Nación. Primera Sala DERECHO AL MÍNIMO VITAL EN EL ORDEN CONSTITUCIONAL MEXICANO, Semanario Judicial de la Federación y su Gaceta. Tesis 1a. XCVII/2007 Registro 172545 Tomo XXV, página 793 (31 de enero de 2007).

CONSTITUCIONALISMO MEXICANO FRENTE AL PARADIGMA DEL NEOCONSTITUCIONALISMO[1]

Luis Ernesto Hermosillo Tejeda

Departamento de Derecho Privado. Universidad de Guadalajara. (MÉXICO)
CE:*lehermosillo@gmail.com*

Elizabeth Leticia Souza Mosqueda

Departamento de Derecho Privado. Universidad de Guadalajara. (MÉXICO)
CE: *ceding@hotmail.com* / ID ORCID: *0000-0003-4775-9025*

Martín Moreno Reynaga

Universidad de Guadalajara (MÉXICO)
CE: *a.j.moreno.r@hotmail.com* / ID ORCID: *0000-0002-9548-3273*

Resumen

El derecho constitucional mexicano fue modificado debido a dos grandes reformas, la "constitucionalización" (un cambio estructural) del derecho y el "neoconstitucionalismo" (un cambio doctrinal). Las anteriores, además de cambiar el contenido de la constitución, representaron un cambio completo en la forma de comprender el derecho. Por ello, en el presente trabajo se analiza el constitucionalismo mexicano con las teorías neoconstitucionalista, lo cual nos permitirá responder a la cuestión respecto a cuáles son las modificaciones constitucionales respecto de sus principios y forma de comprensión. Para lograr lo anterior, se analiza la reforma junto con los principios del neoconstitucionalismo, para explicar las modificaciones a las que fue sujeta.

Palabras clave: reforma constitucional, neoconstitucionalismo, paradigma constitucional.

---

1 El presente capítulo es el resultado del proyecto de investigación titulado: "Constitucionalismo Mexicano frente al Paradigma del Neoconstitucionalismo". Es producto del trabajo colegiado de investigación que sintetiza la experiencia de las acciones en vinculación de los cuerpos académicos udg-ca-267 y udg-ca-1137. https://doi. org/10.16925/2357-5891.2023.01.10 2 Maestra en Derecho de la Universidad de Guadalajara, Jalisco, México. Correo electrónico: ceding@hotmail.com ORCID: https://orcid.org/0000-0003-4775-9025

Abstract:

*Mexican constitutional law was modified due to two major reforms, the "constitutionalization" (a structural change) of law and the "neoconstitutionalism" (a doctrinal change). The previous ones, in addition to changing the content of the constitution, represented a complete change in the way of understanding the law. For this reason, in the present work Mexican constitutionalism is analyzed with neo-constitutionalist theories, which will allow us to answer the question regarding what are the constitutional modifications regarding its principles and way of understanding. To achieve the above, the reform is analyzed together with the principles of neo-constitutionalism, to explain the modifications to which it was subjected.**Keywords: constitutional reform, neoconstitutionalism, constitutional paradigm.*

I. ANTECEDENTES NORMATIVOS Y TEÓRICOS DEL PARADIGMA CONSTITUCIONAL MEXICANO

La constitución mexicana fue sujeta a fuertes modificaciones que repercutieron en el sistema jurídico mexicano, ocasionando que la forma de comprender el derecho mexicano –sujeto a las teorías positivistas del derecho en nuestro país–, cambiara el paradigma jurídico dominante. El nuevo paradigma guarda relación con las teorías neoconstitucionalistas. Con ello, se iniciaron una serie de modificaciones al derecho que culminarían con la implementación del neoconstitucionalismo, modificando principalmente el *imperio de la ley.*

El cambio en cuestión puede identificarse en dos periodos, los cuales atienden a las reformas sustanciales que se realizaron en la Constitución Política de los Estados Unidos Mexicanos. El primero de ellos comprende la reforma al sistema de justicia penal realizada el 18 de junio del 2008, siendo el principal cambio, desde un análisis teórico, la restricción de la fuerza del estado, puesto que la facultad punitiva del estado solamente puede ejercerse cuando se supera la duda razonable y con ello se protegen los derechos sustantivos de las personas.

El segundo proceso que apertura la transición fue la reforma constitucional en materia de derechos humanos publicada el 10 de junio del 2011, modificando el primer aparado de la constitución para introducir los derechos humanos al sistema jurídico mexicano. Esta reforma complementó la anterior etapa, puesto que el nuevo contenido constitucional reconoce los derechos fundamentales del Estado, imponiéndole una doble carga: la primera consiste en el cumplimiento de las obligaciones de promover, respetar, proteger y garantizar los derechos humanos de todas las personas (Constitución Política de los Estados Unidos Mexicanos, 2021, art. 1°); la segunda carga es de naturaleza teórica, puesto que el contenido sustantivo introducido en la constitución se erige como un límite al contenido normativo y de actuación del Estado.

No obstante, las reformas por las que adquirió contenido sustantivo nuestra constitución significaron un conflicto en la forma de entender el derecho en general, dado que esta incorporación implicó que las normas constitucionales se convirtieran en vinculantes en todo tipo de conflicto normativo, puesto que impuso a todos los operadores jurídico el constante deber de la búsqueda de la justicia por conducto de los preceptos constitucionales. Ello apertura la fundamentación en mayor medida mediante postulados del iusnaturalismo –en atención a los valores contenidos en los principios constitucionales– y en menor medida del positivismo jurídico -debido a que la validez se constriñó a la justiciabilidad del derecho–.

Este cambio es descrito por Prieto (2013), quien afirma que el neoconstitucionalismo como teoría del derecho tiene las siguientes características:

> Básicamente, aquí se trata de preguntar si nuestros conceptos tradicionales acuñados en el marco del positivismo jurídico resultan explicativos o suficientemente explicativos a la luz de esa nueva realidad dibujada al comienzo. Tales conceptos, por lo que ahora interesa, suponen una teoría de las fuentes, una teoría de la norma y del sistema jurídico, y una teoría de la interpretación; y, aun a riesgo de simplificar, podemos resumirlo en estas cinco palabras claves: legalismo o legicentrismo, coherentismo, reglas, subsunción y discrecionalidad. Como es natural, tampoco aquí las posiciones neoconstitucionalistas se muestran por completo uniformes, pero en líneas generales su teoría del Derecho puede resumirse en otras cinco palabras clave que en cierto modo se formulan como contrapunto a las anteriores: constitucionalismo en lugar de legalismo, conflictualismo en lugar de coherentismo, principios en vez de reglas, ponderación frente subsunción y argumentación antes que discrecionalidad (pp. 37 – 38).

Estos principios permiten entender el modelo constitucional que emergió con motivo de las reformas constitucionales. Por lo cual, para la comprensión del paradigma constitucional mexicano, es menester analizar su evolución normativa en conjunto con las teorías del derecho.

II. ELEMENTOS TEÓRICOS DEL CONSTITUCIONALISMO MEXICANO

Posterior a las dos reformas realizadas a la constitución, permite su reconocimiento como *norma normarun* tanto adjetiva como sustantiva, siendo la principal fuente de derecho, *ergo,* provocó que la ley fuera relegada como fuente y origen principal de los mandatos para la regulación de la conducta, proponiendo a la constitución como norma encargada de disponer el origen de toda regulación de la conducta, al reconocer los derechos mínimos en que se sustenta el Estado, mismos que se convierten en origen y fin de las actuaciones de cada uno de los poderes en México.

El proceso de reforma permitió que la constitución mexicana se sujetara a los principios:

1. Constitucionalismo sobre legalismo;
2. Conflictualismo frente a coherentismo;
3. Principios sobre reglas;
4. Ponderación sobre subsunción;
5. Argumentación sobre discrecionalidad (Prieto, 2013, pp. 37 – 38).

El principio de *constitucionalismo sobre legalismo* conjuga dos posturas del iusnaturalismo y positivismo jurídico, donde se determina la sujeción de la norma a un ordenamiento superior para la declaración de validez del mismo, con lo que se pretende superar el conflicto ocasionado por la teoría de los dos órdenes (Vázquez, 2016, pp. 29 - 30). A pesar de que el contenido de la ley quedo supeditado a un ordenamiento positivo con una jerarquía superior, ahora se remite el problema del contenido de los imperativos constitucionales.

Dicho contenido puede derivar de la materialización de principios metateorícos o de la voluntad del Estado, implicando que concurra la fuente moral de las leyes con la fuente perceptible de la conducta a normar. Incluso, ante la concurrencia de ambos, remite necesariamente a la justiciabilidad de la norma, otorgando un valor moral a su contenido. Ejemplo de ello es el reconocimiento de la dignidad, defendida arduamente por el iusnaturalismo, que fue incorporada en nuestra constitución como el principio en que se fundan los derechos fundamentales.

Además, podemos resaltar tal incorporación mediante la apreciación que realiza Prieto (2013):

> Adviértase que con ello se incorporan a la constitución contenidos que preceden directamente de la moralidad. El viejo anhelo de positividad del Derecho natural se vería así realizado y su tradicional función de servir como contrapunto crítico al derecho positivo se convertiría en condición de la validez jurídica de las leyes. La conclusión es que merced a las constituciones, la moral –es decir, los venerables derechos naturales– ha hecho acto de presencia en el Derecho, más concretamente en la cúspide del derecho (p. 26).

Esto persigue la realización de un fin *sine qua non* para la consecución de la persona, empero, refuerza el reconocimiento de dicho contenido a la voluntad de los representantes, quienes, partiendo de sus convicciones y fundándolo con el contenido de la constitución, pueden permear el sistema con sus ideales o sus experiencias, ocasionando una mutación al imperio de la ley, donde la constitución, mediante las adiciones que realicen los representantes, modifique el significado de su contenido sustantivo.

Para prevenir que ello suceda, esta teoría del derecho postula un nuevo cambio en la significación del estado: el estado constitucional de derecho. Esta modificación implementa una constitución rígida, debiendo constar por escrito y estar exenta del poder de reforma ordinario, estableciéndose un proceso diferenciado y agravado para alterar su contenido (Guastini, 2013, p. 149).

Sin embargo, esto no escapa al poder político dentro de los sistemas democráticos. La experiencia mexicana nos muestra que la mayoría relativa puede reformar la constitución con facilidad, bajo el auspicio de la democracia representativa donde se persigue el beneficio de la mayoría, que en ocasiones puede colisionar con el desarrollo de las personas y el disfrute de la dignidad. Por lo que la disposición de un proceso agravado para su modificación no es suficiente cuando no existe un límite para la mayoría relativa en el proceso deliberativo. Por lo que el iusnaturalismo permite que uno de los problemas sucintos en el positivismo se traspasa al ámbito de la constitución.

El siguiente aspecto de nuestro constitucionalismo, consiste en el reconocimiento de la contradicción del contenido normativo, en específico en las normas de rango constitucional La contradicción surge ante la dificultad de responder un caso con una sola norma, propuesto por la unidad coherente del sistema jurídico, derivado de la construcción lógica del mismo. Ante ello, se supera la imposibilidad de que una norma contradijera a otra, lo que presuponía que la norma inferior era una deducción lógica de la superior, y la existencia de una sola respuesta contenida en una norma producida para sancionar la conducta por ella normada.

El nuevo constitucionalismo mexicano ocasionó nuevamente el debate de las antinomias. Con ello se amplió el análisis lógico de la norma, proponiendo que los criterios de solución de antinomias refuerzan el principio lógico encargado de regular la producción y aplicación de las normas. A pesar de privilegiarse el contenido ante su validez, se refuerza la coercibilidad de la norma señalándose la necesidad de superar estos conflictos de su aplicación, imponiendo el deber de decidir sobre correcta aplicación de la misma.

A su vez, y como un nuevo efecto del rigor lógico que se funda la teoría –además de los sistemas jurídicos–, se modifica el estudio de la norma para la mejor comprensión de las normas constitucionales dentro del nuevo paradigma. Ello rompe un paradigma fuertemente arraigado en el sistema mexicano, modificando el estudio de la ley, para que transite al estudio de la norma, distinguiendo entre el concepto de los principios y de las reglas.

Los principios son "normas que ordenan que algo sea realizado en la mayor medida posible, dentro de las posibilidades jurídicas y reales existentes" (Alexy, 2014, p. 67). Es necesario comprender que son el producto de las diversas a la teoría de la norma, ante la dificultad de precisarlas con capacidad de brindar un resultado completo a las situaciones de hecho. Por otro lado, se entiende como regla al "enunciado condicional que conecta una determinada consecuencia jurídica a una clase de hecho" (Guastini, 2014, p. 183). Estas son las normas tradicionales que regulan la conducta de las personas, mediante su producción reglada por la constitución y limitada al contenido sustantivo de ella, expresada en los principios

Esta distinción cambia la concepción de la norma, al considerar la prevalencia de los hechos sobre la conducta, para determinar el ámbito de aplicación de cada una. En el caso de los principios, tienen la encomienda de enunciar los derechos fundamentales, disponiéndose como consecuencia que deben ser cumplidos en la mayor medida de las circunstancias posibles, porque el contenido que tutelan surge de la materialización de la constitución, contienen en su mayor parte bienes o valores de carácter superior que deben ser protegidos e impuestos al estado, considerados mayormente de índole moral. Como deben ser cumplidos en todo tiempo, para todas las personas, el cumplimiento se encuentra supeditado a las posibilidades reales y ante los cambios que afecten su desarrollo.

En el sistema jurídico mexicano, la presencia de principios en la constitución ocasiona una múltiple significación del contenido de los derechos fundamentales cuando se actualizan ante un supuesto fáctico. Con ello surge otro problema, que consiste en permitir que cualquier atribución de conceptos se realice con fundamento en una premisa legal, política, moral, económica, cultural o tendenciosa, siempre que las conclusiones sean definitivas, esto es, que no dejen lugar a la duda razonable sean aceptadas por el público que participa en ellas.

Ante la pluralidad de significados crece la incertidumbre del contenido de estos enunciados, permitiendo que particulares y autoridades sean participes de la significación de los principios, por lo cual, les asistirá la razón solamente al demuestra la veracidad de sus pretensiones, mediante la correlación entre el enunciado y lo acaecido.

Para limitar la discrecionalidad frente a la incertidumbre de los principios, el nuevo paradigma constitucional demanda la implementación de la ponderación jurídica. Este proceso es definido como la acción de evaluar imparcialmente los elementos contrapuestos de dos principios para conseguir el equilibrio entre el peso de los valores que protegen (Prieto, 2014, p. 189). Esta técnica es propuesta cuando, en un caso jurídico, dos principios se actualicen brindando una respuesta, contradiciéndose mutuamente. Al ser enunciados normativos que emanan del mismo ordenamiento, los criterios de solución son de difícil aplicación, además de que la inaplicación de uno debe ser justificada por representar la inobservancia por parte del estado. Ello motiva a que se utilice a efecto de establecer una fundamentación sobre cual principio debe prevalecer y aplicarse en el caso jurídico, determinando las razones constitucionales por las que el otro no es aplicado.

Así mismo, es importante señalar que Alexy (2014) ilustra que la ponderación se rige bajo la siguiente regla: "Cuanto mayor sea el grado de la falta de satisfacción o de la afectación de un principio, tanto mayor importancia tiene que ser la importancia de la satisfacción del otro" (p. 138).

Posterior a las reformas constitucionales, es conocido tanto como juicio de ponderación o test de proporcionalidad. Este fue determinado como una técnica de argumentación que puede ser utilizada en conjunto a otros métodos de argumentación. Así fue precisado por la Suprema Corte de Justicia de la Nación (2019) en la jurisprudencia 2a./J. 10/2019 (10a.) (p. 838). El método diseñado por excelencia para la solución de problemas entre principios fue considerado como uno de tantos existentes por el órgano designado como corte constitucional, delimitándolo a violaciones al contenido sustantivo de la constitución, cuando su finalidad es resolver las antinomias entre ellos. Podemos observar como aún permea la discrecionalidad, cuando uno de los aspectos de esta teoría exige su superación.

Por ello, como consecuencia del nuevo estado originado posterior a las reformas constitucionales, en toda decisión debe realizarse mediante la debida racionalización de las actuaciones jurídicas. El objetivo que intenta desarrollar es la sujeción a la argumentación. Cuando una autoridad emita un acto coercitivo, debe ser la conclusión de un proceso de razonamiento. Para comprender el proceso de razonamiento, Atienza (2013) propone existen:

> [Los] argumentos concluyentes (la conclusión se infiere de manera necesaria o cierta) y no concluyentes (la conclusión es sólo posible o probable). Así, un argumento puede ser concluyente y substancial, como suele ocurrir no sólo en el campo de las ciencias, sino también en relación con las inferencias —con muchas de ellas— efectuadas por Sherlock Holmes; por ejemplo, cuando concluye, y no a partir de

> criterios analíticos, que "el ladrón tuvo que ser alguien que viva en la casa" (p. 92).

De ello se coligue que cada determinación sea el resultado de un arduo proceso de aplicación normativa, lo cual, de conformidad a la construcción escalonada del derecho, es la última producción normativa y su última inferencia. Contrario a la discrecionalidad, cada deliberación permite la continuidad del contenido normativa, y en el esquema del neoconstitucionalismo, que los contenidos de los principios se desarrollen en casos donde la ley se interpretó de conformidad a ellos, o en caso de actualizarse dos con respuestas contrarias, se asienten las razones de la aplicación de uno y la afectación del otro.

Estos cambios se permearon en el sistema jurídico mexicano, dando auge al tiempo de la constitución bajo el sustento de las teorías del neoconstitucionalismo. Ello se debe a que el derecho constitucional, así como el estado de derecho y las leyes, constituyen un conjunto de significantes cuya definición cambia constantemente (Zagrebelsky, 2011, p. 26). Por ello, la consecuencia de las reformas fue la inclusión de los postulados precisados en las teorías contemporáneas en el derecho.

III. EL CONSTITUCIONALISMO MEXICANO FRENE AL PARADIGMA NEOCONSTITUCIONAL

No obstante que mediante las reformas constitucionales el derecho incursionó en las teorías neoconstitucionalistas, uno de los conflictos que podemos observar en el nuevo paradigma constitucional consiste en el fenómeno conocido como importación del derecho (Gargarella, 2015, p. 08). El neoconstitucionalismo surge de los países europeos ante la urgencia de limitar el poder de la voluntad del estado manifestada en la experiencia del totalitarismo, considerado como una el perfeccionamiento del positivismo jurídico.

Como la fuerza que permeó en todos los países europeos, influenció a los sistemas jurídicos del continente americanos, del que México no fue ajeno, trasladándolo a nuestro sistema jurídico. Ante la influencia de una nueva teoría del derecho que pone su fundamento en la constitución, motivó que múltiples teorías del derecho europeo se importaran al derecho mexicano, sin advertir el peligro que se produce de ello, mismo que fuera señalado por Cassagne (2018) de la siguiente manera:

> El peligro de trasplantar este nuevo constitucionalismo europeo a América no se encuentra entonces en la raíz del sistema adoptado sino en la incorporación de otras ideas al proceso de construcción e interpretación del derecho positivo constitucional (p. 05).

Al momento de modificar un paradigma, sea por una reforma sustancial o por el cambio de los significados jurídicos mediante la teoría, no solamente devienen los postulados y axiomas que la conforman, sino que en dicho proceso se permean de manera inconsciente las fundamentaciones epistemológicas que han desarrollado dichas reducciones, mismas que inevitablemente son el resultado de la cultura y experiencias de los lugares de donde surgen. Si la percepción teórica del derecho comprende el estudio de los hechos por conducto de la norma, resulta evidente que en ese estudio se sistematizan los fenómenos junto con el bagaje cultural e idiosincrático de la región.

A pesar de ello, el caso mexicano fue diferente al de cualquier otro país. Desde sus orígenes, nuestro sistema jurídico pugnó por la defensa de los derechos mínimos que permiten la protección de las personas ante cualquier acto del Estado, limitando el poder de éste. Este fenómeno se explica de la siguiente manera:

> Encasillados con el nuevo esquema que han propuesto algunos teóricos europeos llamado 'neoconstitucionalismo', son pocos los que se han subrayado que la mayoría de los países de América (fieles a este punto de a la tradición y al sistema de la Constitución norteamericana) estuvieron regidos, desde sus orígenes, por principios de un sistema que, aunque con los vicios y defectos de los nuevos Estados, obedecía a la lógica de una arquitectura constitucional superior que, recién muchos años después, adoptaron las constituciones europeas de la posguerra (Cassagne, 2018, p. 03).

La importación del nuevo paradigma constitucional, consiste en que fortalece el derecho mexicano. Una muestra de ello la observamos en lo siguiente: con anterioridad a la creación del Tribunal Constitucional de Austria en 1920, en nuestro sistema jurídico existía el juicio de amparo, dispuesto en la Constitución Federal de 1857, creando así un medio de control constitucional, que se reforzó a lo largo del tiempo hasta su estipulación en la Constitución de los Estados Unidos Mexicanos de 1917.

Ello no implica disminuir las aportaciones realizadas al derecho mexicano, pero es importante la crítica considerando que México es un país constitucionalista desde el establecimiento de su sistema jurídico y que, ante las pugnas ocasionadas a lo largo de la historia, todas culminaban con el deber de observar el contenido de nuestra constitución.

Por otro lado, el nuevo paradigma constitucional refuerza el debate del contenido de nuestro máximo ordenamiento. Al reforzar el contenido material e imponerse al contenido formal de la constitución, permite una convergencia entre la norma y la teoría mediante la aplicación de ello. En este aspecto resaltamos que Carbonell (2009) precisa la existencia de múltiples neoconstitucionalismos ante la diversidad de diseños teóricos para su fundamentación (pp. 09 – 11). Con ello, podemos afirmar que existen múltiples teorías que explican a la constitución, y permiten su mejor comprensión.

Por conducto de la argumentación es que el derecho se refuerza como resultado de un proceso deliberativo. Un ejemplo de ello lo encontramos en la ejecutoria del amparo en revisión 579/2018 (SCJN, 2019, p. 736), donde esta señala con argumentos que el juez tiene amplia facultad para decidir cual método de interpretativo utilizar para resolver la constitucionalidad de una norma, explicando que el juicio de ponderación es uno de ellos debiendo exponer las razones por las cuales decidió sobre determinado método y los motivos de sus conclusiones. Por lo tanto, la argumentación puede utilizarse para justificar el marco de decisión cuando los razonamientos convenzan a todos los participantes por la veracidad de sus premisas, permitiendo que se abra el debate constitucional.

De esta manera, la comprensión del significado del derecho permite que sea accesible a cualquier persona, debido a que su amplitud permite una constante modificación a su objeto de estudio, y con ello, que cada participante, desde el fundamento epistemológico que utilice, pueda realizar que brinde un sentido novedoso y protector al derecho. Por ello, el neoconstitucionalismo refuerza el derecho mexicano, debido a que aporta nuevos elementos a una cultura constitucional que desde sus inicios tuvo como finalidad la protección de derechos e imponer límites al poder.

CONCLUSIONES

Las modificaciones a la constitución mediante las dos grandes reformas provocaron el inicio de una nueva época del derecho constitucional. Esta época se caracteriza por el reforzamiento de los derechos fundamentales y su protección. El Estado Mexicano, cuyos orígenes son constitucionalista –a diferencia de otros países occidentales que transitaron del legalismo al constitucionalismo–, se benefició posterior a las reformas, puesto que permitió reforzar el paradigma existente. Por lo tanto, nuestro sistema jurídico inició una época donde sus contenidos solamente se reforzaron, permitiendo la apertura a los contenidos sustantivos que tutela, el cual se explica mediante las teorías del neoconstitucionalismo.

REFERENCIAS

Alexy, R. (2014). *Teoría de los derechos fundamentales.* (2° ed.). Centro de Estudios Políticos y Constitucionales.

Atienza, M. (2013). *Las razones del derecho. Teorías de la argumentación jurídica.* Universidad Nacional Autónoma de México.

Cámara de Diputados. (2022). *Constitución Política de los Estados Unidos Mexicanos.* http://www.diputados.gob.mx/LeyesBiblio/pdf/1_110321.pdf

Carbonell, M. (2009). *Neoconstitucionalismo(s).* (4° ed.). Trotta.

Cassagne, J. (2018). *Los grandes principios del derecho público.* Editorial Temis.

Copi, I., y Cohen, C. (2014). *Introducción a la lógica.* (2° ed.). Limusa.

Gargarella, R. (2015). *La sala de máquinas de la constitución. Dos siglos de constitucionalismo en América Latina.* Katz.

Guastini, R. (2013). *Estudios de teoría constitucional.* (4° ed.). Fontamara.

Guastini, R. (2014). *Interpretar y argumentar.* Centro de Estudios Políticos y Constitucionales.

Prieto, L. (2013). *El constitucionalismo de los derechos. Ensayos de filosofía jurídica.* Trotta.

Prieto, L. (2014). *Justicia constitucional y derechos fundamentales.* (3° ed.). Trotta.

Suprema Corte de Justicia de la Nación. (2019). *Semanario Judicial de la Federación.* https://sjf2.scjn.gob.mx/detalle/tesis/2019276

Suprema Corte de Justicia de la Nación. (2019). *Semanario Judicial de la Federación.* https://sjf2.scjn.gob.mx/detalle/ejecutoria/28324

Zagrebelsky, G. (2011). *El derecho dúctil. Ley, derechos, justicia.* (10° ed.). Trotta.

LOS DERECHOS HUMANOS PARTE GENERAL

Mtro. Alfredo Francisco Castañeda Pulido.

Los derechos humanos son, entendidos como las "facultades otorgadas o reconocidas por las normas del derecho objetivo",[1] son producto del hombre y, por ello se dice que todos los derechos son humanos. Sin embargo, el término de "derechos humanos" se emplea para diferenciar una especie particular de derechos,[2] aquellos que son inherentes al hombre y "que, en cada momento histórico, concretan las exigencias de la dignidad, la libertad, y la igualdad humana, las cuales deben ser reconocidas positivamente por los ordenamientos jurídicos a nivel nacional e internacional".[3]

En este orden de ideas si bien todos los derechos son productos del hombre, no todos pueden calificarse como humanos, sino sólo aquellos que son indispensables para que el ser humano logre su pleno desarrollo, tanto personal como social.[4]

Por ende, como refiere Mireille Roccatti, los derechos humanos pueden conceptuarse como "aquellas facultades y prerrogativas inherentes a la persona humana, que le corresponden por su propia naturaleza, indispensables para asegurar su pleno desarrollo dentro de una sociedad organizada, misma que deben ser reconocidos y respetados por el poder público o autoridad debiendo ser garantizados por el orden jurídico positivo"[5]

---

1 De pina Rafael y de Pina Vara, Rafael "Derechos", Diccionario de derecho, 37ª. ed., México, Porrúa. 2008, p.242

2 Staines Vega, Graciela C., Prospectiva de los derechos humanos y su aplicación en México, México, UNAM, 1993, P.1.

3 Pérez Luño, Antonio Enrique, Teoría del derecho. Una concepción de la experiencia jurídica, Madrid, Técnicos, 2007, pp. 17-18.

4 Navarrete Montes de Oca, Tarcisio, et. al., Los derechos humanos al alcance de todos, 3ª, ed., México/ CNDH, 2000, p.19 y Gil Rendón, Raymundo, "El ombudsman y los derechos humanos", Ferrer

5 Roccatti, Mireille los derechos humanos y la experiencia del Ombudsman en México, México, Comisión de Derechos Humanos del Estado de México, 1996,

Con base en las consideraciones hasta aquí expuestas, es posible conceptuar a los derechos humanos de la siguiente manera, prerrogativas mínimas que todo miembro de la especie humana, por su propia naturaleza debe de gozar, y cuyo respeto y observancia deben ser garantizados por el Estado en todo tiempo y lugar, pues a través de ellas se concentran las exigencias de la dignidad humana.

I. CARACTERÍSTICAS, IMPORTANCIA, FUNDAMENTOS, Y EN QUÉ CONSISTEN LOS DERECHOS HUMANOS.

Los derechos humanos constituyen un tema demasiado relevante para la vida de las personas como para que se les pueda analizar desde una óptica exclusivamente jurídica. En buena medida, tales derechos representan hoy en día nuestro más objetivo parámetro para determinar que es la justicia y qué sociedades son justas, o más o menos justas cuando menos.[6]

Los Derechos Humanos consisten en la expresión de valores tan democráticos como la igualdad, la libertad, la seguridad jurídica, los derechos de los pueblos, la tolerancia religiosa, etcétera. Al establecer en la Constitución una lista de derechos fundamentales, lo que en realidad estamos haciendo es "juridificar" la democracia: darle forma jurídica y otorgarle de esa forma fundamento sustancia y contenido[7] Las sociedades de nuestro tiempo son enormemente plurales. En ellas conviven diferentes cosmovisiones acerca de lo que es bueno y de lo que es justo ¿Cómo podemos ponernos de acuerdo y generar una convivencia civil pacífica entre personas que discrepen acerca de la

---

p.19

6 Barry, Brian, teorías de la justicia, Barcelona, Gedisa, 2001

7 La idea de que la Constitución convierte en derecho (o "juridifica") la democracia es compartida por toda la doctrina constitucional de la segunda Posguerra Mundial. Para una explicación sencilla de dicha idea puede verse Aragón Reyes, Manuel, Estudios de derecho constitucional, 2ª edición, Madrid, CEPC, 2009, pp. 179 y ss.; del mismo autor," La constitución como paradigma" en Carbonell, Miguel (coordinador), teoría de la constitución. Ensayos escogidos, 5ª. Ed., México, Porrúa, UNAM, 2012, pp. 109-122.

política, la religión, la economía, la familia, el trabajo, la educación, etcétera? La respuesta está precisamente en los derechos humanos, como marco jurídico común de convivencia, capaz de alojar y dar cauce al enorme y muy enriquecedor pluralismo social que caracteriza a todo país democrático.

Por eso es que la comprensión de qué los derechos humanos corresponde no solamente a la ciencia jurídica, sino también a mucha otras áreas del conocimiento dentro de las ciencias sociales, los fundamentos de los derechos humanos en consecuencia con lo que se acaba de apuntar, no son únicamente los de carácter jurídico, sino también (y quizá de forma más determinante) los de carácter filosófico o teórico desde ese punto de vista, algunos autores como Luigi Ferrajoli señalan que los fundamentos de los derechos humanos deben buscarse en valores como la igualdad, la democracia, la paz, y el papel de los propios derechos como leyes de los sujetos más débiles dentro de una sociedad[8], son esos valores los que están detrás de todos y cada uno de los derechos fundamentales.

Dentro de las características en el párrafo 1 de la Constitución Mexicana señala algunas de las características de los derechos humanos: las cuales son la universalidad, interdependencia, indivisibilidad, y progresividad. A partir de tales principios las autoridades de todos los niveles de gobierno tienen la obligación de promover, respetar, proteger, y garantizar los derechos.

La importancia de los derechos humanos es la obligación de cumplir o realizar (también la llamada obligación de "garantizar") lo cual significa que el estado debe adoptar medidas activas, incluso acciones positivas en favor de grupos vulnerables, para que todos los sujetos de los derechos tengan la oportunidad de disfrutar de ellos cuando no puedan hacerlo por sí mismos. Adicionalmente, el estado debe crear todos los medios de protección de los derechos, tanto en el ámbito administrativo como jurisdiccional, todos los derechos, sin excepción, deben ser en alguna medida justiciables, lo que significa que cualquier persona debe tener el derecho de acudir ante un juez o tribunal en caso de que uno de sus derechos le sea lesionado.

---

8 Ferrajoli, Luigi et. al., los fundamentos de los derechos fundamentales, 4ª edición., Madrid, t. 2009

Las obligaciones de los poderes públicos en materia de derechos fundamentales que genéricamente se acaban de describir han sido detalladas por el comité de derechos económicos, sociales, y culturales (DESCA) de la ONU en su Observación General número 3, referida justamente a la índole de las obligaciones de los Estados, dictada en su quinto periodo de sesiones en el año de 1990 [9]

En segundo término, los Estados deben "adoptar medidas apropiadas"; esta obligación tan importante debe ser cumplida dentro de un plazo razonable corto, con independencia de que la plena realización de todos los derechos pueda ser llevado a un tiempo más prolongado sobre esta obligación Courtis y Abramocich, (2004) señalan que no es declamativa. "Significa que el Estado tiene marcado un rumbo y debe comenzar "a dar pasos ", que sus pasos deben de apuntar hacia la meta establecida y debe marchar hacia esa meta tan rápido como le sea posible. En todo caso le correspondería justificar por qué no ha marchado, porque ha ido hacia otro lado retrocediendo, o porque no ha marchado más rápido"[10]

II. RETOS Y OBSTÁCULOS DE LA IMPLEMENTACIÓN DE LA REFORMA CONSTITUCIONAL EN MATERIA DE DERECHOS HUMANOS EN LOS TRES PODERES Y NIVELES DE GOBIERNO.

El 10 de junio del 2011. Se publicó en el Diario Oficial de la Federación el decreto por el que se modificó la denominación del capítulo I del título primero y se reforman 11 artículos[11] en materia de derechos humanos.(Peña,2014,p.3) Se trata de una de las reformas constitucionales más trascendentales porque amplió al máximo el

---

9 Consultable en Carbonell, Miguel, Miguel, Moguel, Sandra y Pérez Portilla Karla (compiladores). Derecho internacional de los Derechos Humanos. Textos básicos, 3ª. Ed., México CNDH Porrúa. 2014 t. I, pp. 497

10 Abramovich, Víctor y Courtis, Christian, los derechos sociales como derechos exigibles, cit., pp.79-80.

11 Artículos 1, 3, 15, 29, 33, 89, 97, 102, 103, y 105 de la Constitución Política de los Estados Unidos Mexicanos

reconocimiento y los mecanismos de protección de todos los derechos de todas las personas, redefiniendo integral y jerárquicamente el modo de relación existente entre el derecho nacional y las normas del derecho internacional de los derechos humanos.

A partir de dicha reforma, el nuevo texto del artículo 1° de la Constitución Política de los Estados Unidos Mexicanos, establece lo siguiente.

Artículo 1° En los Estados Unidos Mexicanos todas las personas gozarán de los derechos humanos reconocidos en esta Constitución y en los tratados internacionales de los que el Estado mexicano sea parte, así como las garantías para su protección, cuyo ejercicio no podrá restringirse ni suspenderse, salvo en los casos y bajo las condiciones que esta constitución establece.

Las normas relativas a los derechos humanos se interpretarán de conformidad con esta constitución y con los tratados internacionales de la materia favoreciendo en todo tiempo a las personas la protección más amplia.

Todas las autoridades, el ámbito de sus competencias tienen la obligación de promover, respetar, proteger, y garantizar los derechos humanos de conformidad con los principios de universalidad, interdependencia, indivisibilidad y progresividad, en consecuencia, el Estado deberá prevenir, investigar, sancionar, reparar las violaciones a los derechos humanos en los términos que establezca la ley.

Está prohibida la esclavitud en los Estados Unidos Mexicanos. Los esclavos del extranjero que entren al territorio nacional alcanzarán, por el solo hecho, su libertad y la protección de las leyes.

Queda prohibida toda discriminación motivada por origen étnico o nacional, el género, la edad, las discapacidades, la condición social, las condiciones de salud, la religión, las opiniones, las preferencias sexuales, el estado civil o cualquier otra que atente contra la dignidad humana y tenga por objeto anular o menoscabar los derechos y libertades de las personas.

Se establece, con estos preceptos, un nuevo paradigma constitucional en materia de derechos humanos porque conlleva la construcción de un nuevo Estado de derecho al mandatar a todas las autoridades, en el ámbito de su competencia a que diseñen e instrumenten políticas sociales y culturales para promover, respetar, proteger, y garantizar los derechos humanos de conformidad con los principios de universalidad. Esto significa que la instrumentación y la consolidación de ese nuevo paradigma dependen precisamente de la actuación cotidiana y de su aplicación sistemática por parte de todas las autoridades de los tres poderes y niveles de gobierno.

Desde otro punto de vista, este es el principal reto de la implementación de la reforma constitucional. ¿Cómo deben traducir, interpretar y aplicar en el día a día, el mandato del artículo 1° Los poderes Ejecutivo, Legislativo, y Judicial, en los ámbitos federal estatal y municipal? ¿Cómo lograr que todas las autoridades, que todas las personas con algún tipo de responsabilidad en el servicio público, y que cualquiera que realice funciones de dirección en ámbitos privados (empresas, sindicatos, etcétera) apliquen en todas sus actuaciones el enfoque de derechos humanos y ejerzan su responsabilidad de coadyuvar activamente a garantizar la protección efectiva de todos los derechos de todas las personas sin que prevalezca ningún tipo o forma de discriminación?

Encontrar la respuesta desde el poder Legislativo, a las interrogantes anteriores no ha sido fácil. Incluso, es necesario reconocer que el incumplimiento en el que ha incurrido el congreso de la Unión, al no expedir diversas leyes reglamentarias, de conformidad con el mandato establecido en los artículos transitorios del decreto de la reforma constitucional, se encuentra íntimamente relacionado con la complejidad de traducir en disposiciones normativas más amplias, pero también más claras y concretas, los postulados fundamentales y los principios que inspiraron y dieron sustento a la reforma constitucional.

Por ello, en este proceso ha sido muy importante retomar lo que, a nuestro parecer, constituyen aportes doctrinarios y jurisprudenciales invaluables, expresados tanto por la Suprema Corte de Justicia de la Nación, como por la Corte Interamericana de Derechos Humanos, todos encaminados a fortalecer el ejercicio y la garantía plena de derechos en nuestro país.

Lo anterior, con el objeto de sentar las bases, precisar conceptos, simplificar contenidos y delimitar el alcance de las normas, estableciendo lineamientos básicos para coadyuvar a garantizar que las normas relativas a los derechos humanos, se interpreten efectivamente de conformidad con la Constitución Política de los Estados Unidos

Mexicanos y en los tratados internacionales de la materia de que se trate aprobados por México como Estado parte.

Se anuncia sólo algunas materias que están en proceso de revisión o aprobadas en función de este mandato: reparación del daño a víctimas; contra la trata de personas; contra la tortura; suspensión de derechos; eventual expulsión de extranjeros; asilo político; y refugiados; desplazados; desapariciones forzadas e involuntarias; derechos de la niñez; igualdad sustantiva y efectiva; acceso a una vida libre de violencia; derechos políticos de las mujeres; derechos para personas con discapacidad o para personas adultas mayores; promoción de derechos de personas indígenas o afrodescendientes; derechos de igualdad para personas de la diversidad sexual; derechos medioambientales; derechos económicos, sociales y culturales, para el fortalecimiento de los organismos de derechos humanos; así como protección a periodistas y defensores de derechos humanos.

Se hace todo este examen para asegurar, que efectivamente, en todo tiempo y circunstancia, se proporcione a todas las personas, la protección más amplia para asegurarles su reconocimiento pleno como sujetos de derechos.

En sentido más amplio en primer lugar, el reto más importante de cara al futuro es garantizar que el mandato del Constituyente Permanente tenga bases solidad para su ejecución por parte de todas las autoridades. Por tanto, es importante partir del reconocimiento de que, a partir de la reforma y su promulgación, la relación entre el orden jurídico nacional y el derecho internacional en materia de derechos humanos se enmarca en una nueva realidad del pluralismo que, más allá de enfoques o interpretaciones jerárquicas, funde a las normas nacionales e internacionales de derechos humanos en un todo y en un conjunto que debe ser entendido y aplicado de manera armónica e integral. Esto es a lo que se le conoce como "bloque de constitucionalidad" y, más que amenazar o poner en riesgo la supremacía constitucional, lo que hace es fortalecer la unidad e indivisibilidad del sistema constitucional.

En segundo lugar, debemos tomaren cuenta que la conjunción de normas nacionales e internacionales en materia de derechos humanos deriva de un enriquecimiento de nuevas y diversas fuentes que nutren como nunca antes a nuestro sistema jurídico y que coexisten e interactúan con él en un solo bloque.

En tercer lugar, con la incorporación del método de interpretación conforme al principio pro persona, se consolida una nueva visión en materia de derechos humanos sustentada en el control de convencionalidad. Esto significa que todas las autoridades deberán conocer y aplicar las normas de derecho internacional para que, cuando existan distintas interpretaciones de una norma jurídica, se elija siempre a la que más beneficie a la persona.

Esta técnica de interpretación conforme, tendente a garantizar el cumplimiento de los compromisos internacionales suscritos por el Estado mexicano, también implica que los derechos reconocidos en la Constitución y en los tratados internacionales deben ser observados y garantizados por todas las autoridades con independencia del nivel de gobierno, sin distinción alguna y sin que exista justificación para no hacerlo.

De manera adicional, tal obligación debe ejercerse a la luz de los principios de universalidad, interdependencia, indivisibilidad, progresividad y no discriminación. Y es aquí justamente en donde se encuentra uno de los obstáculos más fuertes a la implementación de la reforma constitucional, pues la conjugación de estos principios, como base de la actuación de cualquier autoridad, es algo que en nuestros días sólo realiza de manera plena el Poder Judicial de la Federación. El Poder Ejecutivo, por su parte, enfrenta el reto de transitar de una cultura administrativa burocrática a una práctica gubernamental eficiente y transparente; garante en plenitud de los derechos humanos. Este tránsito no es sencillo y requiere de una gran labor de concientización y sensibilización que permita armonizar la aplicación del principio de legalidad con los nuevos principios y estándares constitucionales. Esto significa, claramente, que las autoridades administrativas enfrentaran el dilema y tendrán que resolver sobre la aplicación de una ley o de una norma administrativa que pudiese ser violatoria de algún derecho humano.

Finalmente, a lo que corresponde al Poder Legislativo, los retos trascienden el contenido mismo de la reforma constitucional y van más allá de la legislación reglamentaria pendiente. La reforma de junio del 2011 ha sido sólo un punto de partida que ha marcado un parteaguas para que comience un proceso continuo y permanente de revisión y creación de leyes, que deberán estar apegadas a los estándares más altos en materia de derechos humanos.

El mandato es claro, tanto para el congreso de la Unión como para los congresos locales de las distintas entidades federativas: la actualización y la producción legislativa debe ser la primera en garantizar que los criterios y principios de la reforma en materia de derechos humanos permeen todos los temas, todas las esferas y todos los ámbitos de la vida pública del país.

Lograr que cada niña y niño desde que nace tenga asegurado, amor, nutrición, salud, vivienda, educación; la protección libre de su personalidad, la concreción de su proyecto de vida, el aseguramiento lo mismo de su patrimonio futuro como de su libertad y la seguridad en un hábitat sustentable y sostenible, desde un enfoque de derechos humanos, significa sin duda un reto para toda la sociedad.

III. DESAFÍOS DE LA REFORMA CONSTITUCIONAL EN MATERIA DE DERECHOS HUMANOS DE JUNIO DEL 2011.

Los Derechos Humanos han seguido un camino genuino y de vanguardia desde los primeros antecedentes constitucionales en México[12] hasta la reforma en junio del 2011 y las nuevas propuestas para fortalecerlos. (Gastellum,2014,p.17) La idea de éstos ha sido una constante histórica en el pensamiento de los mexicanos.

---

12 Véase Alfonso Jiménez, Armando, La defensa no jurisdiccional de los derechos humanos, Argentina, Ad Hoc, 2010; Carbonell Sánchez, Miguel et al., constituciones históricas de México, México Porrúa-UNAM, Instituto de investigaciones Jurídicas, 2002; García Ramírez, Sergio y Morales Sánchez, Julieta la Reforma Constitucional sobre derechos humanos (2009-2011), México, Porrúa-UNAM, 2011; Laura Ponte, Rodolfo, Los derechos humanos en el constitucionalismo mexicano, UNAM, Instituto de Investigaciones jurídicas, 1993; Rabasa, Emilio O., Historia de las constituciones mexicanas, 2ª. ed., México, UNAM, Instituto de Investigaciones jurídicas, 1994, 2ª reimp., 2000; Las constituciones de México 1814-1991, México Comité de Asuntos Editoriales, Cámara de Diputados, LV Legislatura, H. Congreso de la Unión, 1989.

Desde los inicios del movimiento insurgente que luchaba por la independencia nacional, hubo quienes se manifestaron a favor de la dignidad de las personas. El 6 de diciembre de 1810, Miguel Hidalgo y Costilla proclamo un Bando en Guadalajara mediante el cual se abolía la esclavitud. Más tarde, José María Morelos y Pavón en los sentimientos de la nación apuntaría: como la buena ley es superior a todo hombre la que dicte nuestro Congreso deben ser tales que obliguen a constancia y patriotismo, moderen la opulencia y la indigencia, y de tal suerte se aumente el jornal del pobre, que mejore sus costumbres, aleje la ignorancia, la rapiña y el hurto.

En octubre de 1814 en Apatzingán se dedicó todo un apartado, en el capítulo IV del título I, a los derechos de igualdad, seguridad, propiedad y libertad de los ciudadanos. Para 1824, se tomó la determinación de construir a México como una República Federal y se reservó la facultad la facultad para desarrollar la normativa de este tema a las legislaturas de los estados.

En las Siete Leyes Constitucionales, se estableció la obligación de sólo poner preso a una persona previa orden judicial; el derecho de propiedad y un mecanismo para la expropiación; prohibición de cometer cateos a casas y papeles; excepto los casos previstos en la ley; el principio de legalidad; la libertad de tránsito y de imprenta, además de algunos derechos políticos como el de votar y ser votado. Más tarde, en la Constitución Liberal de 1857, se delineó la trascendencia del tema: "El pueblo mexicano reconoce, que los derechos humanos son la base y el objeto de las instituciones sociales", para de inmediato imponer la obligación a los poderes públicos de que "todas las leyes y todas las autoridades del país" debían "respetar y sostener" las garantías que otorgaba la Constitución. A efecto de avalar esos derechos, incluyó, por primera vez en la historia, el juicio de amparo como garantía constitucional por excelencia que impide que se cometan violaciones de derechos humanos, o que, si se comenten, se ordene su reparación.

En Querétaro, en el congreso constituyente de 1916-1917, se configuró un conjunto de derechos sociales a favor de las personas menos favorecidas. Gracias a ello, la Constitución de 1917 fue la primera del mundo en incorporar derechos en pro de los campesinos y los trabajadores, lo que meses más tarde esta idea fue imitada en Rusia al expedir la Constitución de Bolchevique, y en 1919 se dictó la Constitución Alemana de Weimar.

Respecto del proceso evolutivo de los derechos humanos, México aportó un rango original a una corriente constitucional que estableció lo que más tarde se conoció como "Estado social de derecho", y colaboraría con una perspectiva más completa de lo que son esos derechos, al mismo tiempo que asumiría distintos compromisos internacionales para l respeto y la promoción prácticamente de todos los derechos humanos.

La reforma constitucional en materia de derechos humanos de junio de 2011, en México representa avances sustanciales en el constitucionalismo mexicano. Establece principios fundamentales que robustecen la dignidad de las personas, así como de su esfera jurídica.

Su contenido es indiscutible, por lo que es plausible destacar el esfuerzo del Congreso de la Unión, de los congresos estatales, así como de los organismos internacionales, organizaciones sociales, especialistas, entre muchos otros que lograron y enriquecieron el trabajo legislativo.

IV. EL DERECHO COMO SISTEMA DE GARANTÍAS.

1. *Crisis del de derecho y crisis de la razón jurídica*

1.1. El modelo garantista.

Estamos asistiendo, incluso en algunos países de democracia más avanzada, a una crisis profunda y creciente del derecho, que se manifiesta en diversas formas y en múltiples planos que se distinguen esquemáticamente en dos aspectos de esta crisis. (Ibañez,2010,p.9)

Al primero de ellos lo llamaremos crisis de la legalidad, es decir del valor vinculante asociado a las reglas por los titulares de los poderes público. Se expresa en la ausencia o en la ineficacia de los controles, y, por tanto, y en la variada y llamativa fenomenología de la ilegalidad del poder. En Italia -- Pero parece que, aunque a menor medida, también en Francia y España. Numerosas investigaciones judiciales han sacado a la luz un gigantesco sistema de corrupción que envuelve a la política, la administración pública, las finanzas y la economía, y que se ha desarrollado como una especie de Estado paralelo, desplazado a sedes extra - legales y extra - institucionales, gestionado por las burocracias de los partidos y por los lobbies de los negocios, que tienen sus propios códigos de comportamiento.

En Italia, además, la ilegalidad pública se manifiesta también en forma de crisis constitucional, es decir, en la progresiva degradación de valor de las reglas del juego institucional y del conjunto de límites y vínculos que las mismas imponen al ejercicio de los poderes públicos: basta pensar en los abusos del poder que llevaron a pedir la acusación del ex presidente de la república italiana por atentado contra la Constitución, en la pérdida de contenido de la función parlamentaria en los conflictos entre el poder ejecutivo y el judicial, debido al que el primero no soporta la independencia del segundo, por no hablar del entramado que existe entre política y mafia y del papel subversivo, todavía en gran parte oscuro, desempeñado desde hace ya decenios por los servicios secretos.

2. *Racionalidad formal y racionalidad sustancial en el paradigma garantista de la validez.*

Comencemos por la primera alteración producida por el modelo garantista en el esquema positivo clásico: la que afecta a la teoría del derecho. Según la concepción prevaleciente entre los máximos teóricos del derecho ----de Kelsen a Hart y Bobbio ----- la validez de las normas se identifica, sea cual fuere su contenido, con su existencia: o sea, con la pertenencia a un cierto ordenamiento, determinada por su conformidad con las normas que regulan su producción y que también pertenecen al mismo. Esta concepción puramente formal de la validez es, a juicio el fruto de una simplificación, que se deriva, a su vez, de una incomprensión de la complejidad de la legalidad en el Estado constitucional de derecho que acaba de ilustrarse.

En efecto, el sistema de las normas sobre la producción de normas habitualmente establecido, en nuestros ordenamientos, con rango constitucional no se compone solo de normas formales sobre la competencia o sobre los procedimientos de formación de las leyes incluye también normas sustanciales, como el principio de igualdad, y de los derechos fundamentales, que de modo diverso limitan y vinculan al poder legislativo excluyendo o imponiéndole determinados contenidos. Así una norma, por ejemplo, una ley que viola el principio constitucional de igualdad por más que tenga existencia formal o vigencia, puede muy bien ser inválida y como tal susceptible de anulación por contraste con una norma sustancial sobre su producción.

REFERENCIAS BIBLIOGRÁFICAS:

Silva Meza Juan N, (2013.) Derechos Humanos Parte General, Ed., SCJN, Primera Edición México ISBN 978-607-468-533-6

Carbonell Miguel, (2015.) El ABC de los Derechos Humanos y el Control de Convencionalidad, Ed., Porrúa, Segunda Edición, México ISBN 978-607-09-1591-8

Ferrajoli Luigi, (2010.) Derechos y garantías la ley del más débil, Ed., Trotta, Séptima Edición Madrid ISBN: 978-84-8164-285-8

Pérez Vázquez Carlos. (2014.) Retos y obstáculos en la implementación de la reforma constitucional en materia de derechos humanos, Ed., Instituto de investigaciones Jurídicas, SCJN primera edición México.

ODS 8: TRABAJO DECENTE EN TIEMPOS POST-COVID19. UNA PROPUESTA PARA EL FORTALECIMIENTO DE EMPRESAS JALISCIENSES

Luis Antonio Corona Nakamura[1] y Brenda Mariscal Gutierrez[2]

Resumen.

La investigación procura soluciones para alcanzar las metas del Objetivo de Desarrollo Sostenible 8. Se analizan los índices proporcionados por instituciones oficiales en donde se vislumbran los niveles de pobreza, aseguramiento ante el Instituto Mexicano del Seguro Social (IMSS), lo cual permite evaluar la mejora de condiciones económicas de vida de la población en México.

Se analizan las cifras de ingresos recaudados por el Impuesto sobre nóminas (ISN), recaudado por el Estado de Jalisco, que resulta ser el que más ingresos genera al estado, en donde se percibe un aumento progresivo desde el año 2019 hasta el año 2021, que en 2022 se incrementa la

---

1 Dr. Luis Antonio Corona Nakamura. Licenciatura y maestría en Derecho por la Universidad de Guadalajara, (UdeG) Doctorado en Derecho por la Universidad Autónoma de Aguascalientes. Diplomados en Política Internacional Comparada y en Derecho Electoral, organizados por la UdeG. Maestría y doctorado en Derecho Electoral por Instituto Prisciliano Sánchez (IPS) del Tribunal Electoral del Poder Judicial del Estado de Jalisco. Diplomado en Derechos Humanos en la UNEDEL. Actualmente ejerce como director del Instituto de Investigación y Capacitación en Derechos Humanos de la Comisión Estatal de Derechos Humanos del Estado de Jalisco, a su vez como Consejero Electoral del Consejo Local del INE en Jalisco, así como docente a nivel, licenciatura, maestría y doctorado en la Universidad de Guadalajara. Miembro del Sistema Nacional de Investigadores nivel 1. antonio.corona@academicos.udg.mx. ORCID: 0000-0003-3412-6085.

2 Mtra. Brenda Mariscal Gutiérrez, licenciada y maestra en derecho por la Universidad de Guadalajara, abogada postulante en materias fiscal y corporativa. Actualmente es doctorante en Derecho por la misma Universidad, programa acreditado como PNPC. brenda.mariscal1671@alumno.udg.mx ORCID: 0000-0003-1586-2853.

tasa al 2.5%, cuestionando el actuar del estado a través de su planeación de gastos, toda vez que no se ven empleados dichos ingresos en políticas de gastos que mejoren las condiciones para la generación de nuevas fuentes de empleo o fortalecer las unidades económicas.

Palabras clave. Impuestos, impuesto sobre nóminas, Objetivo de Desarrollo Sostenible, pobreza, trabajo decente.

I. METODOLOGÍA.

El estudió es jurídico-doctrinal, toda vez que se estudia el marco jurídico vigente en México y la doctrina, de igual manera también es un estudio de análisis de datos cuantitativos tales como indicadores del INEGI; IIEGJ, CONVEVAL, SH e IMSS.

Se hará uso de los métodos hipotético-deductivo, así como el método interpretativo, método de análisis de datos y el método constructivo, toda vez que se interpretarán la normativa existente y la doctrina y se analizan los datos estadísticos de instituciones oficiales mexicanas, tales como el INEGI, IIEGJ, CONEVAL, SH e IMSS, a la luz de las teorías de los derechos humanos.

II. OBJETIVO GENERAL.

El objetivo general del presente trabajo evidenciar que el incremento de la tasa del impuesto sobre nóminas en el ejercicio 2022, representa un obstáculo a las empresas Jaliscienses para recuperarse económicamente de los estragos ocasionados por la pandemia de la COVID-19 y de esta manera alcanzar el objetivo ODS 8.

III. HIPÓTESIS.

El incremento de la tasa del impuesto sobre nóminas en el Estado de Jalisco, es un obstáculo para las empresas, que no propicia el cumplimiento de los Objetivos de Desarrollo Sostenible 8.2 y 8.3, toda vez que impide a las empresas contar con recursos adicionales para recontratar personal o bien para recuperarse financieramente del endeudamiento como consecuencia de la desaceleración económica causada por la pandemia de la COVID-19, y de manera directa mejorar las condiciones de trabajo y de vida de los trabajadores, disminuyendo los índices de pobreza y favoreciendo de manera inmediata, el desarrollo económico.

IV. DESARROLLO DE LA INVESTIGACIÓN

1. Trabajo decente y crecimiento económico en un Jalisco POST-COVID.

El Estado de Jalisco, al igual que el resto del mundo ha sufrido estragos económicos derivados de la pandemia de la COVID-19, las empresas han resentido las dificultades de seguir operando, pero sobre todo, los trabajadores y una gran cantidad de familias jaliscienses, se vieron envueltas en la pérdida de sus fuentes de ingresos, toda vez que los empleadores se vieron forzados a sacrificar puestos de trabajo y de esa manera incrementar las pérdidas monetarias al interior de las empresas.

Del reporte anual realizado por el IIEG (IIEG, 2021a), se puede vislumbrar que las personas económicamente activas en Jalisco en el primer trimestre de 2020, fue de 3,894,000 personas y del mismo periodo de 2021 fue de 3,879,000 personas, sin embargo de la población económicamente activa, se encontraron empleados 3,778,400 personas en 2020 y 3,735,600 personas en 2021, por lo que se originaron tasas de desempleo de 3.0% en 2020 y 3.7% en 2021 con respecto del primer trimestre de cada ejercicio. De los datos mas reciente obtenidos por el IIEG, a saber del cuarto trimestre de 2021, se aprecia que la población económicamente activa fue de 4,050,150 personas, de los cuales se encontraban empleados 3,924, 610 personas, originando una tasa de desempleo de 3.1%

Para una mejor comprensión se emplea la siguiente tabla:

Tabla 1.
Población económicamente activa y empleada en Jalisco primer trimestre de 2020 y 2021 y cuarto trimestre 2021.

Año	1er trimestre 2020	1er trimestre 2021	4to trimestre 2021
Población económicamente activa	3,894,000	3,879,000	4,050,150
Población económicamente activa empleada	3,778,400	3,735,600	3,924,610
Tasa de desempleo	3%	3.7%	3.1%

Tabla basada en datos obtenidos de IEEG: https://iieg.gob.mx/ns/wp-content/uploads/2021/05/Ficha-informativa-ENOE-1T-2021-20210517.pdf y https://iieg.gob.mx/ns/wp-content/uploads/2022/02/Ficha-informativa-Encuesta-Nacional-de-Ocupaci%C3%B3n-y-Empleo-en-Jalisco-4T-20220217.pdf

Ahora bien, podemos apreciar que del inicio de la pandemia de la COVID-19 al año siguiente se vieron disminuidos los puestos de trabajo, incrementando la tasa de desempleo en 0.7%, y que al cierre del ejercicio 2021, casi se logra llegar al punto en donde se encontraba Jalisco al inicio de la pandemia.

En ese orden de ideas, del total de las personas económicamente activas, la población asegurada ante el IMSS en el primer trimestre de 2020 fue de 1,831,940 personas, mientras en el primer trimestre de 2021 fue de 1,803, 619 personas, y del 4to trimestre de 2021 fue de 1,849,999 personas, por lo que en contraste con estas cifras, se puede señalar que en el primer trimestre de 2020, el 51.51% de la población económicamente activa empleada no cuenta con seguridad social ante el IMSS y en el mismo periodo de 2021 el 51.71% de la población económicamente activa empleada no se encuentra asegurada ante el IMSS, y del cuarto trimestre de 2021 el 52.86% de la población económicamente activa empleada no se encuentra asegurada ante el IMSS, tal como se puede apreciar en la siguiente tabla:

Tabla 2.
Población económicamente activa empleada asegurada ante el IMSS.

Año	1er trimestre 2020	1er trimestre 2021	4to trimestre 2021
Población económicamente activa empleada	3,778,400	3,735,600	3,924,610
Población económicamente activa asegurada ante el IMSS	1,831,940	1,803, 619	1,849,999

Porcentaje de población económicamente activa empleada asegurada ante el IMSS	48.48%	48.28%	47.13%
Porcentaje de población económicamente activa empleada sin aseguramiento ante el IMSS	51.51%	51.71%	52.86%

Nota. Tabla basada en datos obtenidos del IIEG: https://iieg.gob.mx/ns/?page_id=18817

Es decir que de lo analizado previamente, la situación de empleo reside principalmente en que los empleos generados no cumplen con el derecho primordial de acceso a la seguridad social, toda vez que poco mas de la mitad de los empleos en Jalisco no cuentan con el aseguramiento del régimen obligatorio ante el IMSS, propiciando un problema diverso en cuanto a la cuestión de acceso a servicios de salud que deberá ser planteado en otro estudio, por lo que no se puede afirmar que los trabajos cumplan con la calidad suficiente para ser considerados trabajos decentes de conformidad con lo señalado por la propia OIT (OIT, 2004) y la Ley Federal del Trabajo (LFT, 1970), ya que no cumple con el requisito de respeto a la dignidad humana cuando no se pagan las contraprestaciones adecuadas al puesto desempeñado y no se cuenta con la seguridad social en el régimen obligatorio de ley.

Una vez analizado el panorama del desempleo y del aseguramiento en Jalisco, resulta necesario a su vez, evaluar el rango salarial de los empleos al inicio, durante y en la actualidad en esta etapa que han denominado a nivel federal como *"etapa endémica del COVID-19"* en el Estado.

Por lo anterior, se recurre a los datos reflejados por el propio IIEG, el cual basa su información por lo proporcionado por el IMSS, en donde se refleja que, si bien las fuentes de empleo aseguradas ante el IMSS se han recuperado, es decir, el número de trabajadores registrados ha rebasado el número de trabajadores registrados al inicio de la pandemia, los nuevos empleos generados tienen la característica de tener una contraprestación que va del salario mínimo y hasta 2 salarios mínimos. En los datos reflejados se visualiza que los trabajos con remuneraciones mayores a 2 salarios mínimos hasta más de 10 salarios mínimo (que resulta ser el máximo señalado en las métricas) se vieron disminuidas, lo que permite asumir que los trabajos generados no son de la misma calidad que los que se tenían antes del inicio de la pandemia. La información analizada va desde enero de 2019 al mes de marzo de 2022.

Lo anterior se plasma en la siguiente tabla:

Tabla 3. Rango salarial en Jalisco

Jalisco	2019	2020	2021	2022
mayor a 1 y hasta 2 veces el salario mínimo	791,996	887,289	964,876	1,087,362
mayor a 10 veces el salario mínimo	110,640	88,703	78,835	61,577
mayor a 2 y hasta 3 veces el salario mínimo	339,630	310,157	302,568	291,104
mayor a 3 y hasta 4 veces el salario mínimo	183,947	163,500	165,133	161,168
mayor a 4 y hasta 5 veces el salario mínimo	113,473	110,996	109,818	92,942
mayor a 5 y hasta 6 veces el salario mínimo	87,017	77,322	71,255	60,252
mayor a 6 y hasta 7 veces el salario mínimo	64,462	51,961	44,367	35,508
mayor a 7 y hasta 8 veces el salario mínimo	40,907	33,352	30,170	24,185
mayor a 8 y hasta 9 veces el salario mínimo	29,801	25,067	21,874	19,267
mayor a 9 y hasta 10 veces el salario mínimo	21,478	18,304	16,446	14,711
Hasta 1 vez el salario mínimo	3,560	4,525	5,141	8,732
No aplica	17,293	16,894	17,246	17,378

Tabla basada en datos proporcionados por IEEG: https://iieg.gob.mx/ns/?page_id=18817

Como se puede apreciar, incrementaron los puestos de trabajo con salario de hasta 1 salario mínimo y de 1 salario mínimo hasta 2 salarios mínimos, y disminuyeron todos los demás rangos, por consecuencia los puestos de trabajo creados en la etapa posterior al inicio de la pandemia no son de las mismas características que los empleos anteriores al inicio de la pandemia debido a que los salarios son menores.

En el presente apartado se puede concluir que los trabajos en el Jalisco POST-COVID son de menor calidad en comparación con los puestos de trabajo anteriores a la pandemia por 3 rubros principales; primero, porque la tasa de desempleo no ha disminuido, es decir que existe un porcentaje del 3.1% de la población económicamente activa que no se encuentra empleada; segundo, en razón de que los trabajos generados más del 50% no cuentan con aseguramiento ante el IMSS; y tercero, los salarios percibidos en los nuevos puestos de trabajo no son del mismo monto, toda vez que incrementaron los puestos con salario precarios que van hasta de 1 salario mínimo y de 1 hasta 2 salarios mínimos; por ende, no se puede afirmar que exista un desarrollo económico en las familias, toda vez que existen factores que evidencian que la población en general no se ha recuperado de los estragos económicos derivados de la pandemia de la COVID-19.

Ahora bien, resulta indispensable analizar los datos arrojados a nivel Jalisco, emitidos por el CONEVAL (CONEVAL, 2020), el cual señala los índices de pobreza y pobreza extrema de la población, institución que en su estudio de 2018 a 2020 señala que en Jalisco la población en situación de pobreza fue de 27.8% y en 2020 fue de 31.4%, es decir incrementó en un 3.6%, y la población en situación de pobreza extrema en 2018 fue de 2.3% y en 2020 fue de 3%, es decir incrementó en un 0.7%.

Ahora bien, resulta necesario analizar a las empresas jaliscienses en cuanto a los cierres de fuentes de trabajo, lo cual se analiza de manera breve a través de los patrones que se encuentran inscritos ante el propio IMSS, datos que arrojan que de diciembre del 2021 había 103,251 empresas y en febrero de 2022 había 103,626, arrojando una variación positiva de 375 empresas (IIEG, 2021b).

V. IMPUESTO SOBRE NÓMINAS EN JALISCO DEL 2% AL 2.5%

El impuesto sobre nóminas es una contribución local regulada por el artículo 39 de la Ley de Hacienda del Estado de Jalisco (Periódico

Oficial del Estado de Jalisco, 2000), en donde se estipula la base del impuesto y a su vez por la Ley de Ingresos de cada ejercicio fiscal, en el ejercicio fiscal 2022, resulta ser el artículo 13 (Periódico Oficial del Estado de Jalisco, 2021), en donde se señala la tasa a aplicar a dicho impuesto, de manera textual se transcriben las disposiciones antes mencionadas:

> Artículo 39. Son objeto de este impuesto, los pagos que en efectivo o en especie, realicen personas físicas o jurídicas en el Estado de Jalisco, por concepto de remuneración al trabajo personal prestado bajo la subordinación de las mismas con carácter de patrón. (...)

Artículo 13. La tarifa aplicable a este impuesto será la siguiente:

> Durante los meses de enero, febrero y marzo será la que resulte de multiplicar la tasa del 2.125% a la base que se refiere la Ley de Hacienda del Estado de Jalisco.
>
> Durante los meses de abril, mayo y junio será la que resulte de multiplicar la tasa del 2.250% a la base que se refiere la Ley de Hacienda del Estado de Jalisco.
>
> Durante los meses de julio, agosto, septiembre, octubre, noviembre y diciembre será la que resulte de multiplicar la tasa del 2.50% a la base que se refiere la Ley de Hacienda del Estado de Jalisco.

Como se puede apreciar, la base del impuesto es el pago que realiza el patrón a sus trabajadores y la tasa aplicable a dicha tasa, en éste ejercicio fiscal es paulatino, ya que va incrementando la tasa del 2.125% al 2.250% y finalmente al 2.50%.

Ahora bien, la tasa aplicable en el ejercicio fiscal en 2019, 2020 y 2021 fue del 2%, modificándose la tasa de manera injustificada a partir del ejercicio fiscal 2022. Por lo anterior, resulta necesario conocer los motivos que da el Ejecutivo Estatal al momento de remitir la iniciativa de Ley al Congreso del Estado de Jalisco, quien señala que el motivo para el incremento de la tasa es para equipararla a las aplicables en otras entidades federativas, señalando que el destino del excedente del 2% se destinará a un fideicomiso cuyo comité técnico tendrá participación de "entes privados" para infraestructura educativa, aunado a que sin dicho incremento de tasa, los ingresos de libre disposición con que cuenta el estado resultan insuficientes para atender las necesidades de desarrollo y mantenimiento sostenido de la infraestructura pública que requieren los habitantes del estado (SHPEJ, 2021), sin dar mayor información donde se proporcione una proyección de gasto para la mejora de dicha infraestructura que pudiera justificar la medida tomada o que dicha medida pudiera ser solamente por el ejercicio fiscal 2022, ya que no menciona que la tasa sea momentánea o bien hasta en tanto se alcance el objetivo planteado, ya que no especifica temporalidad alguna.

Cabe señalar que la exposición de motivos resulta insuficiente para justificar un incremento de tasa, toda vez que, el detrimento de la carga fiscal en perjuicio de los empresarios jaliscienses no tiene una legitimación real, toda vez que aun y cuando la tasa del impuesto sobre nóminas haya sido, desde su creación del 2%, eso no es equivalente a que siempre se haya recaudado la misma cantidad durante todos los ejercicio fiscales, lo anterior en razón de que el ingreso del estado por dicho impuesto ha sido siempre progresivo, es decir, que cada ejercicio fiscal se recaudan mayores ingresos por ese concepto, aunado a que es el impuesto que mas recursos capta para el erario público, del total del ingreso por impuestos en el Estado de Jalisco en 2019, el impuesto sobre nóminas representó el 78.26%, del 2020 representó el 82.01% y en el 2021 fue del 77.47%.

En la siguiente tabla se puede visualizar los montos recaudados por el impuesto sobre nóminas desde el ejercicio, datos que se rescatan de los datos de transparencia de la propia Secretaría de la Hacienda Pública del Estado de Jalisco:

Tabla 4.
Impuesto sobre nóminas recaudado en Jalisco.

CONCEPTOS	CUENTA PUBLICA 2019	% DEL TOTAL DE LA CUENTA PÚBLICA 2019	CUENTA PUBLICA 2020	% DEL TOTAL DE LA CUENTA PÚBLICA 2020	CUENTA PUBLICA 2021	% DEL TOTAL DE LA CUENTA PÚBLICA 2021
IMPUESTOS	**5,604,491,329**		**5,581,876,837**		**6,425,469,824**	
Transmisiones Patrimoniales de Bienes Muebles.	9,711,867	0.17	13,907,565	0.25	28,552,842	0.44

Negocios Jurídicos e Instrumentos Notariales.	232,538	0.00	36,662	0.00	3,857	0.00
Adquisición de Vehículos Automotores Usados.	458,734,993	8.19	473,860,612	8.49	638,559,619	9.94
Remuneraciones al trabajo personal no subordinado.	187,526,450	3.35	202,764,135	3.63	243,692,303	3.79
Impuesto sobre Nóminas.	4,386,126,296	78.26	4,577,514,033	82.01	4,977,972,640	77.47
Impuesto sobre Hospedaje.	293,120,791	5.23	179,096,272	3.21	232,861,210	3.62
Impuesto sobre Loterías, Rifas, Sorteos, Juegos con Apuestas y Concursos de toda clase.	212,531,401	3.79	81,357,924	1.46	108,523,503	1.69
Impuesto sobre Enajenación de Boletos de Rifas y Sorteos.	19,367,479	0.35	8,153,200	0.15	31,701,657	0.49
Impuesto sobre Erogaciones de Juegos con Apuestas.	0	0.00	0	0.00	96,658,463	1.50
Accesorios.	37,139,514	0.66	45,186,433	0.81	66,943,730	1.04

Tabla con datos obtenidos de la Secretaría de la Hacienda Pública del Estado de Jalisco: https://transparenciafiscal.jalisco.gob.mx/transparencia-fiscal/estadistica_fiscal/ingresos

Como se puede visualizar en la tabla anterior y de lo señalado en la propia Ley de Ingresos del Estado de Jalisco, para el ejercicio 2022 el Estado proyecta recaudar 1,400 millones más que el año pasado por el concepto del impuesto sobre nóminas, lo que representa un incremento del doble de lo que normalmente venia incrementándose dicho ingreso.

Por lo analizado previamente, la medida parece un impulso desesperado del Gobierno del Estado por incrementar un ingreso de manera rápida, injustificada y sin tener en cuenta el detrimento económico de las empresas, que son quienes reciben nuevamente esa carga impositiva y que este acto afecta directamente al interior de las mismas, en especial a los trabajadores y sus familias, tal como se plasmó en el subtema previo, las empresas en un esfuerzo mayúsculo, han podido salir adelante pese al desaceleramiento económico por la COVID-19 y que aunque han creado fuentes de trabajo, éstos no han sido de la misma calidad que los que se tenían antes de la pandemia, disminuyendo remuneraciones salariales que afectan indiscutiblemente a los trabajadores y sus familias.

VI. UNA MECÁNICA DE ACREDITAMIENTO PARA FORTALECER LA EMPRESA JALISCIENSE.

Por lo que se ha visualizado en los previos subtemas, las empresas están soportando las cargas impositivas, que además no cuentan con una justificación que las legitime, con el único objetivo de recaudar más, sin tener en cuenta tanto el Ejecutivo Estatal como el Legislativo Estatal, el contexto económico en que se encuentran éstas, a saber, un panorama de desaceleramiento económico y realizando esfuerzos mayúsculos para sostenerse, por lo que las empresas necesitan un apoyo por parte de las autoridades hacendarias y del propio Ejecutivo Estatal para otorgar algún incentivo para propiciar las condiciones necesarias y éstas puedan recontratar personal o bien remunerar mejor al personal con que ya cuentan.

Recordar que si bien los puestos de trabajo fueron recuperados, éstos no son de la misma calidad que los anteriores, pues nos enfrentamos a puestos de trabajo que tiene como salario de 1 a 2 salarios mínimos al día, por tanto, es indispensable que para atacar el problema del desarrollo económico y crear puestos de trabajo dignos, es necesario apoyar a las empresas que hagan este gran impulso.

Una opción viable sería otorgar un estímulo fiscal a las empresas que incrementen su plantilla de trabajadores, es decir que creen mas puestos de trabajo; o bien, a las empresas que sin incrementar su plantilla de trabajadores, incrementen su salario o bien las prestaciones laborales. El estímulo fiscal consistiría en acreditar el porcentaje de la variación del incremento de la tasa del impuesto sobre nóminas, el cual en 2021 fue de 2% y en 2022 incrementó al 2.5%, es decir que se acredite el 0.5% de la tasa, lo que se vería reflejado en la mejora de las condiciones de vida de los trabajadores y sus familias, y por consecuencia en la población en general, alcanzando o acercándose más al cumplimiento de la meta establecida en el ODS 8.

CONCLUSIONES.

1.- Jalisco ha recuperado los puestos de trabajo que se habían perdido por la desaceleración económica provocada por la COVID-19.
2.- Los nuevos puestos de trabajo recuperados en la etapa post-COVID-19, perciben ingresos de 1 a 2 salarios mínimos.
3.- El Estado de Jalisco ha tenido una recaudación del impuesto sobre nóminas progresiva, por lo que no se justifica el incremento de la tasa del 2% al 2.5%.
4.- El incremento de la tasa del impuesto sobre nóminas en el Estado de Jalisco es una medida que desincentiva la mejora de condiciones salariales o de planes adicionales de previsión social en las empresas.
5.- Una mecánica de acreditamiento del 0.5% del impuesto sobre nóminas, permitiría a las empresas reestablecer y equiparar los salarios actuales a los salarios que se pagan antes de la COVID-19.
6.- La mejora de condiciones laborales en cuanto al pago de salarios o planes de previsión social por parte de los patrones, propiciaría el desarrollo económico de la población y lograr cumplir con el ODS 8.

BIBLIOGRAFÍA.

CONSEJO NACIONAL DE EVALUACIÓN DE LA POLÍTICA DE DESARROLLO SOCIAL, *Medición Multidimensional de la pobreza en Jalisco 2018 – 2020*, México, 2020, https://www.coneval.org.mx/coordinacion/entidades/PublishingImages/Pobreza_2020/Cuadro_1_Jalisco.JPG, Consultado: 28-V-2022.

INSTITUTO DE INFORMACIÓN ESTADÍSTICA Y GEOGRÁFICA DE JALISCO, *Encuesta Nacional de Ocupación y Empleo en Jalisco, primer trimestre de 2021*, México 2021, https://iieg.gob.mx/ns/wp-content/uploads/2021/05/Ficha-informativa-ENOE-1T-2021-20210517.pdf, Consultado: 28-V-2022.

INSTITUTO DE INFORMACIÓN ESTADÍSTICA Y GEOGRÁFICA DEL ESTADO DE JALISCO, *Ficha informativa*, México 17-V-2021, https://iieg.gob.mx/ns/wp-content/uploads/2021/05/Ficha-informativa-ENOE-1T-2021-20210517.pdf, Consultado el 28-V-2022.

LEY FEDERAL DEL TRABAJO (Texto vigente), Ciudad de México, DOF, 01-V-1970, (última reforma publicada en el DOF el 18-V-2022), Ley Federal del Trabajo (diputados.gob.mx), Consultado: 28-V-2022.

ORGANIZACIÓN INTERNACIONAL DEL TRABAJO, *¿Qué es el trabajo decente?*, 09-VIII-2004, https://www.ilo.org/americas/sala-de-prensa/WCMS_LIM_653_SP/lang--es/index.htm, Consultado: 28-V-2022.

PERIÓDICO OFICIAL DEL ESTADO DE JALISCO, *Ley de Hacienda del Estado de Jalisco (Texto original)*, 23-IX-2000, https://congresoweb.congresojal.gob.mx/bibliotecavirtual/busquedasleyes/Listado.cfm#Leyes, Consultado: 28-V-2022.

PERIÓDICO OFICIAL DEL ESTADO DE JALISCO, *Ley de Hacienda del Estado de Jalisco (Texto vigente)*, 18-XII-2021, https://congresoweb.congresojal.gob.mx/bibliotecavirtual/busquedasleyes/Listado.cfm#Leyes, Consultado: 28-V-2022.

SECRETARÍA DE LA HACIENDA PÚBLICA DEL ESTADO DE JALISCO, *Iniciativa de Ley de Ingresos del Estado de Jalisco para el ejercicio fiscal 2022, presentada por el Gobernador Ing. Enrique Alfaro Ramírez al Congreso del Estado*, 01-XI-2021, https://transparenciafiscal.jalisco.gob.mx/content/1-iniciativa-de-ley-de-ingresos-del-estado-de-jalisco-para-el-ejercicio-fiscal-2022, Consultado: 28-V-2022.

VIOLENCIA OBSTÉTRICA, LA VIOLACIÓN DE DERECHOS HUMANOS DESAPERCIBIDA EN NAYARIT

Marisol Luna García[1]

Resumen:

El siguiente trabajo de investigación consiste en visibilizar una forma de violencia de género hacia la mujer, poco conocida por la sociedad Nayarita, la cual está latente día a día dentro de las instituciones de salud. Dicha violencia no es denunciada, pero si es existente, ya que, al realizar investigaciones documentales y aplicadas, mediante métodos: cuantitativo, cualitativos, dialéctico, entre otros, se pudo recabar información para el desarrollo del tema, el cual parte principalmente con enfoque de perspectiva de género, derechos humanos e interseccionalidad. El poder visibilizar esta violación de derechos humanos, sexuales y reproductivos, es de suma importancia ya que se busca informar y motivar a las mujeres nayaritas a denunciar este tipo de violencia, así como a mitigar la normalización de esta práctica en el Estado, mediante rutas alternas y mecanismos de protección de derechos para las mujeres que han sido víctimas de la violencia obstétrica.

I. VIOLENCIA OBSTÉTRICA

La violencia obstétrica siempre ha sido un problema de violencia de genero silencioso, ya que la gran mayoría de la sociedad no tienen el conocimiento de lo que implica este tipo de violencia, que no solo parte de una simple agresión a las mujeres sino que engloba todo un campo de aspectos que influyen en esta, tal como la violación de un conjunto de diferentes derechos que se relacionan entre sí como lo

---

1 Doctora en Ciencias de la Educación, profesora del Centro Universitario de Ciencias Sociales y Humanidades desde hace 26 años. Candidata SNI. Certificada como Diseñadora de Actividades utilizando el aprendizaje Activo por el Tecnológico de Monterrey

son: el derecho a la salud, los derechos reproductivos, sexuales, los derechos de la libre decisión sobre su cuerpo, etc. Esta violencia es tan normalizada en nuestra sociedad Nayarita que no existe un interés por parte del sector de salud y por el Estado, ya que no existen políticas públicas que trabajen en pro de la eliminación de este tipo de violencia que en los últimos años según diferentes encuestas y datos arrojados por el INEGI nos muestran claramente que este problema que, aunque ha aumentado sigue pasando desapercibido. En Nayarit únicamente se tiene como referencia de este tipo de violencia, el concepto que nos da la Ley de Acceso de las Mujeres a una vida libre de violencia Estatal, en la cual se nos habla que la violencia obstétrica es todo aquella conducta, acción u omisión, que ejerce el personal médico de salud tanto en el ámbito público como en el privado, sobre el cuerpo y los procesos reproductivos de las mujeres, de manera directa o indirecta, expresada en un trato deshumanizado, un abuso de medicalización o patologización de los procesos naturales, menoscabando la capacidad de la mujer de decidir de manera libre e informada. Dicho concepto aunque es preciso carece de una gran complementación de las características que forman parte de esta violencia y el desglosé de los tipos de violencia que lo conforman, haciendo que sea un concepto demasiado carente de información al respecto del tema. Este fenómeno es una clara muestra de que el desconocimiento siempre nos pondrá en situaciones de vulneración de derechos al no tener conciencia de cómo hacerlos valer.

I.1. Problemática en Nayarit:

La violencia obstétrica es una forma de violación a los derechos humanos, sexuales y reproductivos de las mujeres, la cual ha pasado por muchos años como una violencia normalizada, ya que al ser una práctica muy común, dentro de las instituciones de salud, pasaba invisibilizada menté en situaciones de vulneración de derechos humanos. La problemática que nos ocupa es el gran desconocimiento que se tiene de esta práctica en el Estado de Nayarit, ya que recientemente en informes estadísticos realizados por la organización feminista GIRE (Grupo de información en reproducción elegida) nos pudimos dar cuenta que alarmantemente aumentaron las cifras por razón de muerte materna a partir del periodo de 2018, siendo uno de los estados con mayor índice de muerte en mujeres, las cuales pudieron haber sido evitadas. Muertes no solo por Covid-19, sino muertes por complicaciones maternas, por negligencia, por desigualdad cultural, social y falta de oportunidades económicas al no poder tener la solvencia necesaria para hacer efectivo el derecho a la salud, un derecho básico al que se supone que debemos de tener acceso las personas. Recordemos que la pandemia de Covid-19 no solo nos mostró lo vulnerables que somos los seres humanos ante una enfermedad, sino también nos hizo ver la mala estructura interna del sistema de salud. Es de suma importancia el poder visibilizar esta violencia dentro de Nayarit, ya que el poder informar a las mujeres es una oportunidad de abrir paso a la búsqueda de la reparación de los daños causados por dicha vulneración de derechos, pudiendo traer consigo el mejoramiento de la atención de los servicios de salud médica y el enfoque de futuras políticas públicas en pro de las mujeres.

I.2. Marco Legal y Normativo:

En México existe un amplio abanico de leyes tanto federales como estatales, las cuales se apoyan de tratados internacionales para poder enriquecer temas de suma importancia que van más allá de los límites territoriales de la nación, un claro ejemplo de estos son los derechos humanos, los cuales son de importancia universal ya que su regulación no solo se limita a territorios específicos, sino que se busca la impartición y aplicación de estos en todo el mundo. México a lo largo del tiempo a firmado ha firmado diversos tratados internacionales para procurar la defensa adecuada de los derechos humanos, tal es así que el 2011 se realizaron diversas modificaciones a la Constitución para poder establecer que todas las personas pudieran gozar de los derechos humanos reconocidos tanto en la constitución, como en los tratados internacionales del que México forme parte. A continuación, se citan algunas de las normas y leyes de las cuales se desarrolla la presente investigación, ya que a partir de estas es donde se busca mejorar la protección a los derechos a la salud, sexuales y reproductivos, así como también se busca la erradicación de este tipo de violencia apoyada de la normatividad ya existente la cual sirve de base para generar acciones y políticas públicas en pro de las mujeres. Internacional:

- Convención sobre la eliminación de todas las formas de discriminación contra la mujer, adoptada por la Asamblea General de las Naciones Unidas (18 Dic 1979)
- Protocolo facultativo de la convención sobre la eliminación de todas las formas de discriminación contra la mujer, adoptada por la asamblea general de las Naciones Unidas

(06 de Oct 1999)

- Convención sobre la tortura y otros tratos crueles e inhumanos (1978)
- Protocoló de San Salvador
- Declaración sobre la eliminación de la violencia contra la mujer
- Convención Americana de Derechos Humanos Nacional:
- Constitución Política de los Estados Unidos mexicanos
- Ley Federal para Prevenir y Erradicar la Discriminación,
- Ley General de Salud

Ley General para la Igualdad entre Mujeres y Hombres,

- Ley General de Acceso de las Mujeres a una Vida Libre de Violencia, Reglamento de la Ley General de Acceso de las Mujeres a una Vida Libre de Violencia Estatal:
- Constitución Política del Estado Libre y Soberano de Nayarit
- Ley de Acceso de las Mujeres a una vida libre de violencia Estatal
- Ley para prevenir la discriminación en el Estado de Nayarit
- Ley Estatal de Salud
- Reglamento de la Ley de Acceso a una vida libre de violencia en Nayarit
- Protocolo para la atención de mujeres, niñas y adolescentes víctimas de violencia con perspectiva de género e investigación y preparación a juicio. Nayarit es uno de los estados de la Republica que no cuenta con la tipificación de este tipo de violencia como delito, pero sí la tiene integrada como un tipo de violencia en su normativa en la Ley de Acceso de las Mujeres a una vida libre de violencia Estatal, donde podemos observar que se puede ligar el concepto establecido con lo que es la negligencia médica y la violencia institucional la cual si está tipificada como delito en el código de procedimientos penales de Nayarit, se menciona la privación de los derechos sexuales

y reproductivos; Todo esto dándonos una clara idea de que la violencia obstétrica va ligada a la violación de Derechos humanos ya que se vulneran diferentes derechos humanos de la mujer en un mismo momento o etapa de su vida.

I.3. Violencia Obstétrica su defensa del Derecho a decidir:

El libre ejercicio de la mujer a decidir sobre su cuerpo es un derecho fundamental para el libre desarrollo de las personas. La libertad de maternidad y el derecho a la libre sexualidad y reproducción son derecho de los cuales se privan a las mujeres cuando la V.O. El poder decidir la forma en la que queramos llevar a cabo nuestro parto, que tipo de métodos anticonceptivo queremos usar o si ya no queremos tener más hijos, decisión por la cual muchas de las veces se tiene conflictos con personal médico al negarse a querer realizar la salpingoplastia ya que contantemente salen con cuestionamiento a mujeres especialmente jóvenes, argumentando "que son muy jóvenes para ya no querer tener hijos o que en algún momento de la vida van a querer tener otro hijo". Este tipo de conductas conllevan a la negación del derecho a la libre reproducción y sexualidad de la mujer ya que ella es la única con la facultad de decidir sobre su cuerpo.

I.4. Sobre valoración de la maternidad:

Muchas personas dentro de la sociedad consideran que para que la mujer tenga un valor dentro de esta debe de ser madre. La constante presión social de la famosa pregunta" ¿y tú para cuándo?, o él te verías muy bien con hijo", son cuestionamientos que constantemente recaen en mujeres jóvenes en la etapa reproductiva que no tiene hijo, las cuales cargan con la presión social de ser madres, lo cual es una decisión si bien unipersonal ya que el derecho a la libre sexualidad y reproducción es de esta. La sobre valoración de la maternidad dentro de la violencia obstétrica nos lleva a plantear que no por ser o desear ser madres se tiene que aguantar lo que sea con tal de serlo, porque lo único que importa es ser madre y punto. Claro que estos planteamientos son erróneos, ya que al decidir ser madre no significa que se tenga que aguantar abusos y maltratos de ningún tipo de violencia, no tiene por qué sufrir abusos de parte del personal médico en situaciones vulnerabilidad como lo es esta violencia solo por el hecho de haber decidido ser madre, ya que en un supuesto hipotético hay mujeres que no querían ser madres tal es el caso: de mujeres que sufrieron abusos sexuales, como violaciones. La violencia obstétrica ejercida por personal médico mucha de las veces Re victimiza a este tipo de mujeres ya que al violentarla durante la atención médica en el momento de parto comete otro tipo de violencia sobre alguien que ya había sido violentada anteriormente. La maternidad y la libre elección de ser madre o no, nunca será justificación para soportar violencia de género y de derechos humanos.

II. INTERSECCIONALIDAD DE LA VIOLENCIA OBSTÉTRICA:

La interseccionalidad es una categoría de análisis feminista que nos ayudad a poder observar cómo es que impacta la violencia a mujeres que se salen de los paradigmas sociales, ya sea por su diferencia de etnia, raza, color, etc, Nayarit al ser un estado que cuenta con una gran diversidad de mujeres de diferentes etnias indígenas y con población afro mexicana, las cuales están propensas a la vulneración de sus derechos ya que muchas de las veces no tiene conocimiento de lo que son sus derechos, deberían de ser de interés particular del Estado , ya que son población que normalmente se encuentras en situación vulnerable. Es importante señalar que dentro de las mujeres existe diversidad de mujeres, en las cuales se presenta de manera diferente la violencia obstétrica. En mujeres lesbianas, mujeres indígenas, en niñas, mujeres de la tercera edad embarazadas que se salen de parámetros sociales comunes, la violencia obstétrica las puede impactar discriminatoriamente tres veces más por su situación "particular". La búsqueda de mecanismos alternos como lo es la capacitación en materia de género a personal médico, ayudaría a abrir un abanico amplio de perspectivas paraqué puedan tratar de manera especial estas situaciones sin caer en la violación de derechos humanos o en conductas de violencia tanto de género como de violencia obstétrica.

CONCLUSIONES Y RECOMENDACIONES:

La situación de lo que realmente ocurre dentro del Estado aunque no sean en cifras alarmantes, es una problemática que se debe de comenzar no solo a visibilizar, sino a ser explorada y tomada en cuenta tanto por el Estado como por el Sector Salud ya que no solo es un tema de género, sino de política pública ya que el Estado es el encargado de garantizar la efectivizarían de la protección de los derechos humanos, mediante mecanismo de solución que van desde la regulación de este tipo de violencia dentro de la normativa. El Estado debe de dejar de mirar los casos de violencia de genero únicamente de manera cuantitativa sino de manera cualitativa ya que las minorías también importan, ya que esas minorías son el reflejo de la diversidad de situaciones que ocurren dentro del Estado , las cuales se deben de atender desde un principio no solo para que se pueda controlar y prevenir a tiempo dichas situaciones, que con el paso del tiempo quizá puedan ser problemáticas graves para Nayarit, sino para que las el proceso por el que pasan las víctimas de estas situaciones tengan el derecho a una reparación integral del daño y se le dé el acceso a la justicia del cual tiene derecho . La tipificación de este tipo de violencia como delito no sería el camino idóneo para poder reparar el daño, ya que existen diferentes mecanismos alternos para la solución de esta, ya que la violencia obstétrica maneja la omisión de la atención médica como un indicador de ella, situación que muchas de las veces no es porque el medico no quiera atender a la mujer por razón de discriminación, sino que no se cuenta con los recursos necesarios para su atención, tal como lo pudimos observar en el Tema 2 donde la pandemia saturo las instalaciones médicas. Es necesario y obligatorio la di función de la información de este tipo de temas, ya que es indispensable orientar a las mujeres víctimas de este tipo de violencia para que sepan a dónde acudir a denunciarla. Comisión estatal de derechos humanos en Nayarit, fiscalía general del Estado, Centro de Justicia para la atención a la Mujer son instituciones que deben de trabajar de la mano junto con Sector Salud para prevenir, atender y solucionar las denuncias que ante ellos se hagan por esta violencia.

Aportaciones A corto Plazo: Hacer infografía sencilla de información para repartir en instituciones de salud donde se explique de manera sencilla este tipo de violencia, para que la sociedad en general pueda comprender el tema de la violencia obstétrica. La creación de asociaciones civiles enfocadas al tema en específico de la Violencia Obstétrica, ya que en Nayarit no existe ninguna y como bien sabemos las asociaciones civiles siempre cubren estos huecos que el estado no solventa. La realización de campañas en el Estado a través de la Universidad Autónoma de Nayarit, y asociaciones civiles, para poder visibilizar y concientizar a la sociedad de esta problemática

A largo Plazo: La creación de convenios entre la Comisión Estatal de Derechos Humanos, La secretaria de salud del estado, fiscalía general del Estado para que puedan atender y resolver situaciones de este tipo de violencia. La coeducar personal de salud a través de talleres, cursos o ponencias, impartidas ya sea por asociaciones civiles o por la Comisión Estatal de Derechos Humanos, ya que es sumamente importante ya que dentro de estos se encuentran los agresores que cometen la violencia obstétrica, pues es muy difícil reeducar, a personas que ya tienen años ejerciendo la profesión, por lo cual coeducar a partir de lo que ya eres, o lo que ya sabes, es un nuevo comienzo para que su visión se amplié, y poder concientizarlos de cómo se debe de tratar a una persona sin vulnerar sus derechos humanos.

Implementar en el modelo del control prenatal, la parte de que la persona del sector salud que esté llevando a cabo este control oriente e informe a la mujer acerca de la violencia obstétrica, mediante folletos o platicas en alguna de las citas de control prenatal para que esté debidamente informada de que puede sufrir alguna vulneración a sus derechos humanos y que en caso de que suceda, tenga la información de a donde denunciarla.

BIBLIOGRAFÍA

Afro féminas. (04 de Junio de 2022). Afro féminas. Obtenido de http://afrofeminas.com

CADH. (2018). CADH. Obtenido de https://www.oaxaca.gob.mx/

CDDH. (05 de Mayo de 2021). CDDH. Obtenido de file:///home/chronos/u-e

CNDH. (29 de Abril de 2022). CNDH. Obtenido de https://www.cndh.org.mx/

IMPUNIDAD CERO Y OGR. GIRE. (12 de Abril de 2022). GIRE. Obtenido de https://gire.org.mx/w

INEGI. (2018). INEGI. Obtenido de http://internet.contenidos.inegi.org.mx/

INEGI. (2020). INEGI. Obtenido de https://www.inegi.org.mx/

Instituto nacional de salud pública. (2020). CIPS. Obtenido de https://insp.mx/assets/

OEA. (2021). Derechos económicos, sociales, culturales y ambientales. Ciudad de México:

Obtenido de https://www.oas.org/

ONU MUJERES. (24 de JULIO de 2018). ONU MUJERES. Obtenido de https://mexico.unwomen.org/

Poder Legislativo del Estado de Nayarit. (09 de enero de 2020). Congreso de Nayarit. Obtenido de https://www.congresonayarit.mx/

SCJN. (24 de enero de 2016). SCJN. Obtenido de https://www.oas.org/

EL DESAFÍO DE LA PROPIEDAD INTELECTUAL DE LAS TESIS EN DERECHO

DR. JOSÉ ZÓCIMO OROZCO OROZCO[1]

Resumen

En este ensayo se aborda la importancia de crear la cultura de la protección intelectual que el autor de tesis requiere y constituye un desafío, ya que por lo general no se realiza esta etapa en la elaboración tesis, su registro ante el Instituto Nacional de Derechos de Autor (INDA).

Se hace un análisis del problema del registro de la tesis y de los diversos autores de investigación de tesis que abordan dentro de su obra el tema de la propiedad intelectual. Al final de este artículo se establecen los resultados por medio de las conclusiones y propuestas.

Palabras clave. Desafío Académico, propiedad intelectual, tesis.

Desafío Académico

Algo nuevo relacionado a las escuelas, colegios, institutos y universidades que requiere gran esfuerzo, determinación y dedicación.

Derechos de Propiedad Intelectual

Derechos relacionados a la creación intelectual como invenciones, trabajo artístico y literario, diseño y símbolos en comercio.

Tesis

Un ensayo largo o disertación que involucra trabajo académico, usualmente está escrito para obtener un grado académico por parte de un candidato.

---

1 Dr. José Zócimo Orozco Orozco.
*ORCID: https://orcid.org/0000-0001-5888-0627 Es docente e investigador de la División de Estudios Jurídicos, abogado, maestro en Derecho Penal y Doctor en Letras por la Universidad de Guadalajara; miembro del Sistema Nacional de Investigadores nivel I, Profesor Prodep por 6 años. Adscrito al Departamento de Derecho Social y Disciplinas sobre el Derecho, imparte clases en la Licenciatura, Maestría y Doctorado en Derecho, del Centro Universitario de Ciencias Sociales y Humanidades de la Universidad de Guadalajara. Autor de diversos libros y artículos sobre la materia. Correo: zocimo.orozco@academicos.udg.mx

Abstract

This essay assesses the importance of creating intellectual property culture which is needed by the thesis autor, this is an academic challenge and it´s not a common practice to make a register in the National Copyright Institute.

It is done an analysis of the making of a thesis registration included all the participating authors of the thesis research studying intellectual property issues. At the end of this article results are analyzed by the conclusions and proposals.

Key words

Academic Challenge

New things related to school, Colleges and Universities wich requires great effort and determination and dedication.

Intellectual Property Rights

Rights wich are related to creations of the mind, such as inventions, literary and artistic works, designs and simbols used in commerce.

Thesis

A long essay or dissertation wich envolves academic research, usually it is written to obtain a college degree by a candidate.

I. JUSTIFICACIÓN

Es necesario e importante que el alumno registre su proyecto de investigación de tesis, para su protección intelectual y una vez concluida, repita el trámite respectivo.

Un libro o artículo sobre tesis se consulta para saber cómo planear o redactar una tesis, pero en esta ocasión este artículo tiene la finalidad de abordar el tema de la protección intelectual de la tesis en licenciatura y posgrado de Derecho.

Se considera que la aprobación del examen de tesis da fin a la etapa de elaboración de la investigación, sin embargo, no es así. Viene la etapa de realizar estudios de posgrado o de publicar la tesis en forma de libro y el investigador debe tener en mente registrar su trabajo de investigación de tesis ya concluido.

II. MARCO METODOLÓGICO

1. *Objetivo general*

Destacar la importancia de la cultura del desafío de la propiedad intelectual de registro de tesis en licenciatura, maestría y doctorado. Que el alumno registre su tesis para su protección intelectual ante las autoridades correspondientes.

2. *Objetivo específico*

Hacer un análisis de las obras de los autores de tesis que abordan esta etapa de la propiedad intelectual.

3. *Objetivo específico*

Normar en los niveles de educación universitaria la obligatoriedad del registro de temas de tesis cuando se inicia el proceso y la tesis al concluirlo.

4. *Metodología*

Para la elaboración de este artículo se establece la técnica de la investigación documental. En el trabajo de campo se plasma la experiencia de los autores en la dirección y asesoría de tesis, por más de cuatro décadas de ejercicio docente.

Se utiliza el método deductivo en el desarrollo, partiendo de lo general para llegar al caso particular del desafío de la protección intelectual del registro de tesis en los diversos niveles de enseñanza: licenciatura, maestría y doctorado.

5. *Hipótesis*

Es viable que el alumno registre su proyecto de investigación y su tesis ya terminada ante el Instituto Nacional de Derechos de Autor, ya que le proporcionará la protección intelectual de su obra durante todo el proceso de realización adicional a la protección que se otorga a los autores ya concluida una obra.

III. DESARROLLO DEL PROBLEMA

En el artículo 11 de la Ley Federal de Derechos de Autor, se establece: "El derecho de autor es el reconocimiento que hace el Estado en favor de todo creador de obras literarias y artísticas previstas en el artículo 13 de esta Ley, en virtud del cual otorga su protección para que el autor goce de prerrogativas y privilegios exclusivos de carácter personal y patrimonial. Los primeros integran el llamado derecho moral y los segundos, el patrimonial". (LFDA).

La protección de los derechos patrimoniales estará vigentes conforme el artículo 29, fracción I, de la Ley Federal de Derechos de Autor, durante la vida del autor, y a partir de su muerte, cien años más.

Es procedente y necesario que el alumno investigador registre su obra. El registro de la propiedad intelectual es un tema fértil para lograr buenos resultados por la importancia que tiene en la vida académica de las licenciaturas y sobre todo posgrados en Derecho, en que se adquiere el grado de Maestro y/o Doctor en Derecho por medio de la evaluación de tesis y en muy menor medida el planteamiento de casos específicos de derecho y experiencia profesional. Su registro es nulo ante el INDAUTOR.

Anteriormente no era frecuente que el autor de una tesis difundiera los resultados de su investigación. Las tesis quedaban archivadas por muchos años.

Hemos planteado en ponencias que las universidades pueden difundir los conocimientos de sus tesistas por medio de convenios, con diversas instituciones y organismos, como es el Congreso del Estado, Congreso Federal, ayuntamientos, etc. Se han desaprovechado estos conocimientos muy valiosos.

Hace muchos años, cuando se acudía a registrar publicaciones al Instituto Nacional de Derecho de Autor, dependencia federal de la Secretaría de Educación Pública, en la ciudad de Guadalajara, al inicio de la labor de maestros (y que las publicaciones no eran tan bien valoradas como en estos días, que son parte del currículo de los docentes e investigadores y tienen un puntaje y que es importante para obtener una mejor plaza), mientras esperábamos nuestro turno, observamos que las personas que se encontraban cerca, algunos eran luchadores y llevaban su máscara a registrar, estaba Septiembre Negro, e iban pasando poco a poco a entregar su solicitud de registro de su obra, había jóvenes de carreras de diseño que llevaban su avance tecnológico, consistente en una silla, mesa, que era su propuesta de tesis para adquirir el título en su carrera. Qué interesante, pensamos, que un joven se interese por registrar su obra y ya reflexionando después consideramos que era también aplicable a los alumnos que iniciaban su tesis profesional en la Maestría en Derecho para adquirir su título y surgió la idea de invitar a los alumnos a que registraran su protocolo, su tesis.

Hoy no existe el registro de ningún alumno que mostrara su registro de tesis para proteger sus conocimientos y evitar que su tema problema lo presentara otro alumno. Para esos tiempos era loable que un joven se desprendiera de lo equivalente a su desayuno para registrar su proyecto de investigación. A esta fecha se paga por el registro de una obra 300 pesos. (INDAUTOR, 2022).

En la carrera de Derecho, los alumnos tienen muchos conocimientos teóricos y debieran tener también una mejor conciencia del desafío de la propiedad intelectual del registro de su obra de tesis como alumnos investigadores. (Guía del proyecto de investigación para obtener el grado de maestro o maestra en Derecho, 2022).

Existen clases sobre Derechos de Autor, Propiedad Industrial, donde se menciona el tema, pero no se profundiza en por qué se debe hacer: para su protección en caso de uso indebido o plagio.

La pregunta es ¿qué hace falta para que todo alumno que realiza una tesis en licenciatura, maestría o doctorado, registre su proyecto de investigación o su tesis ya titulado? La elaboración de tesis es una de las modalidades de titulación, entre otras, y se establece en el artículo 8 del Reglamento de Titulación de la Universidad de Guadalajara (2022):

i. Desempeño académico sobresaliente;
ii. Exámenes;
iii. Producción de materiales educativos;

Dentro de la modalidad de excelencia académica se hace una relación de los diversos exámenes, en los artículos 9 al 13 del reglamento referido y en el numeral 14, del mismo ordenamiento jurídico, se establece que en la tesis se deben presentar nuevos conocimientos. Esto último consideramos es parte de la propiedad intelectual que se debe proteger mediante su registro.

El Centro Universitario de Ciencias Sociales y de Humanidades establece las situaciones en que se puede publicar una tesis a costa de la institución. En el punto 21, señala que debe acompañarse la recomendación de uno o más de los miembros del comité de tesis y/o examen de titulación. Es un importante apoyo y debe difundirse por los titulares de los programas académicos. licenciatura y posgrados. Es necesario hacer previamente por el investigador el registro ante el Instituto Nacional de Derechos de Autor. (Lineamientos y normas editoriales del Centro Universitario de Ciencias Sociales y Humanidades de la Universidad de Guadalajara, 2022).

Por otra parte, sí se dan casos de que el alumno se ha quejado del uso indebido, inadecuado, inapropiado, en otras palabras, del plagio de su tesis. Hay casos muy lamentables, en que los directores de tesis se apropian y publican partes o completo el contenido de las investigaciones.

Lo anterior es una causa más, para reflexionar en la importancia que tiene el registrar los avances del conocimiento, las ideas, la innovación, partiendo del protocolo que se aprueba.

Después de haber leído muchos libros de metodología, solo en un libro se trata ampliamente la importancia de las ideas, el autor Raúl Rojas Soriano nos introduce con sabiduría en el tema.

Estamos ante la falta de apoyo de los directores de tesis, de las instituciones de posgrado, de los mismos autores que no tratan el tema del plagio de los conocimientos y de las ideas, hasta de los profesores que en diversas materias hablan sobre investigación, para que se proteja la obra de sus alumnos. Aquí se puede aplicar el dicho popular: es mejor tener el registro de nuestra tesis y no necesitarla, que necesitarla y no tenerla.

Lo anterior, a manera de reflexión: el por qué registrar una tesis en Posgrado de Derecho. Los motivos y beneficios.

1. Tratamiento de la propiedad intelectual por los autores de tesis

Se parte de una búsqueda de información sobre las recomendaciones de los autores de tesis, sobre la importancia de la propiedad intelectual. Existen muchos libros sobre el tema de la elaboración de tesis, el protocolo, etc. Por lo general no abordan las obras de cómo elaborar tesis, este aspecto de la protección. Algunos estudiosos nos introducen al tema:

José Martínez de Souza (1992)

Trata la propiedad intelectual, tiene obra de tesis y define que autor, es toda persona, grupo de ellas o entidad que ha producido una obra literaria, científica, técnica o artística.

Para el conocimiento de qué puede hacer el autor, señala en su punto 3: que todo autor puede contratar la publicación de su obra o editarla a costa suya y se refleja en un contrato de edición y el pago convenido se puede hacer en varias partes. En España los derechos de autor duran toda su vida y 80 años después de su muerte. Estos derechos son trasmisibles entre vivos.

El alumno es autor de su tesis y puede publicarla a su costa o cederla a una editorial, cosa muy difícil que le interese a una editorial publicar una tesis, a menos que la personas haya destacado en su profesión. Por lo cual se le recomienda al alumno autor publique su tesis en forma de libro y esta es una felicitación y recomendación muy frecuente que hacen los sinodales de un examen profesional.

Recibe el nombre de autor editor cuando asume la responsabilidad de publicar su tesis.

R. Sierra Bravo (1996).

Señala que el hacer una tesis es un trabajo intelectual.

Jorge Witker (1986).

Esta obra muy importante para el estudiante del Derecho, señala entre las obligaciones del director de tesis, aparte de orientar, guiar, dar la aprobación final del trabajo terminado, las de internalizar al alumno a la necesidad de arribar, vía conclusiones o productos científicos (tesis) nuevos que constituyan un aporte, aunque sea modesto, a la ciencia jurídica en general.

Se abre la posibilidad de que sea el director de tesis uno de los maestros principales que oriente al alumno sobre el registro de obra de tesis.

Korina Schmelkes, y Nora Elizondo Schmelkes, (2010).

Consideran que el trabajo de tesis no termina con el examen y obtención del título, puede el autor hacer un artículo de cada capítulo o publicar los resultados, conclusiones y las recomendaciones en un libro.

Roberto Zavala Ruiz (1995).

Señala que el autor es libre de publicar por cuenta propia, antes de firmar un contrato de edición, pues entonces su libertad quedaría restringida en los términos de ese documento legal. Los derechos de autor cambian de un lugar a otro.

Humberto Eco (1996).

Destaca que citar es como aportar testigos en un juicio.

Se debe citar al autor de una publicación, es un reconocimiento a su trabajo, como un pago.

Las notas sirven para pagar las deudas. Citar un libro del que se ha extraído una frase es pagar una deuda. Citar un autor de quien se ha empleado una idea o una información es pagar una deuda.

Se debe citar al autor, como un reconocimiento a su trabajo e incluso darle el crédito por sus ideas, que sirven para continuar con una investigación. Pero además se debe citar la información que no es del investigador para evitar un plagio.

El desafío de la propiedad intelectual no sólo es proteger nuestra obra, va más allá, sino también reconocer el trabajo de otros investigadores.

Mario Tamayo y Tamayo (1999).

Define plagio. Usurpación de la obra (parcial o total) de otro autor.

Raúl Rojas Soriano (1999).

Como decía en párrafos anteriores, es uno de los autores con más reconocimiento que tiene publicados libros sobre tesis y publica un libro sobre el tema de la propiedad intelectual, como uno de los problemas a que se enfrentan los estudiantes y profesores al elaborar trabajos de investigación. Considera el autor que el plagio se debe a una cultura y que no se ha podido erradicar este problema.

El autor considera que se deben respetar las ideas de los autores.

Armando F. Zubizarreta (1983).

Considera el autor que una vez que el investigador sustenta su examen estará deseoso de difundir sus propuestas y que la crítica a que se enfrentará será menos benigna, porque en la universidad es menos rígida.

Roberto Hernández Sampieri (2014).

Considera que el plagio en reportes de investigación es muy frecuente, pero se considera que son conocimientos que se reproducen sin el consentimiento de autores y que todo el "trabajo" del cual se extrae la información puede ser un plagio.

Raúl Rojas Soriano (2010).

Sus conocimientos y recomendaciones para no cometer el plagio, se encuentran en su la obra.

José Zócimo Orozco Orozco (2019)

Se hace la consideración que se debe citar a los autores para reconocer primero su trabajo y segundo, para evitar cometer el delito de plagio.

Publicamente se han referido casos lamentables de autores de tesis en México y España, dirigentes destacados de universidades, a los cuales se les ha señalado de haber cometido el delito de plagio.

Actualmente se recurre a herramientas antiplagio como Turnitin y otras, para someter el trabajo de tesis de un alumno a revisión y establecer su similitud con obras ya publicadas del tema. En el área del Derecho la similitud suele ser alta, puesto que al hacer análisis de tratadistas y leyes, códigos, reglamentos, etc. existe la costumbre de transcribir al pie de la letra sus artículos o apartados, capítulos, y demás. Por esto, ya empieza a formarse la costumbre de interpretar a los autores consultados.

IV. RESULTADOS.

Se plasman por medio de conclusiones y propuestas.

CONCLUSIONES

Hasta el momento ha sido un descuido no darle continuidad al registro de la obra de tesis. Es en la etapa en que se realizan los trámites para su titulación en que se revisa el grado de similitud que tiene el trabajo de investigación de tesis y se deja la responsabilidad en el director de tesis para que haga constar, mediante la plataforma Turnitin, el grado de similitud con otros trabajos de investigación con que se ha alimentado la plataforma de consulta y haga dicho director el informe correspondiente en un reporte de grado de originalidad de la tesis y acompañe copias de pantalla de los resultados. Por lo que es un requisito fundamental que el profesor no haga el depósito de la información como definitiva o total en el primer ejercicio de revisión, porque quedaría ya registrada la información y daría inmediatamente el 100 por ciento de similitud en la siguiente revisión que se haga. Esto es muy importante sobre todo cuando es la primera experiencia de hacer esta revisión por un director de tesis. Dice dicho informe*: que el director realizó las pruebas correspondientes en esta y otras plataformas* (que existen y son muchas).

No se ha reflexionado o se ha olvidado dar seguimiento a la creación de una cultura de protección de la propiedad intelectual dentro de las instituciones educativas en que el investigador alumno realiza su investigación de tesis para adquirir al grado de estudios. Dentro de la medida a implementar es fundamental el trabajo del asesor y/o director de la investigación, asimismo de los maestros que imparten materias relacionadas con la metodología: Metodología de la investigación en las ciencias sociales y jurídicas, Desarrollo de proyectos de investigación I,II y III, etc.

Es fundamental que se establezcan lineamientos partiendo de la institución educativa en que se realizan los estudios, continuadas por la coordinación académica y darle seguimiento al procedimiento para que el alumno lleve a cabo su registro. Dicho impulso debe constar en las recomendaciones para titulación de cada dependencia universitaria y el Reglamento general de posgrado e interno de la institución educativa. Con esta medida se alienta al alumno a asistir a eventos como coloquios o congresos a presentar sus avances, el hecho de escuchar críticas sobre lo que está haciendo puede auxiliarle a complementar e incluso terminar su trabajo con éxito.

Otro aspecto muy importante es que se estimule en la licenciatura en Derecho la titulación por medio de tesis y en los posgrados en derecho que se le dé importancia a otros trabajos de investigación, como es el reporte de experiencia profesional y la modalidad de plantear la solución de un caso específico de problema jurídico.

En virtud de que actualmente muchos egresados ven la necesidad u oportunidad de continuar sus estudios se requiere que las recomendaciones hechas por los sinodales en el examen queden establecidas en el documento original de tesis. El examen es el momento culminante más importante, en que el alumno llega con más información y el director y sinodales hacen las mejores recomendaciones y lamentablemente no quedan plasmadas en el documento original. Por su parte es muy frecuente que el alumno desperdicie la oportunidad de plasmar con extensión generosa sus conclusiones y propuestas; hoy se pide que la tesis de licenciatura tenga una extensión de 100 páginas aproximadamente; en maestría el requerimiento mínimo es de 115 páginas; en doctorado lo mínimos son 115 páginas también. El alumno investigador ciñe sus conclusiones y propuesta a tres páginas y con ello se pierde la oportunidad de registrar la aportación al tema de estudio y los conocimientos que deben trascender.

Dentro de las conclusiones y propuestas quedan aspectos a tomarse en cuenta, como el hecho que de otras carreras propongan la creación de programas de estudio, por ejemplo un historiador que hace su tesis sobre un destacado personaje de su comunidad, que llegó a ser cónsul o embajador en el extranjero, que hizo aportaciones al código, a la ley, tendrá la necesidad de un posgrado en Historia del Derecho, pues es soporte del conocimiento jurídico. No se han impulsado otras orientaciones en el estudio de las maestrías y doctorados en derecho, aspecto que se valora en las tesis. No es suficiente que estén registradas como posibles orientaciones, se necesita promoverlas.

PROPUESTAS

Primera. Crear una cultura de protección de la propiedad intelectual de tesis en licenciatura y posgrados de Derecho, mediante la promoción del registro del proyecto de investigación de tesis y/o tesis terminada, por las instituciones educativas y el director o asesor del trabajo de investigación, principalmente.

Segunda. Dejando establecido su obligación por parte del alumno en sus lineamientos de titulación correspondientes.

Tercera. Promover la titulación por modalidad de tesis en las licenciaturas en derecho y en los posgrados de derecho. Otras opciones de titulación son por experiencia profesional y de solución específica de un problema jurídico.

Cuarta. Apoyar la orientación de estudios en Historia del Derecho Universal y Mexicano, en los posgrados en Derecho, a fin de dar la oportunidad de que aprecien correctamente la incorporación del conocimiento jurídico a ciencias tan valiosas como la Historia, la Etnografía, la Economía, por citar algunas ciencias que se verán fortalecidas con estos estudios.

Quinta. Incluir en el documento original de titulación las recomendaciones u observaciones hechas en el examen que apoyen estudios posteriores del investigador alumno de maestría, doctorado y posdoctorado. Así como que quede registrada la tesis en la institución educativa sede de sus estudios, en forma electrónica para facilitar su consulta.

FUENTES

Eco, Humberto (1996). *Cómo se hace una tesis*. Barcelona, España: Gedisa, p. 195, 203.

Guía del proyecto de investigación para obtener el grado de maestro o maestra en derecho, julio de 2022.

Hernández Sampieri, Roberto, et. al (2014). *Metodología de la investigación.* 6ª ed., México:

Indautor, Oficinas en Guadalajara, Jalisco. https://www.indautor.gob.mx/Consultado el 29 de septiembre de 2022.

Ley Federal de Derechos de Autor, 2022.

Lineamientos y normas editoriales del Centro Universitario de Ciencias Sociales y Humanidades de la Universidad de Guadalajara, 2022.

Martínez de Souza, José (1992). *Diccionario de tipografía y del libro*, España: Paraninfo, 15-16.

MC GRAW-HILL. p. 65.

Orozco Orozco, José Zócimo (2018). *Cómo planear y desarrollar tesis en Posgrado de Derecho*. Guadalajara, Jalisco, México: Acento. P.

Reglamento General de Titulación de la Universidad de Guadalajara (2022).

Rojas Soriano, Raúl (1999). Trabajo intelectual e investigación de plagio. México: PyV.

Sierra Bravo, R (1996). *Tesis doctorales y trabajos de investigación científica*. España: Paraninfo. p. 115.

Tamayo y Tamayo, Mario (1999). *Diccionario de la investigación científica*. México: Limusa, p. 164.

Witker, Jorge (1986). *Cómo elaborar una tesis de grado de derecho. 2ª ed.*, México: PAC.

Zavala Ruiz. Roberto (1995). *El libro y sus orillas. Tipografía, originales, redacción, corrección, del estilo y las pruebas*. México: Universidad nacional Autónoma de México, Colección Biblioteca del Editor, Dirección General de Fomento Editorial, pp. 105-106.

Zubizarreta, Armando F. (1983). *La aventura del trabajo intelectual*. Estados Unidos: Fondo Educativo Interamericano. p. 191.

EL POPULISMO PUNITIVO: RESPUESTA CÍNICA DEL ESTADO MEXICANO

AXEL FRANCISCO OROZCO TORRES[1]

Resumen

El despliegue de las acciones que llevan a cabo los órganos representantes del Estado, traducidas en las tormentas legislativas y administrativas contrarias a los principios del derecho penal, sin importar la ideología a la que dicen pertenecer y por tanto representar, despierta nuestro interés para conocer su motivación a tales desarrollos; así, con la intención de llegar a algunas respuestas en este trabajo, se contextualiza sobre la excedida producción legislativa, luego, hacemos un breve recorrido por las funciones y los fines del derecho penal para luego llegar a la parte que denominamos el andamiaje del populismo punitivo, en la que se abordan los conceptos de derecho penal expansionista, derecho penal simbólico y derecho penal del enemigo; como última parte, se desarrolla el concepto de populismo punitivo como fundamento para la respuesta del actuar de los órganos representantes del Estado y finalmente se arriba a las conclusiones de este trabajo.

Palabras clave: funciones y fines del derecho penal, populismo punitivo, falsa conciencia ilustrada

---

1 Axel Francisco Orozco Torres, Doctorado en Derecho por el Instituto de Estudios Jurídicos; Maestría en Derecho con orientación en Administración de Justicia y Seguridad Pública por la Universidad de Guadalajara; Abogado por la Universidad de Guadalajara. Profesor Investigador de Tiempo Completo adscrito al Centro Universitario de los Valles de la Universidad de Guadalajara. Miembro de la Junta Académica y del Núcleo Básico Académico de la Maestría en Derecho del Centro Universitario del Sur de la Universidad de Guadalajara. Miembro del Sistema Nacional de Investigadores (SNI). Perfil PRODEP. Representante del Cuerpo Académico "El Sistema Penal Acusatorio y Adversarial y sus Pardigmas". Autor y Co-autor de artículos publicados en revistas indexadas, así como de capítulos de libros y libros, destacando la autoría de los libros: "Criminalidad Femenina; una perspectiva diferente"; "Vademécum de Derecho Penal", ambos editados por Tirant lo Blanc. Ponente en congresos internacionales. Miembro de la European Society of Criminology.

I. CONTEXTUALIZANDO

La presencia de violencia e inseguridad en nuestro país no se pueden negar, pero tampoco se debe exacerbar y convertirse en la justificación para desatar tormentas de leyes penales contrarias a los principios del propio derecho penal, tales como el de *legalidad*, el de *mínima intervención*, el de *proporcionalidad* y el de *culpabilidad*; sin embargo, desde hace al menos dos décadas, hemos sido testigos de una avalancha legislativa, caracterizada por el endurecimiento de las normas penales, sea a través de la inclusión de nuevos tipos o con el agravamiento de las penas de prisión a delitos ya existentes, pero ello, hay que decirlo, no ha sido exclusivo de México, pues en un gran número de países en el mundo lo llevan a cabo sin que tengan un común denominador respecto a la ideología de sus gobiernos, es decir, lo realizan tanto los de izquierdas, como los de derechas y los de centro, lo que de suyo despierta nuestro interés para conocer entonces, los motivos de los órganos representantes del Estado para actuar de esta manera.

Lo anterior despierta nuestro interés en conocer lo que motiva a los órganos representantes del Estado al despliegue de estas acciones, puesto que si no es con base en aspectos ideológicos

Al respecto, Zaffaroni (2016) argumenta:

> la acelerada producción legislativa en materia penal, da lugar a leyes que amalgaman sanciones de diversa naturaleza, entre las que suelen incluir penas. Estas yuxtaposiciones legislativas de sanciones restitutivas y reparadoras, de medidas de coacción directa y de penas, tienen lugar con diversos motivos, algunos de sistematización imposible, porque sólo responden a defectos técnicos o a necesidad política de componer ciertos criterios incompatibles o de impactar a la opinión con una respuesta legislativa. (p. 214)

Asimismo, coincidimos con la aseveración que hace Zaffaroni (2012) en cuanto a que

> la maraña legislativa creada por las constantes reformas penales lesiona a la seguridad de todos, pues la ley penal pierde certeza, nadie sabe lo que está prohibido penalmente, toda ilicitud tiende a volverse ilicitud penal, la vieja aspiración a las leyes claras queda olvidada.

> El permanente recurso a la criminalización la banaliza en lugar de jerarquizarla. (p. 321)

Estas acciones desplegadas por los órganos estatales representan categorías contrarias a los fines del derecho penal, las cuales, en su conjunto, constituyen el andamiaje para el llamado *populismo penal* o *populismo punitivo,* tal como lo analizaremos más adelante.

II. LAS FUNCIONES Y LOS FINES DEL DERECHO PENAL

Es amplio explorado la consideración, desde distintas perspectivas, de que el derecho penal constituye un medio de control en las sociedades modernas; desde una visión, lo refieren como el medio de control del Estado, legitimando lo político, pero desechando el control racional jurídico. Los planteamientos desarrollados por Rousseau y Locke sirven de fundamento a favor de la corriente que sustenta que el derecho penal surge como medio de control de la sociedad, cuidando, de diversas maneras los límites al poder político.

Una corriente disímil a la expuesta, en la cual se considera a Ferrajoli como uno de sus principales exponentes, argumenta que el Estado se ve limitado gracias a los derechos humanos positivados en el devenir histórico, atendiendo así, el caos normativo.

Para Beccaria, el Derecho penal es un sistema garante de la vida del individuo siendo su tutela la razón del pacto social para de esta manera limitar el poder punitivo en sus tres fases: *la pena*, *el delito* y *el proceso penal* como mecanismo para evitar la violencia punitiva; refiriendo en su teorema:

> Para que toda pena no sea violencia de uno o de muchos, contra un particular ciudadano, debe esencialmente ser pública, pronta, necesaria, la más pequeña de las posibles en las circunstancias actuales, dictada por las leyes y el dilema que nos ocupa es la más pequeña de las posibles. (Beccaria, 2011, p. 208).

Es dable vincular lo expresado con el carácter fragmentario del derecho penal, al cual Luzón Peña lo refiere de la siguiente manera: “El derecho penal no ha de proteger todos los bienes jurídicos, ni penar todas las conductas lesivas de los mismos, sino sólo los ataques más graves a los bienes jurídicos más importantes" (Luzón, 1996, p. 83).

De ahí que, igualmente coincidamos con Martínez Bastida, quien refiere:

> En los Estados en que el derecho penal es el significante con capacidad de resolver todas las vicisitudes que indican sus creadores, está condenado a dejar de ser un ente normativo para ocupar el lugar de una deidad. Este juego de grandes otros en el orden simbólico es irracional y por ello, acorde a lo indicado por Eugenio Raúl Zaffaroni, es conveniente acudir a la lógica del verdulero:
>
> En efecto, si una persona acude a una verdulería y pide un antibiótico, el verdulero le indicará que vaya a la farmacia, porque él solo vende verduras. Esta sana respuesta debemos proporcionarla los penalistas cada vez que nos preguntan qué hacer con un conflicto que nadie sabe cómo resolver y al que, como una falsa solución, se le asigna naturaleza penal. (Martínez, 2022)

Así, el derecho penal debe ocuparse del sector de la realidad social compuesto de comportamientos graves que lesionen bienes jurídicos importantes, que de no protegerse pondrían en riesgo la convivencia social. Infundir miedo o tranquilizar el reclamo social, a través del derecho penal, es totalmente inútil, además de que deja al total descubierto la incapacidad del Estado para garantizar condiciones elementales de seguridad social.

Si bien el derecho penal tiene la función de control social, "no es la única, y tampoco es la más importante" (Muñoz, 1985, p. 37). El derecho penal, en su función de control social formal se complementa con otras medidas tanto o más efectivas.

En contraposición al abuso del derecho penal desplegado por los órganos del Estado, éste coadyuva en la generación de diversos efectos según su orientación y así producir el más óptimo resultado para la prevención y la protección de bienes jurídicos, pero sí y solo sí, se haga uso de límites racionales y razonables. Por su parte, Perelman refiere, según Atienza (1987), que:

> mientras que en el derecho las ideas de razón y racionalidad han estado unidas, por una parte, a un modelo divino, y por otra parte, a la lógica y a la técnica eficaz, las de razonable y su opuesta, lo irrazona-

> ble, están ligadas a las reacciones del medio social y a su evolución. Las nociones de *razón* y de *racionalidad* se vinculan a criterios bien conocidos de la tradición filosófica, como las ideas de verdad, coherencia y eficacia, lo razonable y lo irrazonable están ligados a un margen de apreciación admisible y a lo que, excediendo de los límites permitidos, parece socialmente inaceptable.

De esta manera, recurrir a la norma penal para castigar daños, debe fundarse en la valoración previa sobre la posibilidad de proteger el bien jurídico de una mejor manera y de un plano diverso, en este sentido, Ferrajoli (1989) afirma:

> ...si la cantidad de hechos no penalizados no supera de forma relevante la de los penalizados, la introducción o la conservación de su prohibición penal no responde a una finalidad de tutelar bienes que resultan ulteriormente atacados por la clandestinización de su lesión, sino a una mera afirmación simbólica de valores. Una política penal de tutela de bienes tiene justificación y fiabilidad solo cuando es subsidiaria de una política extrapenal de protección de los mismos bienes. (pp.473-474)

Así, tenemos que la legitimación del derecho penal se da cuando su presencia es menor que la violencia que podría llegar a generar y que mediante otros medios y acciones es posible solucionar o prevenir, antes de llegar a la tipificación y su consecuente punibilidad. Gargarella (2016) puntualiza: "ha llegado el tiempo de dejar de mentir, es tiempo de comenzar a tratar los problemas sociales con remedios sociales, sin apurarse por recurrir a las herramientas torpes, ineficaces y sobre todo inmorales de la violencia penal". (p. 265)

Lo anterior se fortalece con Ontiveros (2017) quien argumenta:

> el Derecho penal no protege intereses partidistas, moralidades o caprichos políticos o formas de pensar, sino bienes jurídicos. Esto no debe interpretarse en el sentido de que cualquier bien jurídico debe ser penalmente protegido, sino solo aquellos indispensables para la vida en comunidad (p. 61)

Consideramos conveniente acudir a la afirmación dada por Roxin (2000): "un Derecho penal moderno debe tener como objetivo la mejor conformación social posible. Tiene que orientarse a impedir la comisión de delitos y practicar la prevención sintetizando las exigencias de un Estado de Derecho con las del Estado social" (p. 31). Por su parte, en el mismo sentido, Zaffaroni (1998) manifiesta:

> la disparidad entre el ejercicio del poder programado y la capacidad operativa de las agencias es abismal y si se diese la inconcebible circunstancia de que su poder se incrementase hasta llegar a corresponder a todo el ejercicio programado legislativamente, se producirá el indeseable efecto de criminalizar varias veces a toda la población (p. 30).

En conclusión y de acuerdo con lo planteado por Paredes (2013):

> Tiene el Derecho penal la obligación de cumplir ciertas condiciones: realizabilidad y coherencia en los fines perseguidos (de protección del bien jurídico) e idoneidad técnica de los medios (prohibición de acciones, criterios de imputación de infracciones, contenido y criterios de imputación de la sanción) elegidos para lograr aquéllos (p. 341)

III. LA RUTA DEL POPULISMO PUNITIVO

Una vez planteados los fines y las funciones del derecho penal llegamos a su más claro contrasentido del que se tenga conocimiento en la actualidad, el *populismo punitivo*, el cual se cimienta en categorías tales como la *expansión penal* o *derecho penal expansionista*, el *derecho penal simbólico* y el *derecho penal del enemigo*, de las cuales se hará una breve descripción.

1. *Expansión Penal o Derecho Penal Expansionista*

La expansión penal implica una serie de aspectos problemáticos por resolver y que reclama análisis a profundidad para no caer en su perversión, debido a que el expansionismo conlleva la tendencia a la creación de tipos penales nuevos y en la tipología ya existente, conduce al incremento de sus penas, pudiendo llegar, incluso, a determinaciones irracionales; para Silva (2001)

> no se hace visible en la ley una antinomia entre el principio de intervención mínima y las crecientes necesidades de tutela en una sociedad cada vez más compleja, antinomia que se resolvería en el texto dando prudente acogida a nuevas formas de delincuencia, pero eliminando, a la vez, figuras delictivas que han perdido su razón de ser. (p. 20)

2. *Derecho Penal Simbólico*

Para tener mayor claridad respecto del derecho penal simbólico, se considera necesario conceptualizar el bien jurídico, que a decir de Bustos (1995) Hassemer refiere que debe contener una precisión superlativa, así: "cuanto más vago es su concepto y cuantos más objetos abarca, más tenue se vuelve la posibilidad de contestar a nuestra pregunta de si el derecho penal cumple con la función preventiva" (p. 53).

Por su parte, Manuel Vidaurri (2018) en su obra *Vademécum de Criminología,* define al bien jurídico como:

> todo bien o valor, de titularidad personal o colectiva, normativamente evaluado y estimado como digno, susceptible y necesitado de la máxima protección jurídica, representada por la conminación penal, que corresponde imponer al comportamiento lesivo del bien jurídico, de conformidad con la concreta descripción típica.

Las aclaraciones anotadas deben hacerse de esta manera puesto que se considera que la función simbólica debe analizarse desde dos perspectivas opuestas entre ellas: de manera positiva o, de manera negativa. La visión positiva se alcanza en la medida que exista contribución a la prevención; en la segunda vía (aspecto negativo), cuando no hay una contribución a la solución o prevención del delito.

> Con la expresión derecho penal simbólico, según Hernández (2020), Marqué refiere:
>
> se describe la ineficacia instrumental que pueden acusar las normas penales promulgadas con estos fines esencialmente sociopolíticos: cuando el objetivo manifiesto y el objetivo latente de la intervención penal no coinciden -lo que se da en el supuesto de funcionalización ilegítima encubierta que afecta al Derecho penal del miedo- derivándose de ello la ineficacia instrumental de la norma penal en cuestión, puede hablarse de efectos meramente simbólicos. (p. 64)

3. *Derecho Penal del Enemigo*

El derecho penal del enemigo está caracterizado por tres elementos: a) amplio adelantamiento de la punibilidad, esto es, la perspectiva que se inserta en el ordenamiento jurídico penal va hacia un hecho futuro y no al hecho cometido; b) las penas son desproporcionadamente elevadas, olvidándose del principio de proporcionalidad; c) determinadas garantías procesales se relativizan o, incluso, se suprimen.

Así, se puede considerar al derecho penal del enemigo como un derecho "de policía", esto es, se somete bajo sospecha al ciudadano, considerándolo como creador de peligros no permitidos, es decir, se le considera como enemigo potencial, lo que conlleva, según Jakobs, a la tipificación de conductas creadoras de peligro.

Por su parte, el sistema de justicia penal tiene dos tendencias: en la primera, se espera a que el ciudadano exteriorice su hecho, para luego entonces, reaccionar con el objetivo de confirmar la estructura normativa de la sociedad. La segunda tendencia se refiere al trato con el enemigo, quien es interceptado en el estado previo y, por tanto, se le combate por su peligrosidad.

De esta manera arribamos a la conceptualización sobre el populismo penal desarrollada por Bottoms desde 1995 como la cúspide de este andamiaje abordado en los párrafos precedentes, así, refiere:

> La utilización electorista del derecho penal asentada en la exigencia ciudadana de sanciones más severas para los delitos debido al reclamo de justicia por las altas tasas de criminalidad, la definición del populismo penal ha trazado un serio problema interpretativo pues son diversas las voces que hacen locución a su contenido y alcance; se ha visualizado como la respuesta del Estado ante la vox populi que plantea un hipotético sentir de insatisfacción a su experiencia de justicia, mediante gestiones "expeditas y eficientes" que se traducen en la creación de más delitos o incremento de las penas y se apoya también en la influencia social que tienen los medios de comunicación [...] aparece guiado por tres asunciones: que mayores penas pueden reducir el delito; que las penas ayudan a reforzar el consenso moral existente en la sociedad; que hay unas ganancias electorales producto de este uso [...] (pp. 17-49).

IV. LA RESPUESTA DE LOS ÓRGANOS REPRESENTANTES DEL ESTADO: EL POPULISMO PUNITIVO

Una primera aporximación respecto de cómo responden los órganos representantes del Estado es precisamente la instalación y el desarrollo del llamado populismo punitivo, lo cual tampoco es exclusivo de México, pues se visualiza en distintas latitudes de la aldea global.

La anterior aseveración se robustece con lo expuesto en el *Vademécum de Criminología* de la autoría de Manuel Vidaurri Aréchiga, quien expresa:

> Denominación con la que se identifican aquellas medidas legislativas adoptadas por la clase política para, presuntamente, satisfacer demandas (reales o ficticias) de la ciudadanía. Generalmente, son medidas legislativas consistentes en incrementar las sanciones jurídico-penales y formular nuevas tipificaciones penales, denotando un uso abusivo del Derecho penal, básicamente con el objetivo de obtener votos y satisfacer intereses de un partido político o de un grupo social en particular (Vidaurri, 2018, p. 96).

Por su parte, acorde com el planteamiento de Manuel Vidaurri, anotado em líneas precedentes, afirma Nava (2020):

> ...el caldo de cultivo que genera el populismo penal: para paliar la tormenta que se ha provocado, se prometen penas mayores, tipos penales especiales, nuevas leyes e instituciones creadas al vapor, sin la mínima reflexión sobre el destino al que conducirán todos estos experimentos sociales. Se pasa de lo meramente simbólico, y aparentemente inocuo, a lo peligroso que resulta perder el control sobre los procesos a los que se ha dado vida. (p. 105)

De esta manera, con base en las consideraciones anotadas, de Vidaurri Aréchiga y de Nava Garcés, respectivamente, podemos ratificar que efectivamente una de las aproximaciones a la respuesta vertida por los órganos representantes del Estado es, precisamente, el populismo penal, el cual según Elena Larrauri (2015) "tiene su origen en condiciones políticas y económicas como son el neoliberalismo económico, el neocoservadurismo político, el sentimiento de inseguridad ontológica y un aumento continuado del delito." (p. 203).

Por su parte, Wacquant, considera que "la causa de raíz del giro punitivo no es la modernidad tardía, sino el neoliberalismo, un proyecto que puede ser adoptado indiferentemente por políticas de izquierda y de derecha" (Wacquant, 2009, pp. 302 y 303).

Así, con base en los planteamientos de Larrauri y Wacquant respecto del origen del populismo punitivo, es necesario realizar una lectura de la variable independiente, es decir, del populismo, el cual según lo explica Quenta Fernández (2020) apela al pueblo para construir su poder, "entendiendo al pueblo como las clases sociales bajas y sin privilegios económicos o políticos..." (p. 139). No obstante esta conceptualización de *pueblo*, para el populismo penal aplica no solamente a ese *pueblo,* sino que se amplía a los electores en general, es decir, también a aquellos que pertenecen a las clases sociales altas y con privilegios económicos o políticos.

Por su parte, refiere Nava Tovar (2021) que para una comprensión del populismo punitivo como una forma general del populismo existen algunos puntos en común:

> 1) el populismo como reacción hostil a la democracia representativa y sus instituciones; 2) el populismo como respuesta a una situación de crisis extrema; 3) el populismo como ideología carente de un núcleo de valores; 4) el populismo como exaltación de un líder; 5) el populismo como expresión de la soberanía del pueblo. (p. 8)

Con todo lo expresado, podemos determinar que la respuesta de los órganos representantes del Estado, sin duda, es el populismo punitivo y que éste, de acuerdo con Vidaurri (2020) "tiene una genética compuesta de la mezcla de miedo y demagogia, alimentada por el miedo y la inseguridad social" (p. 208), los cuales son sentidos tanto por los ciudadanos en general, como por los representantes de los órganos del Estado mexicano, sobre todo porque como lo refiere Nava Garcés (2020) "el populismo penal es una salida política que acusa la ignorancia del derecho, sus fines y se sirve de la ley para satisfacer intereses de poder, aumentando número de tipos penales, endureciendo procesos, penas y limitando derechos" (p. 107).

CONCLUSIONES

Finalmente, el populismo punitivo persiste y tal como lo sostienen expertos en la materia, con los que estamos de acuerdo, contraviene al Derecho penal y sus fines; atenta contra los verdaderos Estados democráticos, y, lesiona a la sociedad en general, no obstante ser, presuntamente, la principal destinataria y beneficiaria de las acciones desarrolladas por los órganos representativos del Estado; sin embargo, consideramos que el problema va más allá de los hechos desplegados por los representantes de los órganos del Estado mexicano, refiriéndonos de esta manera a los motivos y/o fundamentos que los llevan a tomar las decisiones caracterizadas en el populismo punitivo, lo cual está determinado con la definición más elemental de ideología: "ellos no lo saben pero lo hacen" inscripta en *El capital* de Marx (Zizek, 2021, p. 55), así como su opuesto, planteado por Sloterdijk (1983): "ellos saben muy bien lo que hacen, pero aun así, lo hacen", robusteciendo lo anterior, Zizek (2021) refiere:

> La razón cínica ya no es ingenua, es una paradoja de una falsa conciencia ilustrada: uno sabe de sobra la falsedad, está muy al tanto de que hay un interés particular oculto tras una universalidad ideológica, pero aun así, no renuncia a ella (p. 57).

REFERENCIAS

ATIENZA, M. (1987) *Para una razonable razón de Razonable.* Doxa, Cuadernos de Filosofía del Derecho, 4, 189-200.

BECCARIA, C. (2011). *Tratado de los delitos y de las penas.* España: Trotta.

BUSTOS, J. (Director) (1995). *Pena y Estado. Función simbólica de la pena;* Santiago de Chile: Editorial Jurídica Conosur Ltda.

FERRAJOLI, L. (1989). *Derecho y Razón. Teoría del garantismo penal.* Madrid: Trotta.

GARGARELLA, R. (2016). *Castigar al prójimo. Por una refundación democrática del Derecho penal.* Buenos Aires: Siglo XXI.

HERNÁNDEZ AGUIRRE, C. N. y VIDAURRI ARÉCHIGA, M. (2020). Populismo penal y política criminal en México. En VIDAURRI ARÉCHIGA, Manuel (Director). *Indagaciones en torno al populismo penal en México;* México: Tirant lo blanch.

LARRAURI PIJOAN, E. (2015). *Introducción a la Criminología y al Sistema Penal.* Barcelona: Trotta

LUZÓN PEÑA, D.M. (1996). *Curso de Derecho Penal. Parte. El "IUS Puniendi" (la potestad punitiva).* Madrid: Editorial Universitas.

MARTÍNEZ-BASTIDA, E. (2022) La jouissanse de la política criminal. *La querella digital. https://www.laquerelladigital.com/la-jouissanse-de-la-politica-criminal/*

MUÑOZ CONDE, F. (1985). *Derecho penal y control social.* Jerez: Fundación Universitaria de Jerez.

NAVA GARCÉS, A. E. (2020). La flagrancia en el ámbito del populismo penal. En VIDAURRI ARÉCHIGA, Manuel (Director). *Indagaciones en torno al populismo penal en México.* México: Tirant lo blanch.

QUENTA FERNÁNDEZ, J. (2020). *El populismo del Derecho penal. La necesidad de racionalizar las leyes punitivas populares.* http://www.scielo.org.bo/pdf/rjd/v5n6/v5n6_a09.pdf

SILVA, J-M. (2001). *La expansión del derecho penal. Aspectos de la política criminal en las sociedades postindustriales.* España: Civitas ediciones S.L. 2da. Edición.

Sloterdijk, P. (1983). *Kritik der zynischen Vernunft, Frankfurt* [*Crítica de la razón cínica* (tr. Miguel Ángel Vega Cernuda). Madrid: Taurus, 1989]

VIDAURRI ARÉCHIGA, M. (2018). *Vademécum de Criminología.* México: Tirant lo blanch

VIDAURRI ARÉCHIGA, M. (2020). El Populismo Penal. Expresión del (mal) uso del Derecho Penal. En VIDAURRI ARÉCHIGA, Manuel (Director). *Indagaciones en torno al populismo penal en México;* México: Tirant lo blanch.

WACQUANT, L. (2009). *Punishing the Poor. The Neoliberal Government of Social Insecurity.* Durham: Duke University Press

ZAFFARONI, E. R. (1998). *En busca de las penas perdidas, deslegitimación y dogmática jurídico-penal.* Argentina: EDIAR, 2da. Ed.

ZAFFARONI, E. R. (2012). La cuestión criminal. En E.R. Zaffaroni. *La cuestión criminal;* Buenos Aires: Planeta.

ZAFFARONI, E. R., ALAGIA, A., SLOKAR, A. (2016). *Derecho Penal, parte general.* México: Editorial Porrúa.

ZIZEK, S. (2021). *El sublime objeto de la ideología.* México: Siglo XXI, 9ª Reimp.

ESTADO DEL ARTE NORMATIVO DERECHO DE LAS TELECOMUNICACIONES

ARTURO GONZÁLEZ SOLÍS[1]

Cabe hacer mención que no es un trabajo académico reciente. Fue publicado en la Revista Electrónica *Letras Jurídicas*, editada en el Centro Universitario de la Ciénega de la Universidad de Guadalajara. 2016. NUM. 22. Primavera. ISSN 1870-2155. Se considera importante su divulgación sea parte de un texto jurídico universitario por su narrativa histórica, relativo a la incorporación constitucional del Derecho de las

---

1 ARTURO GONZÁLEZ SOLÍS
Grados académicos
Doctorado en Ciencia Jurídica por la Universidad San Pablo-CEU. Madrid, España. En convenio de colaboración con la Universidad de Guadalajara. (2016) Tesis: Derecho a la Información: Antología y Estado del Arte Normativo en México. Derecho a la Información, Protección de Datos Personales, Transparencia y Telecomunicaciones.
Convalidado a Doctor en Derecho Administrativo, por la Universidad de Guadalajara, de acuerdo a Dictamen Núm. III/2017/311, por determinación del Comisión de Revalidación de Estudios, Títulos y Grados, del H. Consejo General Universitario, con fecha 01 de noviembre de 2017.
Master en e-learning: Aplicación de las TIC en la Educación y la Formación, Especialidad Dirección (2004-2005); por la Universitat Oberta de Catalunya, Barcelona; España.
Maestro en Tecnologías para el Aprendizaje, Especialidad Gestión (2004-2005), en el Centro Universitario de Ciencias Económico-Administrativas. Universidad de Guadalajara.
Maestro en Derecho (1999-2001), con orientación en Civil y Financiero, en el Centro Universitario de la Ciénega. Universidad de Guadalajara.
Abogado (1987-1992), egresado por la Antigua Facultad de Derecho. Universidad de Guadalajara (UdeG).
Otros
Reconocimiento Perfil PRODEP, quinta renovación al año 2024, por la Secretaría de Educación Pública.
Autor Libro: Derecho Informático. 2015. Zapopan, Jalisco. Editorial Sindicato de Trabajadores Académicos de la Universidad de Guadalajara. ISBN: 978-607-9427-11-5

Telecomunicaciones y los derechos humanos, por su relación a la banda ancha de cobertura acceso a Internet en espacios públicos, eficientar la burocracia digital y firma electrónica, incentivar los referidos Gobiernos Abiertos, entre otros aspectos informáticos, todos estos rubros encausados al beneficio social a través de las denominadas Sociedades de la Información y Sociedades del Conocimiento.

Resumen: Las reformas legislativas que ha promovido la actual administración pública federal del poder ejecutivo, dando por consecuencia importantes reformas constitucionales que deben a su vez, trascender modificando la conducta y participación cotidiana de la sociedad mexicana. Entre otras, se encuentra la reforma en telecomunicaciones, que por consecuencia a su vez, se promulgó el decreto que publica la Ley Federal de Telecomunicaciones y Radiodifusión, que entre otros, regula la banda ancha para el acceso a internet y la creación de puntos de acceso libre a internet en plazas públicas, hospitales y escuelas en el país, también tratan de crear mayor competencia al crear otros dos canales de televisión públicos, de cobertura nacional.

Palabras clave: Derecho, Telecomunicaciones, Internet, Banda Ancha, Derechos Humanos.

STATE OF THE ART STANDARDS TELECOMMUNICATIONS LAW

Overview: The legislative reforms that has promoted the current federal public administration of executive power, consequently giving important constitutional reforms which must at the same time, transcending changing conduct and daily participation of Mexican society. Among others, is the reform in telecommunications, that consequently at the same time, was promulgated the Decree published by the Federal law on telecommunications and broadcasting, governing the band among others, broadband access to internet and the creation of points of access to the internet in public places, hospitals and schools in the country, also seek to create greater competition to the other two public television stations, national coverage.

Key words: Law, telecommunications, Internet, broadband, human rights.

I. LLUVIA DE IDEAS:

Las telecomunicaciones y la radiodifusión deben mejorar los servicios para incrementar la calidad de vida de los mexicanos.

La nueva normativa que regula las Tecnologías de Información y Comunicaciones Electrónicas (TICE), debe darse a conocer a la sociedad mexicana para que aprovechen las oportunidades que brindan, por ejemplo, el crear miles de sitios de acceso gratuito al acceso de internet en lugares públicos en todo el país, y el aumento de banda ancha para su pronta accesibilidad.

Pero sobre todo, aprovechar las bondades positivas de las TICE, para saber buscar información de calidad, veraz y oportuna, para la mejora de toma de decisiones, elaboración de trabajos de investigación que impacten el desarrollo social de las comunidades y que impacte en un mejor aprovechamiento del aprendizaje por lo que corresponde a los alumnos en los diferentes niveles de educación pública y privada que se imparte en México, que en teoría, deben mejorarse e incrementarse la calidad de vida de sus conciudadanos, fomentando así, sociedades de información y del conocimiento por todo el país...

En ese sentido, cabe hacer mención que el portal de la presidencia del gobierno mexicano, se explica en que consisten las reformas en materia de telecomunicaciones:

Refiere:

Reforma en Materia De Telecomunicaciones y Radio[2]

"Las telecomunicaciones nos permiten comunicarnos a distancia, a través de múltiples servicios, mediante los cuales emitimos y recibimos signos, señales, escritos, imágenes, sonidos y cualquier tipo de datos, utilizando como canales de transmisión el cable, la fibra óptica, el espectro radioeléctrico (el espacio por el que se transmiten las señales inalámbricas), entre otros.

Comúnmente estos servicios los conocemos como telefonía, mensajes de texto, Internet, televisión restringida, radiocomunicación, entre otros; y son proporcionados por personas físicas o morales, a las que el gobierno les otorgó una concesión o una autorización para tal fin.

---

2 http://reformas.gob.mx/reforma-en-materia-de-telecomunicaciones/que-es (Consulta: 03 de octubre de 2014).

Las telecomunicaciones tienen el poder de impactar en el proceso de desarrollo económico y social de los países, ya que son un elemento fundamental para fortalecer el crecimiento y la productividad; además, son pieza esencial en el desarrollo de la democracia y en el acceso a la cultura, la educación, la salud, y en general el ejercicio pleno de los derechos humanos. Por su importancia, todos los países están realizando esfuerzos para ampliar su infraestructura de telecomunicaciones e incrementar los niveles de cobertura y penetración de tales servicios.

No obstante sus impactos positivos, los sectores de telecomunicaciones y de radiodifusión en México han tenido una elevada concentración, lo que ha afectado a los usuarios y a la economía en su conjunto, traduciéndose en servicios de baja cobertura, mala calidad y precios elevados, lo cual, a su vez, ha limitado el ejercicio de la libertad de expresión y el derecho a la información de los mexicanos, así como el desarrollo económico, social y cultural del país.

Ante tal situación, se tomó la decisión de impulsar un cambio estructural que aumente sustantivamente la competencia en estos sectores, elevando con ellos, el bienestar de los mexicanos y el potencial económico del país. Este cambio se concretó por medio de la reforma de telecomunicaciones, que consta de seis ejes principales:

i) Ampliación de los derechos fundamentales. Se amplían las libertades de expresión y de acceso a la información, así como los derechos de los usuarios de los servicios de telecomunicaciones y radiodifusión. Se reconoce el derecho de acceso a las tecnologías de la información y la comunicación, incluidos la banda ancha y el Internet. La reforma enfatiza que las telecomunicaciones y la radiodifusión son servicios públicos de interés general, por lo que el Estado debe garantizar que sean prestados en condiciones de competencia, calidad, pluralidad, cobertura universal, interconexión, convergencia, acceso libre y continuidad.

ii) II. Actualización del marco legal de los sectores de telecomunicaciones y radiodifusión. Para fortalecer la certidumbre legal, se promulgó una ley convergente que norma el uso del espectro radioeléctrico, de las redes y los servicios de telecomunicaciones y radiodifusión, establece un régimen de concesión única para la prestación de dichos servicios, e instrumenta medidas de regulación asimétrica a las que han de sujetarse los agentes económicos preponderantes en estos sectores.

iii) Fortalecimiento del marco institucional. Se creó el Instituto Federal de Telecomunicaciones (IFT), como un órgano constitucional autónomo, encargado de la regulación, promoción y supervisión del espectro radioeléctrico, las redes y la prestación de servicios de telecomunicaciones y radiodifusión, así como de fungir como autoridad en materia de competencia económica en dichos sectores. También se han puesto en operación tribunales especializados en la materia, para dar certeza a la inversión.

iv) Promoción de la competencia. La reforma está a favor de los usuarios y en contra de los monopolios. Por lo tanto, se fomenta la competencia efectiva, al brindar al IFT herramientas para reducir los niveles de concentración. Se permite la inversión extranjera directa en telecomunicaciones y comunicación vía satélite, hasta en 100 por ciento, así como hasta en un 49 por ciento en radiodifusión. Las radiodifusoras tienen la obligación de permitir la retransmisión gratuita y no discriminatoria de sus señales a las empresas de televisión restringida, y a su vez, tienen derecho a que sus señales sean retransmitidas de manera gratuita y no discriminatoria por las empresas de televisión restringida.

v) Establecimiento de una Política de Inclusión Digital Universal y una Estrategia Digital Nacional. El Ejecutivo Federal tiene a su cargo esta política, que contempla infraestructura, accesibilidad, conectividad, tecnologías de la información y comunicación, así como habilidades digitales. Se busca que al menos 70 por ciento de los hogares y 85 por ciento de las micro, pequeñas y medianas empresas cuenten con Internet de alta velocidad y a precios competitivos internacionalmente.

vi) Impulso a una mayor cobertura en infraestructura. Se ampliará y fortalecerá la red troncal de fibra óptica, aprovechando la red de la Comisión Federal de Electricidad, y se desplegará una red compartida móvil mayorista, utilizando

> la banda de 700 MegaHertx (MHz), que podrá utilizar la red troncal, a fin de contar con una mayor cobertura de servicios móviles, a menores precios, en beneficio de más población.

Con la reforma de telecomunicaciones se busca eliminar prácticas monopólicas y anticompetitivas que han generado ganancias extraordinarias a los agentes preponderantes en detrimento del bienestar de los mexicanos y el desarrollo del país. Con más competencia, el sector de telecomunicaciones de México tendrá mayores niveles de cobertura y mayor penetración, servicios de mejor calidad y a precios asequibles, en particular para las zonas y los sectores de la población históricamente menos favorecidos."

Ahora bien, entrando en materia, conceptualicemos el término:

Estado del arte

De acuerdo por la especialista Nancy Piedad Molina Montoya[3], refiere en su artículo: *Herramientas para investigar: ¿Qué es el estado del arte?*[4]

Refiere:

"El estado del arte es una modalidad de la investigación documental que permite el estudio del conocimiento acumulado (escrito en textos) dentro de un área específica. Sus orígenes se remontan a los años ochenta, época en la que se utilizaba como herramienta para compilar y sistematizar información especialmente el área de ciencias sociales, sin embargo, en la medida en que estos estudios se realizaron con el fin de hacer balances sobre las tendencias de investigación y como punto de partida para la toma de decisiones, el estado del arte se posicionó como una modalidad de investigación, en el área de la investigación.

---

3 Optómetra, por la Universidad de La Salle, Colombia. Especialista en Pedagogía y Docencia Universitaria. Docente Investigadora en la Facultad de Optometría, Colombia.

4 http://revistas.lasalle.edu.co/index.php/sv/article/view/1666 (Consulta: 27/octubre/2014).

Hoy en día se considera que en general, el estado del arte puede abordarse desde tres perspectivas fundamentales.

Sea cual fuere el abordaje del estado del arte, se considera que su realización implica el desarrollo de una metodología resumida en tres grandes pasos: contextualización, clasificación y categorización; los cuales son complementados por una fase adicional que permita asociar al estado del arte de manera estructural, es decir, hacer el análisis (sinónimo de investigación).

De esta manera se observa que la realización de estados del arte permite la circulación de la información, genera una demanda de conocimiento y establece comparaciones con otros conocimientos paralelos a este, ofreciendo diferentes posibilidades de comprensión del problema tratado; pues brinda más de una alternativa de estudio."

Una vez conceptualizado a continuación se presenta el Estado del Arte Normativo relativo al Derecho a la Información, Transparencia, la Protección de Datos Personales, las recientes reformas constitucionales en Telecomunicaciones (comprendidas en el ámbito de las Tecnologías de Información y Comunicaciones Electrónicas), generadas en los últimos años a nivel federal y por consecuencia nuevas leyes que las regulan.

Cabe hacer mención que en México, paulatinamente se ha incrustado en la dinámica global de la cultura occidental para acomodarse y estar mejor posicionado en el nuevo orden mundial que se caracteriza por la flexibilización de fronteras, primeramente ocurrió en la economía, después a influido en otros rubros donde la información, transparencia (cuentas públicas), la protección los datos personales de los ciudadanos (tratamiento de los datos personales), derecho al acceso a las tecnologías de información y comunicaciones electrónicas, dinamizan los procesos democráticos en las sociedades occidentales.

Dicho lo anterior el estado del arte normativo en Derecho de las Telecomunicaciones en México:

- El 20 julio de 2007, publicado en el Diario Oficial de la Federación se adiciona en el *artículo 6 de la Constitución Política de los Estados Unidos mexicanos,* a partir del segundo párrafo:

Para el ejercicio del derecho de acceso a la información, la federación, los estados y el distrito federal, en el ámbito de sus respectivas competencias, se regirán por los siguientes principios y bases:

i) Toda la información en posesión de cualquier autoridad, entidad, órgano y organismo federal, estatal y municipal, es pública y solo podrá ser reservada temporalmente por razones de interés público en los términos que fijen las leyes. En la interpretación de este derecho deberá prevalecer el principio de máxima publicidad.
ii) La información que se refiere a la vida privada y los datos personales será protegida en los términos y con las excepciones que fijen las leyes.
iii) Toda persona, sin necesidad de acreditar interés alguno o justificar su utilización, tendrá acceso gratuito a la información pública, a sus datos personales o a la rectificación de estos.
iv) Se establecerán mecanismos de acceso a la información y procedimientos de revisión expeditos. Estos procedimientos se sustanciaran ante órganos u organismos especializados e imparciales, y con autonomía operativa, de gestión y de decisión.
v) Los sujetos obligados deberán preservar sus documentos en archivos administrativos actualizados y publicaran a través de los medios electrónicos disponibles, la información completa y actualizada sobre sus indicadores de gestión y el ejercicio de los recursos públicos.
vi) Las leyes determinaran la manera en que los sujetos obligados deberán hacer pública la información relativa a los recursos públicos que entreguen a personas físicas o morales.
vii) La inobservancia a las disposiciones en materia de acceso a la información pública será sancionada en los términos que dispongan las leyes.

– Con fecha 11 de junio de 2013, se publican en el Diario Oficial de la Federación, decreto por el que se *reforman y adicionan diversas disposiciones de los artículos 6, 7, 27, 28, 73, 78, 94 y*

105 de la Constitución Política de los Estados Unidos Mexicanos, en materia de telecomunicaciones.

- Con fecha 20 de mayo de 2013, se publica en el Diario Oficial de la Federación, el *Plan de Desarrollo Nacional* 2013-2018, cabe hacer mención que existe el Eje estratégico:

México Próspero:

Estrategia 4.5.1. Impulsar el desarrollo e innovación tecnológica de las telecomunicaciones que amplíe la cobertura y accesibilidad para impulsar mejores servicios y promover la competencia, buscando la reducción de costos y la eficiencia de las comunicaciones.

Líneas de acción

- Crear una red nacional de centros comunitarios de capacitación y educación digital.
- Promover mayor oferta de los servicios de telecomunicaciones, así como la inversión privada en el sector, con el que se puedan ofrecer servicios electrónicos avanzados que mejoren el valor agregado de las actividades productivas.
- Crear un programa de banda ancha que establezca los sitios a conectar cada año, así como la estrategia para conectar a las instituciones de investigación, educación, salud y gobierno que así lo requieran, en las zonas metropolitanas que cuentan con puntos de presencia del servicio de la Red Nacional de Impulso a la Banda Ancha (Red NIBA).
- Continuar y ampliar la Campaña Nacional de Inclusión Digital.
- Crear un programa de trabajo para dar cabal cumplimiento a la política para la transición a la Televisión Digital Terrestre.
- Aumentar el uso del Internet mediante el desarrollo de nuevas redes de fibra óptica que permitan extender la cobertura a lo largo del territorio nacional.
- Promover la competencia en la televisión abierta.
- Fomentar el uso óptimo de las bandas de 700 MHz y 2.5 GHz bajo principios de acceso universal, no discriminatorio, compartido y continuo.

- Impulsar la adecuación del marco regulatorio del Servicio Postal Mexicano para fomentar su eficiencia y sinergias con otras dependencias.
- Promover participaciones público-privadas en el despliegue, en el desarrollo y en el uso eficiente de la infraestructura de conectividad en el país.
- Desarrollar e implementar un sistema espacial de alerta temprana que ayude en la prevención, mitigación y respuesta rápida a emergencias y desastres naturales.
- Desarrollar e implementar la infraestructura espacial de banda ancha, incorporando nuevas tecnologías satelitales y propiciando la construcción de capacidades nacionales para las siguientes generaciones satelitales.
- Contribuir a la modernización del transporte terrestre, aéreo y marítimo, a través de la implementación de un sistema espacial basado en tecnología satelital de navegación global.

– Con fecha 30 de agosto de 2013, se publica en el Diario Oficial de la Federación, el *Programa para un Gobierno Cercano y Moderno 2013-2018*, que entre otras estrategias, refiere:

1.4.8 Promover el uso de la información socialmente útil en gobiernos locales.	Coordinación de la estrategia	SFP
1.4.9 Involucrar a la sociedad civil en la traducción a lenguaje ciudadano de la información.	Coordinación de la estrategia	SFP
1.4.10 Difundir a la sociedad las mejoras de los trámites y servicios, así como su impacto y beneficios.	Coordinación de la estrategia	SFP

Estrategia 1.6 Fomentar la participación ciudadana a través de la innovación en el uso de las TIC y los datos abiertos.		
Líneas de acción	Tipo de línea de acción	Institución encargada del seguimiento
1.6.1 Promover el uso de datos abiertos por parte del sector social, empresarial y gubernamental en los tres órdenes de gobierno.	Coordinación de la estrategia	Oficina de la Presidencia (CEDN)

1.6.2. Impulsar la participación ciudadana mediante concursos de innovación y campañas para elevar capacidades digitales y la utilización la sociedad civil.	Coordinación de la estrategia	Oficina de la Presidencia (CEDN)
1.6.3 Fomentar plataformas de fuentes de datos abiertos que permitan la innovación por parte los ciudadanos.	Coordinación de la estrategia	Oficina de la Presidencia (CEDN)
1.6.4 Establecer mecanismos digitales de diálogo que permitan la participación ciudadana en las políticas públicas.	Coordinación de la estrategia	SEGOB/ Oficina de la Presidencia (CEDN)
1.6.5 Proveer una plataforma digital y promover su uso en la población para el análisis del impacto de la política pública.	Coordinación de la estrategia	SHCP/ Oficina de la Presidencia (CEDN)
1.6.6 Aprovechar las TIC para fomentar la participación ciudadana en el diseño, implementación y evaluación de políticas públicas.	Coordinación de la estrategia	SHCP/ Oficina de la Presidencia (CEDN)

- En el mismo sentido, en sintonía, en noviembre de 2013, el Gobierno de la República de México presenta el documento denominado: *Estrategia Digital Nacional*, en el que se menciona:

Estrategia Digital Nacional es el plan de acción que el Gobierno de la República implementará durante los próximos 5 años para fomentar la adopción y el desarrollo de las Tecnologías de la Información y la Comunicación (TIC) e insertar a México en la Sociedad de la Información y el Conocimiento. Este documento surge en el marco del *Plan Nacional de Desarrollo 2013-2018*, ya que forma parte de la estrategia transversal "Gobierno Cercano y Moderno".

La Estrategia plantea los desafíos que México enfrenta en el contexto digital y la manera en la que se les hará frente, a través de cinco grandes objetivos: 1) Transformación Gubernamental, 2) Economía Digital, 3) Educación de Calidad, 4) Salud Universal y Efectiva, y 5) Seguridad Ciudadana.

El propósito fundamental de la Estrategia es lograr un México Digital en el que la adopción y uso de las TIC maximicen su impacto económico, social y político en beneficio de la calidad de vida de las personas. La evidencia empírica ha mostrado que la digitalización –entendida como el concepto que describe las transformaciones sociales, económicas y políticas asociadas con la adopción masiva de las TIC– impacta el crecimiento del Producto Interno Bruto.

La creación de empleos, la productividad, la innovación, la calidad de vida de la población, la igualdad, la transparencia y la eficiencia en la provisión de servicios públicos. La Estrategia surge como respuesta a la necesidad de aprovechar las oportunidades que la adopción y el desarrollo de las TIC crean para potenciar el crecimiento del país.

De acuerdo con el índice de digitalización establecido en el *Programa para un Gobierno Cercano y Moderno*, publicado en el *Diario Oficial de la Federación* el 30 de agosto de 2013, México se encuentra en la última posición en digitalización entre los países de la OCDE, y en la quinta posición en América Latina, con un valor de 37.05 puntos para el año 2011. A partir de tal escenario, se establece el objetivo de la Estrategia Digital Nacional.

El México Digital que vislumbra esta Estrategia tiene un objetivo doble. Por un lado, se plantea como meta que México alcance en el índice de digitalización, establecido en el Programa para un Gobierno Cercano y Moderno, el promedio de los países de la OCDE para el año 2018. Paralelamente se plantea que México alcance los indicadores del país líder de América Latina (actualmente, Chile) para el año 2018.

Para lograr esta meta, y cada uno de los cinco objetivos de la Estrategia Digital Nacional, se plantean cinco habilitadores clave que son las siguientes herramientas transversales: 1) Conectividad, 2) Inclusión y Habilidades Digitales, 3) Interoperabilidad, 4) Marco Jurídico y 5) Datos Abiertos.

A diferencia de las agendas digitales preparadas anteriormente para México, la Estrategia Digital Nacional representa un cambio fundamental en el direccionamiento hacia una Sociedad de la Información y el Conocimiento. En primer lugar, es el producto de una coordinación y colaboración transversal de todas las dependencias e instituciones que componen el Estado Mexicano. Esta colaboración ha sido posible gracias a que, por primera vez, existe un ente coordinador dentro del Gobierno de la República, la Coordinación de Estrategia Digital Nacional de la Presidencia de la República.

En segundo lugar, al responder a un compromiso de la Presidencia de la República, plantea que su ejecución es responsabilidad de la máxima autoridad del país. La Estrategia Digital Nacional contempla detalladamente los cinco grandes objetivos, así como los objetivos secundarios y habilitadores necesarios para transitar a un México Digital, y se convertirá en el documento de referencia para todas las políticas públicas que implemente el Gobierno de la República para promover la digitalización en México.

Cabe destacar que para otorgar el carácter de obligatorio a las líneas de acción de la Estrategia, el 30 de agosto del presente, se publicó el *Programa para un Gobierno Cercano y Moderno 2013-2018* en el cual se establece en el *"Objetivo 5: Establecer una Estrategia Digital Nacional que acelere la inserción de México en la Sociedad de la Información y del Conocimiento"*.

La Estrategia Digital Nacional se compone, en primer lugar, de una introducción en la que se responde a los cuestionamientos sobre dónde estamos y hacia dónde vamos en materia de digitalización. En este apartado, se señalan los objetivos que la Estrategia traza para el país, en conjunto con los cinco habilitadores que constituyen el marco estructural del documento.

En la siguiente sección –el cuerpo de la Estrategia– se detalla los objetivos secundarios y líneas de acción específicas que integran cada uno de los objetivos y habilitadores, es decir, se plasman las directrices de política pública que la Estrategia establece. Finalmente, se determina la relación de las líneas de acción de la Estrategia Digital Nacional con el *Plan Nacional de Desarrollo 2013- 2018*.

La adopción y el uso de las Tecnologías de la Información y la Comunicación (TIC) se han incrementado en gran parte de las sociedades contemporáneas. La incorporación de las TIC a la vida cotidiana fue lenta en un inicio, debido a los altos costos y a la poca penetración de las redes. Sin embargo, conforme las tecnologías han mejorado y reducido sus costos, se ha propagado su uso a nivel mundial.

La adopción global de la telefonía móvil, así como el rápido crecimiento de la banda ancha, han promovido que el flujo de ideas y de mercancías se dé en un entorno global. Las TIC modificaron la manera en la que la gente se informa, comunica, divierte, hace negocios, trabaja y estudia, y en consecuencia, se han convertido en el elemento que ha contribuido al desarrollo de las sociedades que han sabido incorporarlas y aprovecharlas en sus actividades cotidianas.

Partiendo de tal escenario, el Gobierno de la República reconoce la importancia del uso y adopción de las TIC para promover el desarrollo de México. Un primer paso en este sentido se dio en junio de 2013 cuando se publicó la Reforma Constitucional en Materia de Telecomunicaciones, orientada a crear mayor competencia económica en el sector, al desarrollo de infraestructura y a garantizar el acceso equitativo a las telecomunicaciones. Ahora, es prioritario definir una serie de políticas públicas que estimulen la adopción y maximicen el uso de las TIC, para que de esta forma la digitalización contribuya al desarrollo del país.

- Asimismo, el Gobierno de la República Mexicana, crea el Proyecto: *México Conectado*, que contribuye a garantizar el derecho constitucional de acceso al servicio de Internet de banda ancha (artículo 6° constitucional).

Para lograr dicho objetivo, *México Conectado* promueve el despliegue de redes de telecomunicaciones que proveen conectividad en los sitios y espacios públicos tales como escuelas, centros de salud, bibliotecas, centros comunitarios o parques, en los tres ámbitos de gobierno: federal, estatal y municipal.

A través del proyecto *México Conectado* cada vez más estudiantes y maestros tendrán acceso a la banda ancha en su escuela o universidad; cada vez más médicos y funcionarios de salud contarán con conectividad en su clínica o centro de salud, y cada vez más ciudadanos contarán con algún sitio o espacio público, tales como bibliotecas o centros comunitarios, en los cuales tengan acceso al servicio de Internet.

Acceso universal a internet

Nuestra Constitución establece que es derecho de todos los mexicanos contar con acceso a "los servicios de radiodifusión y telecomunicaciones, incluido el de banda ancha e Internet" (Artículo 6° Constitucional).

Con fecha 08 de mayo de 2014, se publica en el Diario Oficial de la Federación, Acuerdo que tiene por objeto emitir las Políticas y Disposiciones para la Estrategia Digital Nacional, en Materia de

Tecnologías de la Información y Comunicaciones, y en la de Seguridad de la Información, así como establecer el Manual Administrativo de aplicación general en dichas materias.

Que de acuerdo a los primeros arábigos, menciona sus atribuciones y funciones:

Artículo 1.- El presente Acuerdo tiene por objeto emitir políticas y disposiciones para la Estrategia Digital Nacional, en materia de tecnologías de la información y comunicaciones, y en la de seguridad de la información, así como establecer el Manual Administrativo de Aplicación General en dichas materias, contenido en su Anexo Único, que serán de observancia obligatoria en la Administración Pública Federal y en la Procuraduría General de la República.

Las Secretarías de la Defensa Nacional y de Marina, así como el Comisionado Nacional de Seguridad, las unidades administrativas y órganos administrativos desconcentrados adscritos a éste, y el Centro, en atención a las atribuciones a su cargo, estarán exceptuadas de la aplicación de lo dispuesto en el presente Acuerdo y su Anexo Único cuando ello pueda vulnerar su operación.

- Con fecha 14 de julio de 2014, se publicó en el Diario Oficial de la Federación, el Reglamento de la Ley Federal de la Ley Federal de Telecomunicaciones y Radiodifusión, y la Ley del Sistema Público de Radiodifusión del Estado Mexicano; y se reforman, adicionan y derogan diversas disposiciones en materia de telecomunicaciones y radiodifusión, menciona en sus atribuciones:

Artículo 1. La presente Ley es de orden público y tiene por objeto regular el uso, aprovechamiento y explotación del espectro radioeléctrico, las redes públicas de telecomunicaciones, el acceso a la infraestructura activa y pasiva, los recursos orbitales, la comunicación vía satélite, la prestación de los servicios públicos de interés general de telecomunicaciones y radiodifusión, y la convergencia entre éstos, los derechos de los usuarios y las audiencias, y el proceso de competencia y libre concurrencia en estos sectores, para que contribuyan a los fines y al ejercicio de los derechos establecidos en los artículos 6o., 7o., 27 y 28 de la Constitución Política de los Estados Unidos Mexicanos.

Artículo 7. El Instituto es un órgano público autónomo, independiente en sus decisiones y funcionamiento, con personalidad jurídica y patrimonio propios, que tiene por objeto regular y promover la competencia y el desarrollo eficiente de las telecomunicaciones y la radiodifusión en el ámbito de las atribuciones que le confieren la Constitución y en los términos que fijan esta Ley y demás disposiciones legales aplicables.

El Instituto tiene a su cargo la regulación, promoción y supervisión del uso, aprovechamiento y explotación del espectro radioeléctrico, los recursos orbitales, los servicios satelitales, las redes públicas de telecomunicaciones y la prestación de los servicios de radiodifusión y de telecomunicaciones, así como del acceso a la infraestructura activa y pasiva y otros insumos esenciales, sin perjuicio de las atribuciones que corresponden a otras autoridades en los términos de la legislación correspondiente.

Asimismo, el Instituto es la autoridad en materia de competencia económica de los sectores de radiodifusión y telecomunicaciones, por lo que en éstos ejercerá en forma exclusiva las facultades que establecen el artículo 28 de la Constitución, esta Ley y la Ley Federal de Competencia Económica.

El Instituto es la autoridad en materia de lineamientos técnicos relativos a la infraestructura y los equipos que se conecten a las redes de telecomunicaciones, así como en materia de homologación y evaluación de la conformidad de dicha infraestructura y equipos.

Los funcionarios del Instituto deberán guiarse por los principios de autonomía, legalidad, objetividad, imparcialidad, certeza, eficiencia, eficacia, transparencia y rendición de cuentas. Desempeñarán su función con autonomía y probidad.

El Instituto podrá establecer delegaciones y oficinas de representación en la República Mexicana.

II. LEY DEL SISTEMA PÚBLICO DE RADIODIFUSIÓN DEL ESTADO MEXICANO

Artículo 1. Se crea el organismo público descentralizado de la Administración Pública Federal, no sectorizado, denominado Sistema Público de Radiodifusión del Estado Mexicano, dotado de personalidad jurídica y patrimonio propio, así como de autonomía técnica, operativa, de decisión y de gestión que tiene por objeto proveer el servicio de radiodifusión sin fines de lucro, a efecto de asegurar el acceso al mayor número de personas en cada una de las entidades federativas a contenidos que promuevan la integración nacional, la formación educativa, cultural y cívica, la igualdad entre mujeres y hombres, la difusión de información imparcial, objetiva, oportuna y veraz del acontecer nacional e internacional, independencia editorial y dar espacio a las obras de producción independiente, así como a la expresión de la diversidad y pluralidad de ideas y opiniones que fortalezcan la vida democrática de la sociedad. El Sistema Público de Radiodifusión del Estado Mexicano deberá contar con las concesiones necesarias y cumplir con lo dispuesto en esta Ley y las demás disposiciones normativas aplicables.

– - Con fecha 04 de septiembre de 2014, se publicó en el Diario Oficial de la Federación, el Estatuto Orgánico del Instituto Federal de Telecomunicaciones, que menciona en sus atribuciones:

Artículo 1. El Instituto Federal de Telecomunicaciones es un órgano público autónomo, independiente en sus decisiones y funcionamiento, con personalidad jurídica y patrimonio propio, que tiene por objeto regular y promover la competencia y el desarrollo eficiente de las telecomunicaciones y la radiodifusión en el ámbito de las atribuciones que le confieren la Constitución Política de los Estados Unidos Mexicanos y en los términos que fijan la Ley Federal de Telecomunicaciones y Radiodifusión y demás disposiciones aplicables.

El Instituto tiene a su cargo la regulación, promoción y supervisión del uso, aprovechamiento y explotación del espectro radioeléctrico, los recursos orbitales, los servicios satelitales, las redes de telecomunicaciones, incluyendo las redes públicas de telecomunicaciones, y la prestación de los servicios públicos de interés general de radiodifusión y de telecomunicaciones, así como del acceso a la infraestructura activa y pasiva y otros insumos esenciales, garantizando lo establecido en los artículos 6o. y 7o. de la Constitución Política de los Estados Unidos Mexicanos.

Asimismo, el Instituto Federal de Telecomunicaciones es la autoridad en materia de competencia económica de los sectores de radiodifusión y telecomunicaciones, por lo que en éstos ejercerá en forma exclusiva las facultades que el artículo 28 de la Constitución Política de los Estados Unidos Mexicanos, la Ley Federal de Competencia Económica y demás disposiciones legales aplicables establecen para la Comisión Federal de Competencia Económica.

El Instituto también es la autoridad en materia de lineamientos técnicos relativos a la infraestructura y los equipos que se conectan a las redes de telecomunicaciones, así como en materia de homologación y evaluación de la conformidad de dicha infraestructura y equipos.

El domicilio del Instituto será en la Ciudad de México, Distrito Federal.

- Con fecha 20 de febrero de 2015, se publicó en el Diario Oficial de la Federación, el DECRETO por el que se establece la regulación en materia de Datos abiertos.

III. CONSIDERANDO

Que el Decreto por el que se reforman y adicionan diversas disposiciones de los artículos 6o., 7o., 27, 28, 73, 78, 94 y 105 de la Constitución Política de los Estados Unidos Mexicanos, en materia de telecomunicaciones, publicado en el Diario Oficial de la Federación el 11 de junio del 2013, establece en su artículo Décimo Cuarto transitorio que el Ejecutivo Federal tendrá a su cargo la política de inclusión digital universal, en la que se preverán los objetivos y metas en materia de infraestructura, accesibilidad y conectividad, tecnologías de la información y comunicación, y habilidades digitales, así como los programas de gobierno digital, gobierno y de datos abiertos;

Que la Constitución Política de los Estados Unidos Mexicanos prevé, en su artículo 6o., el derecho de libre acceso a información plural y oportuna; así como el acceso a las tecnologías de la información y comunicación; el principio de máxima publicidad; la protección de los datos personales, y el acceso gratuito a la información pública sin necesidad de acreditar interés alguno o justificar su utilización;

Que mediante el Decreto publicado en el Diario Oficial de la Federación el 20 de mayo de 2013, se aprobó el Plan Nacional de Desarrollo 2013-2018, el cual contiene los objetivos, estrategias, indicadores y metas que regirán la actuación de la presente Administración Pública Federal;

Que el Plan Nacional de Desarrollo 2013-2018, prevé como una de sus estrategias transversales la de "Gobierno Cercano y Moderno", la cual señala como una de sus líneas de acción la de establecer una Estrategia Digital Nacional para fomentar la adopción y el desarrollo de las tecnologías de la información y comunicación, e impulsar un gobierno eficaz que inserte a México en la Sociedad del Conocimiento;

Que mediante Decreto publicado en el Diario Oficial de la Federación el 30 de agosto de 2013, se emitió el Programa para un Gobierno Cercano y Moderno 2013-2018, que señala como una de sus estrategias la de fomentar la participación ciudadana a través de la innovación en el uso de las tecnologías de la información y comunicación, así como la de datos abiertos, entendidos éstos como los datos digitales de carácter público, accesibles, reutilizables, liberados sin exigir permisos específicos;

Que la Estrategia Digital Nacional, presentada por el Ejecutivo Federal el 25 de noviembre de 2013, contempla la promoción y uso de datos abiertos por parte de los sectores social, empresarial y gubernamental en los tres órdenes de gobierno; la participación ciudadana mediante concursos de innovación y campañas para elevar capacidades digitales; el fomento de plataformas de fuentes de datos abiertos que permitan la innovación por parte de la población; el establecimiento de mecanismos digitales de diálogo; la promoción del uso de plataformas digitales en la población para el análisis del impacto de la política pública, y el aprovechamiento de las tecnologías de la información y comunicación para fomentar la participación ciudadana en el diseño, implementación y evaluación de políticas públicas;

Que mediante Acuerdo publicado en el Diario Oficial de la Federación el 9 de diciembre de 2005, se creó en forma permanente la Comisión Intersecretarial para el Desarrollo del Gobierno Electrónico, la cual establece que la propia Comisión puede crear subcomisiones con la finalidad de que exista una adecuada coordinación entre las dependencias y, en su caso, las entidades, de ahí que el 12 de marzo de 2013, aprobó la creación de la Subcomisión de Datos Abiertos con el propósito de promover el desarrollo, instrumentación y operación del esquema de interoperabilidad de datos abiertos;

Que la Ley Federal de Transparencia y Acceso a la Información Pública Gubernamental tiene como objeto garantizar el acceso de toda persona a la información en posesión de los Poderes de la Unión, los órganos constitucionales autónomos o con autonomía legal y cualquier otra entidad federal, así como establecer las responsabilidades y procedimientos que los sujetos obligados deberán asumir en relación con el derecho de acceso a la información, transparencia, rendición de cuentas, la privacidad y protección de datos personales;

Que la producción y puesta a disposición de datos abiertos por parte de la Administración Pública Federal debe ser acorde con la protección de datos personales y con la salvaguarda de la información reservada y confidencial, en términos de las disposiciones jurídicas aplicables;

Que la Ley Federal de Archivos tiene dentro de su objeto asegurar el acceso oportuno a la información contenida en los archivos y con ello la rendición de cuentas, mediante la adecuada administración y custodia de los archivos que contienen información pública gubernamental, así como regular la organización y conservación de los archivos en posesión de los Poderes de la Unión, a fin de que éstos permitan la publicación en medios electrónicos de la información que por su contenido tenga un alto valor para la sociedad;

Que el Decreto por el que se reforman y adicionan las diversas disposiciones de la Ley de Ciencia y Tecnología, de la Ley General de Educación y de la Ley Orgánica del Consejo Nacional de Ciencia y Tecnología, publicado en el Diario Oficial de la Federación el 20 de mayo de 2014, tiene por objeto promover el desarrollo, la vinculación y diseminación de la investigación científica que se derive de las actividades de investigación básica y aplicada, el desarrollo tecnológico de calidad y la innovación, asociados a la actualización y mejoramiento de la calidad de la educación y la expansión de las fronteras del conocimiento apoyándose en las nuevas tecnologías de la información y, en su caso, mediante el uso de plataformas de acceso abierto y en pleno respeto de los derechos de autor;

Que los datos abiertos del gobierno federal constituyen un activo usable y reutilizable por cualquier sector de la sociedad, que contribuye a impulsar el crecimiento económico, fortalecer la competitividad y promover la innovación, incrementar la transparencia y rendición de cuentas, fomentar la participación ciudadana, así como detonar una mayor eficiencia gubernamental y mejora de los servicios públicos, en apoyo a los objetivos de desarrollo, de buen gobierno y de generación de conocimiento, y

Que el modelo de datos abiertos impulsado por el Gobierno Federal, se ha desarrollado de acuerdo con las mejores prácticas internacionales, lo que facilitará la publicación de dichos datos por parte de las dependencias y entidades de la Administración Pública Federal, así como de las empresas productivas del Estado he tenido a bien expedir el siguiente:

DECRETO

ARTÍCULO SEGUNDO.- Para los efectos del presente Decreto, se entenderá por:

I. Catálogo de Datos Abiertos: el inventario único de los conjuntos de datos puestos a disposición de la población, en el portal de internet www.datos.gob.mx, por las dependencias y entidades de la Administración Pública Federal, así como por las empresas productivas del Estado;

II. Conjunto de Datos: la serie de datos estructurados, vinculados entre sí y agrupados dentro de una misma unidad temática y física, de forma que puedan ser procesados apropiadamente para obtener información;

III. Coordinación: la Coordinación de Estrategia Digital Nacional de la Oficina de la Presidencia de la República;

IV. Datos: el registro informativo simbólico, cuantitativo o cualitativo, generado u obtenido por las dependencias y entidades de la Administración Pública Federal, así como por las empresas productivas del Estado;

V. Datos abiertos: los datos digitales de carácter público que son accesibles en línea, y pueden ser usados, reutilizados y redistribuidos, por cualquier interesado;

VI. Dependencias: las secretarías de Estado y sus órganos administrativos desconcentrados, así como la Consejería Jurídica del Ejecutivo Federal, las unidades administrativas de la Oficina de la Presidencia de la República y los órganos reguladores coordinados en materia energética;

VII. Empresas productivas del Estado: La Comisión Federal de Electricidad y Petróleos Mexicanos, conforme a la naturaleza que les otorga las leyes respectivas;

VIII. Entidades: Los organismos públicos descentralizados, empresas de participación estatal mayoritaria, instituciones nacionales de seguros y fianzas, así como los fideicomisos públicos y las entidades que formen parte del sistema financiero que tengan el carácter de entidad paraestatal, en términos de la Ley Orgánica de la Administración Pública Federal y de la Ley Federal de las Entidades Paraestatales;

IX. Formato Abierto: el conjunto de características técnicas y de presentación que corresponden a la estructura lógica usada para almacenar datos en un archivo digital, cuyas especificaciones técnicas están disponibles públicamente, que no suponen una dificultad de acceso y que su aplicación y reproducción no estén condicionadas a contraprestación alguna;

X. Fuente de origen: la dependencia, entidad o las empresas productivas del Estado que, en el ámbito de sus competencias, genera y resguarda los datos;

XI. Metadatos: los datos estructurados y actualizados que describen el contexto y las características de contenido, captura, procesamiento, calidad, condición, acceso y distribución de un conjunto de datos, que sirven para facilitar su búsqueda, identificación y uso.

- Con fecha 17 de febrero de 2015, se publicó en el Diario Oficial de la Federación, los LINEAMIENTOS Generales para el acceso a la Multiprogramación, del Instituto Federal de Telecomunicaciones.

Artículo 1.- Los presentes Lineamientos tienen por objeto regular la autorización para el acceso a la Multiprogramación, sus condiciones integrales de funcionamiento conforme a los principios de competencia y Calidad Técnica, garantizando el derecho a la información y atendiendo de manera particular la concentración nacional y regional de frecuencias.

Así las cosas y una vez presentado de manera general el estado del arte normativo del Derecho de las Telecomunicaciones, que, huelga decir es un nuevo derecho que se eleva a rango constitucional como consecuencia de las recientes reformas por parte de un gran esfuerzo legislativo por parte del Congreso de la Unión y administrativo público, por conducto de la Presidencia de la República, se realizan las siguientes;

CONCLUSIONES

1. De las recientes reformas constitucionales, cabe hacer mención que algunos rubros se interrelacionan entre sí, como: el derecho a la información, transparencia, protección de datos personales y telecomunicaciones, aunado a la reciente promulgación de la Ley Federal de de Telecomunicaciones y Radiodifusión y de la Ley del Sistema Público de Radiodifusión del Estado mexicano; estos nuevos instrumentos jurídicos traen por consecuencia la regulación del rubro de las Tecnologías de Información y Comunicaciones Electrónicas (TICE).
2. Con estas nuevas reformas constitucionales y de nuevos instrumentos legales, se pretende fortalecer la infraestructura (telemática y *hardware*), para brindar mejores condiciones de banda ancha en internet.
3. Cabe hacer mención que a través de la Secretaría de Comunicaciones y Transportes, de la Coordinación de la Sociedad de la Información, el gobierno federal opera el Programa "México

Conectado". A su vez, se respalda a través de la Universidad de Guadalajara, quien es a su vez, como la instancia coordinadora nacional del mencionado programa.

4. Con el programa mencionado, el gobierno federal tiene entre otras metas, la instalación de doscientos cincuenta mil puntos de acceso libre y público a internet en escuelas, hospitales, parques y otros espacios públicos en todo el país durante su administración y así hacer efectivo el derecho de acceso a internet, mismo que se ha consagrado como derecho humano al incorporarse recientemente al artículo 6º de la Constitución Política de los Estados Unidos Mexicanos.
5. Otra de las consecuencias de estas reformas constitucionales y de los nuevos instrumentos jurídicos en las materias de transparencia y telecomunicaciones a corto plazo, es la creación de dos nuevas cadenas de televisión de cobertura nacional con canales abiertos, sumándose así a las dos existentes.
6. Con ello, se pretende terminar con el actual duopolio existente por empresarios que tienen cercada esta parte de los medios masivos de comunicación y de alguna manera manipulan la información y otras más fungen como pseudo jueces, induciendo a la opinión pública.
7. Decir que al momento se encuentran las condiciones para que los tres niveles de gobierno: federal, estatal y municipal; al igual que los tres poderes que conforman al Estado Mexicano: legislativo, ejecutivo y judicial; hagan lo correspondiente a migrar paulatinamente para que la administración pública más flexibles y transite así al nuevo modelo que se está gestando en diferentes países del mundo democrático, los denominados *Gobiernos Abiertos*.
8. En paralelo a su vez, el gobierno federal debe promover una mejora de calidad de vida de los mexicanos, incrementando mejores servicios (*Software*) que eficiente la burocracia. Impulsar la Sociedad de la Información: fomentando el derecho a la información. A la Sociedad del Conocimiento: fomentando el derecho a internet y combatir así el denominado: *Analfabetismo Digital*.

9. Por tanto, se debe a su vez, incentivar un tercer elemento además del *Software* y el *Hardware*, también hacer mención del *Humanware*, aspecto importante en el Derecho de las Telecomunicaciones para hacerlo posible: el elemento humano.

Al tiempo...

FUENTES INFORMATIVAS ELECTRÓNICAS (ÚLTIMA CONSULTA: 27/ABRIL/2015)

Suprema Corte de Justicia de la Nación.

http://www.scjn.gob.mx/Paginas/Inicio.aspx

Diario Oficial de la Federación

http://www.dof.gob.mx/

DECRETO por el que se reforman y adicionan diversas disposiciones de los artículos 6o., 7o., 27, 28, 73, 78, 94 y 105 de la Constitución Política de los Estados Unidos Mexicanos, en materia de telecomunicaciones. http://www.dof.gob.mx/nota_detalle.php?codigo=5301941&fecha=11/06/2013

Plan Nacional de Desarrollo 2013-2018 http://dof.gob.mx/nota_detalle.php?codigo=5299465&fecha=20/05/2013

Programa para un Gobierno Cercano y Moderno 2013-2018 http://dof.gob.mx/nota_detalle.php?codigo=5312420&fecha=30/08/2013

Estrategia Digital Nacional http://cdn.mexicodigital.gob.mx/EstrategiaDigital.pdf

Mexico Conectado http://www.mexicoconectado.gob.mx/

Gobierno de la República Mexicana http://reformas.gob.mx/reforma-en-materia-de-telecomunicaciones/que-es

Artículo: *Herramientas para investigar: ¿Qué es el estado del arte?* Autora: Nancy Piedad Molina Montoya. http://revistas.lasalle.edu.co/index.php/sv/article/view/1666

LOS DERECHOS HUMANOS EN EL CONTEXTO DE LA PROPIEDAD INDUSTRIAL

DR. JOSÉ GUILLERMO GARCÍA MURILLO[1]

PALABRAS CLAVE.

Indicaciones. Geográficas. Propiedad. Denominaciones.

Resumen.

Los derechos humanos universales están a menudo contemplados en la ley y garantizados por ella, a través de los tratados, el derecho internacional consuetudinario, los principios generales y otras fuentes del derecho internacional. En el marco de los derechos humanos se establecen políticas públicas para determinar las obligaciones que tienen los gobiernos para actuar con acciones que garanticen el máximo de bienestar de la población y la dignidad de todos los individuos.

El Estado es también un sujeto coadyuvante en la efectividad del derecho al desarrollo promoviendo, fomentando condiciones políticas, jurídicas, económicas sociales y culturales que permitan a todo ser humano el desarrollo pleno de sus capacidades y facultades, la propiedad industrial y el signo distintivo de la indicación geográfica evoca el desarrollo de los pueblos y sus productos: extraídos, producidos, cultivados o elaborados con cualidades o características del medio geográfico.

I. INTRODUCCIÓN.

El presente artículo es un trabajo concerniente a la importancia de la aplicación de los derechos humanos en el ámbito del derecho a la propiedad industrial; en este caso destacamos que la ley de propiedad

---

[1] José Guillermo García Murillo. Abogado, Maestro Doctor y en Derecho por la Universidad Nacional Autónoma de México, Profesor e Investigador Titilar C", adscrito al Departamento de Derecho Social y Disciplinas Sobre el Derecho, División de Estudios Jurídicos, CUCSH, UDG, responsable del Cuerpo Académico UDG-1115 Desafíos de la Propiedad Intelectual, Profesor PRODEP.

industrial tuvo importantes reformas en el mes de noviembre del año 2021, sobresaliendo el tema concerniente a la incorporación dentro de los signos distintivos de las denominadas Indicaciones Geográficas (IG), la cual representa una apuesta al derecho económico y desarrollo de los pueblos.

El propósito fundamental esta en focalizar cuales son los instrumentos y mecanismos nacionales e internacionales para proteger la propiedad industrial en base al derecho humano establecido en el artículo 17 de la Declaración Universal de los Derechos Humanos y en Tratados Internacionales, así como en los artículos 3, 4, 5 y 15 del Pacto Internacional de Derechos Económicos, Sociales y Culturales del cual México es miembro, por lo tanto fue ratificado y adoptado en nuestra Constitución tanto en el artículo 1° como en el 133 a fin de que se garantice este tipo de propiedad y sean protegidos.

Adicionalmente México ha firmado y ratificado numerosos acuerdos y tratados internacionales en los que se ha comprometido a dar un tratamiento de protección derivados de la propiedad industrial.

1. Los derechos humanos como una manifestación plena del desarrollo económico.

El derecho económico tiene como definición la forma jurídica o naturaleza patrimonial en la que actúan los factores de producción, distribución, circulación y consumo de los bienes y servicios, mediante el cual se entrelazan personas jurídicas estatales y privadas, con el propósito de competir en los distintos mercados bajo una planeación apegada al orden económico. Lo que caracteriza al derecho económico, es su carácter humanista; dinámico; complejo; nacional e internacional; concreto; multidisciplinario e interdisciplinario; posee un enfoque micro y macro económico, y es instrumento para el cambio social. (Witker, 1999)

De esta manera, el derecho económico se sustenta en normas y principios que tienen por objeto la realización, disciplina y control de las actividades económicas del estado y de emprendimientos privados en lo que concierne a la producción, distribución y consumo de los bienes y servicios que generan riqueza en el ámbito internacional. Se trata entonces, de instrumentar una política pública tendiente a encontrar soluciones en el aspecto práctico normativo para organizar la economía macro jurídica a nivel regional; asignar al estado un poder regulador eficiente; fomentar los mecanismos de mercado; conciliando intereses generales con los privados nacionales o extranjeros; sancionando las prácticas desleales o monopólicas, todo ello a fin de facilitar y estimular la actividad económica.

En la época contemporánea, los derechos humanos se asocian a las buenas prácticas del gobierno y de la sociedad civil como condición de estabilización, gobernabilidad y convivencia social, a fin de mantener la cultura de paz en el marco idóneo para resolver problemas de pobreza y marginación, puesto que, no basta que los derechos humanos se protejan, sino que deben de promoverse en términos de facultades y prerrogativas reconocidas por la ley. Si bien es cierto, que éstos conceptos pudieran tener variables antagónicas y parecer demasiado difusas, precisamente es la importancia de que se materialicen, tal como lo señala el artículo 3° de la Constitución, cuando determina que la democracia consiste en el desarrollo cultural y económico del pueblo.

La Comisión Nacional de los Derechos Humanos adopta el siguiente concepto sobre los mismos: Los Derechos Humanos son el conjunto de prerrogativas inherentes a la naturaleza de la persona, cuya realización efectiva resulta indispensable para el desarrollo integral del individuo que vive en una sociedad jurídicamente organizada. Estos derechos, establecidos en la Constitución y en las leyes, deben ser reconocidos y garantizados por el Estado.

En virtud de lo anterior la economía y el derecho mantienen una unión estrecha procurando el constante mejoramiento integral y el equilibrio de los sectores de la población para alentar el desarrollo económico, ofreciendo servicios eficientes y satisfactorios, optimizando los recursos públicos y privados: el derecho al desarrollo, se entiende entonces como una modificación para mejorar los niveles de vida de una sociedad, es un movimiento hacia el progreso en el orden económico, social, intelectual, humanitario, en síntesis, el derecho al desarrollo tiene como característica ser un derecho humano de carácter holístico en el propósito en que todas las personas puedan acrecentar al máximo sus posibilidades en el orden económico, social, cultural y político.

El artículo 25 de la Constitución, garantiza que el *desarrollo* económico del país sea *integral* y que fortalezca la soberanía de la nación y su régimen democrático para permitir el ejercicio pleno de la libertad y la dignidad de los individuos, grupos y clases sociales, cuya seguridad protege la Constitución. Que sea integral indica, por una parte, que abarque aspectos no sólo económicos sino también sociales y culturales; y, por otra parte, que debe entenderse este concepto como una totalidad, pues el desarrollo debe alcanzar a todas las clases sociales.

El desarrollo debe ser entonces un proceso integral donde se desenvuelvan plenamente todas las potencialidades de la persona humana, por lo tanto, queda implícita la realización de todos los derechos humanos. El propósito es promover el bienestar, el progreso humano en función del bien común, mejorando los niveles de vida, el pleno empleo, las condiciones de progreso, desarrollo en el orden que hemos reiterado; económico y social. En esa posibilidad de que en un marco de libertad todas las personas puedan acrecentar al máximo sus posibilidades y contribuir al progreso del País; al reconocer las disparidades del desarrollo y subdesarrollo de las zonas regionales de nuestro País, es importante que la planeación del estado mantenga el sentido ético y de deber al principio de solidad humana, para armonizar los procesos y niveles de desarrollo; todos los seres humanos tienen la aspiración de superarse y de buscar su bienestar económico en igualdad de oportunidades, tal y como lo señala la Organización Internacional del Trabajo en su Declaración de 1994 en el sentido de establecer la solidaridad internacional para apoyar a los estados emergentes a fin de acabar con los desequilibrios económicos que tanto lacera la dignidad humana. Se trata de fortalecer los derechos en el sentido de la igualdad. En este punto axiológico, el hombre y la mujer le exigen al Estado que cumpla con ciertas obligaciones de dar y hacer. Para realizarse en el mundo, el ser humano necesita la ayuda de la sociedad, a través de sus gobernantes, a fin de obtener los medios para la satisfacción de sus necesidades de acuerdo al "pacto internacional de derechos económicos, sociales y culturales de la ONU".

El derecho al desarrollo fue proclamado el 11 de diciembre de 1969, por la Asamblea General de las Naciones Unidas, mediante la Resolución 2542 en la que se reconoce la dignidad de los seres humanos, su igualdad y su derecho a gozar de todos los derecho humanos, haciendo énfasis en el derecho a la participación y trabajo; destacando el derecho a la alimentación, salud, a la educación, vivienda digna, a la seguridad social, la especial protección de las mujeres, los niños y en general de los grupos desaventajados o vulnerables, la eliminación de la discriminación, el desarrollo social y económico, los intereses de los países por tener una estrategia internacional para el desarrollo.

La aspiración del concierto de las naciones es establecer un nuevo orden económico internacional encaminado a alcanzar la cooperación económica y resolviendo problemas como aspectos de comercio internacional, sistema monetario, financiamiento del crecimiento económico de los países en vías de desarrollo, mediante Resolución 41/128, de la Asamblea de las Naciones Unidas, se estableció que el desarrollo es un proceso global, económico, social, cultural y político que tiende al mejoramiento constante del beneficio a la población y de los individuos sobre la base de su participación activa, libre y significativa en el desarrollo y la discusión justa de los beneficios que de él se deriva, por lo tanto, el derecho al desarrollo es de carácter universal y debe de considerar al ser humano como participante beneficiario de este derecho.

Fomentando la paz y la seguridad internacional como ejes transversales para hacer efectivas medidas de desarme y enfocándolas al desarrollo global de los países en desarrollo. Existe una corriente epistemológica y un consenso político de que los Estados miembros deben cooperar para lograr un mayor bienestar de los pueblos en general y de los individuos en lo particular. México ha sido unos de los países que ha ratificado los pactos internacionales de los derechos humanos, particularmente el Pacto internacional de los Derechos Económicos, Sociales y Culturales y el Pacto Internacional de los Derechos Civiles y Políticos; textos normativos estrechamente vinculados con el derecho al desarrollo, por lo tanto, el Estado Mexicano de acuerdo al artículo 133 de la Constitución está obligado a respetar el Principio de Convencionalidad y por lo tanto, a proteger el derecho humano a disfrutar condiciones de vida atendiendo a las necesidades económicas, sociales y culturales de las personas. Sin omitir que el Estado debe promover el Principio de Progresividad, por lo que resulta imperante que haya coherencia en el Plan Nacional de Desarrollo, a fin de que las políticas públicas fomenten actividades que propicien, alienten y protejan las actividades del sector privado en la dinámica de impulsar la economía mediante productos que sean identificados por sus procesos de calidad e identidad regional, beneficiando a todos los participantes en la articulación productiva, pero sobre todo a los consumidores en su derecho humano para tener productos de calidad al mejor costo.

2. *La propiedad industrial como política pública para impulsar el derecho humano al desarrollo económico.*

El mundo actual entiende al desarrollo como una modificación constante para mejorar, nos brinda una idea de movimiento hacia el progreso, considerando al desarrollo como una ley constante de la historia, casi como una necesidad donde se desenvuelvan plenamente todas las potencialidades de la persona humana, por lo tanto, queda implícita la realización de todos sus derechos humanos.

De igual forma el mundo se ha vuelto altamente competitivo, lo que también ha permitido que las fronteras, las barreras y los obstáculos se vayan convirtiendo en cosa del pasado; hoy en día, el comercio es una asignatura asociada a la modernidad; los nacionalismos en un

mundo globalizado se han ido adecuando a la imperiosa necesidad de intercambiar productos, dar a conocer culturas y formas distintas de expresión, las cuales se han ido transformando en propuestas únicas de valor para comercializar a nivel nacional e internacional. Tal es el caso de las llamadas IG que en la Ley de Propiedad Industrial hoy en día se han establecido como un muro de valor importante, pues permite que se designen productos identificados como una región geográfica en los siguientes aspecto: origen y procedencia, los cuales al ser verificados y certificados garantizan la libertad del consumidor para escoger mediante una información adecuada y clara productos con las especificaciones correctas tanto de cantidad como de composición, afinando la calidad, el precio y el derecho a la información sobre los posibles riesgos que reconozcan su proceso dentro de la publicidad. Protegiendo contra la publicidad engañosa y abusiva, métodos comerciales coercitivos y desleales, así como contra prácticas que puedan constituir delitos por alteraciones, falsificaciones, adulteraciones, entre otras.

La política pública tiene como principal objetivo otorgar racionalidad al uso de recursos en el cumplimiento de las actividades estatales. El objetivo y esencia de las políticas públicas no es la solución de problemas concretos o de demandas insatisfechas, sino el cumplimiento de derechos. (Julieta, 2020)

La política pública tiene por objetivo encarar y resolver un problema público de manera racional a través de un proceso de acciones gubernamentales, se estima que la participación ciudadana debe estar presente en las diferentes etapas del diseño y de la evaluación, por lo tanto, se tiene que abrir el abanico a los distintos sectores, grupos y personas. No se puede seguir diseñando políticas públicas desde el escritorio, como si las personas fueran un objeto a tutelar, proteger o controlar, son sujetos de derechos y su opinión y la consideración real de sus preferencias deben ser valoradas al momento de tomar decisiones que afecten o incidan directamente en su esfera jurídica, tal como lo señala la Maestra Julieta Morales Sánchez.

En el marco de la propiedad industrial, para efectos de este trabajo pondremos atención en los fenómenos socio-jurídicos que se producen a través de las IG. Esta figura jurídica, tiene como utilidad identificar el origen geográfico especifico de un producto, así como las cualidades, la reputación y otras características que se asocian con el mismo. Normalmente consiste en el nombre del lugar de origen. Por ejemplo, los productos alimenticios a veces poseen cualidades derivadas de su lugar de producción y de factores medioambientales: La IG impide que otras partes no autorizadas utilicen una IG protegida para productos que no son de esa región o induzcan a engaño al público sobre el verdadero origen del producto. (Correa, 2005)

Surgen de una manera espontánea como reflejo de una tradición cultural y forman parte de una idiosincrasia al grado de ser, hoy por hoy, insignias de un pueblo como identidad; se refleja en el orgullo de sus productos, también lo es que los productores de esa región quienes han forjado su prestigio y su lucha por mantener, desarrollar y proteger sus productos desde la perspectiva del ámbito jurídico de la propiedad industrial. El marco legal otorga seguridad y certeza jurídica para toda la cadena productiva quienes son hombres y mujeres que ponen su esfuerzo y trabajo en la organización y en un agrupamiento de intereses unidos en el objeto de elevar la calidad de vida de quienes participan en la elaboración de esos productos distintivos que además se han ampliado o transformado en centros turísticos pueblos mágicos, acarreando con ello un progreso económico alterno a la región.

La seguridad jurídica produce certeza para productores y consumidores, la normalización de la cadena garantiza el nivel de calidad del producto, el apego a los procesos técnico de producción, los cuales deben ser verificados a fin de que no haya modificaciones que desvirtúen la composición del producto. Con la Ley de Propiedad industrial en el ámbito de las indicaciones geográficas, e inclusive de la denominación de origen, tenemos la certeza de encontrar en el mercado el mismo producto de calidad reconocida y superior.

La ley de propiedad industrial atiende a las IG de acuerdo a los siguientes artículos que sobresalen:

> *Artículo 265.- Se entiende por indicación geográfica el reconocimiento de:*
>
> *I.- Una zona geográfica que sirva para designar un producto como originario de la misma;*
>
> *II.- Una referencia que indique un producto como originario de la misma, o III.- Una combinación del nombre de un producto y una zona geográfica.*
>
> *Siempre y cuando determinada calidad, características o reputación del producto se atribuyan al origen geográfico de alguno de los siguientes aspectos: materias primas, procesos de producción o factores naturales y culturales.*

Aunque en la actualidad la IG constituye una figura jurídica con sustantividad propia, durante bastante tiempo ha formado cuerpo común e indiferente con la Denominación de Origen (DO) ambos signos distintivos se consideran en general, como bienes inmateriales que entran dentro del ámbito de la propiedad industrial; y se caracterizan, como tales, por ser objeto de un derecho de utilización exclusiva en el tráfico, que se reconocen a favor del titular de los mismos, frente a todo tercero que pretenda utilizar el signo sin su autorización.

La IG tutela el origen y la calidad de los productos, protección que responde a la necesidad de evitar la competencia desleal atendiendo un principio de veracidad o bien como resultado de la concesión de exclusividad por parte del Estado.

La IG está constituida por menciones, representaciones gráficas, signos, figura, símbolos o cualquier otro signo que sin incluir expresamente el nombre o denominación con el que se ha designado un lugar, localidad o región, evocan también, al igual que las anteriores, el lugar de procedencia del producto de manera inmediata en la mente del consumidor; van provistos de determinados signos, típicamente ligado a su procedencia y sacados del folclor, de la tradición de un país o de una determinada localidad. (Materra, 1991)

La IG en el trascurso de la historia se ha generado de forma espontánea en la medid que los productores, comerciantes y productores han ido descubriendo que ciertos productos de zonas determinadas reúnen cualidades particulares, diferenciadas de otras zonas comenzando identificarlos y a denominarlos con el nombre de la IG por ejemplo: Chapulines de Oaxaca, Charales de Chapala o Pátzcuaro, Chicatanas de Oaxaca, Escamoles de Hidalgo, Langosta de Puerto Escondido, Mole poblano o Mole oaxaqueño, Santa María del Cobre, Guitarras de Paracho, Equipales de Zacoalco de Torres, etc.

La denominación de origen tiene propiedades peculiares que en una IG no necesariamente habrán de suceder pues en las denominaciones de origen hay un vínculo con los factores naturales y humanos del medio geográfico en cuestión. La indicación geográfica es más amplia y menos restrictiva como figura aglutinadora de la denominación de origen la indicación de procedencia, esta toma parte de su nombre y tiene como función indicar el origen geográfico de un producto, el A-ADPIC en su artículo 22.1 define la indicación geográfica como la que identifica a un producto originario de una región, localidad o territorio de un miembro de la OMC, que posee una determinada calidad, reputación u otra característica imputable fundamentalmente a su origen geográfico. La IG puede estar constituida no solo por nombres o denominaciones geográficas propiamente dichos sino también por otros signos como imágenes, dibujos, símbolos, etc. y por un vínculo cualitativo entre el producto y el correspondiente medio geográfico.

La denominación de origen ha de existir un vínculo intenso y estrechamente unido al medio geográfico, hasta el punto de que las cualidades especificas del producto tienen que deberse exclusivamente o esencialmente a factores naturales o humanos de ese medio, en la indicación geográfica el vínculo es más tenue y difuso, pues basta simplemente que alguna calidad, reputación o característica sea imputable fundamentalmente al origen geográfico. (Jose, 2001)

> ***Artículo 273***.- *La declaración de protección de una denominación de origen o indicación geográfica, se hará de oficio o a petición de:*
>
> *I.- Las personas físicas o morales que directamente se dediquen a la extracción, producción o elaboración del producto que se pretenda amparar;*
>
> *II.- Las cámaras o asociaciones de fabricantes o productores vinculados con el producto que se pretenda amparar;*
>
> *III.- Las dependencias o entidades del Gobierno Federal;*
>
> *IV.- Los gobiernos de las Entidades de la Federación en cuyo territorio o zona geográfica se extraiga, produzca o elabore el producto que se pretenda amparar, o V.- Las Cámaras del Congreso de la Unión, siempre y cuando la propuesta haya sido aprobada por las dos terceras partes de los miembros presentes.*

Existen diferencias conceptuales expresadas en los diferentes textos jurídicos nacionales e internacionales lo importante es que el carácter deontológico jurídico es tendiente a

equiparar y proteger jurídicamente los signos distintivos de la indicación geográfica y la denominación de origen en los productos agrícolas y alimenticios otorgando el mismo nivel de protección a ambas figuras a partir de la ley del 5 de noviembre del 2021 de propiedad industrial.

II. CONCLUSIONES.

El derecho al desarrollo como todo derecho humano es una facultad inherente a la naturaleza de la persona por el simple hecho de ser, debiendo ser reconocido y garantizado por el Estado.

El derecho al desarrollo económico como derecho humano resulta exigible para la creación y generación de políticas públicas encargadas de promover mejores condiciones económicas, sociales y culturales establecidas en un marco jurídico que reconozca al ser humano su desarrollo pleno de sus capacidades y facultades; garantizando la igualdad de oportunidades para todos en la justa distribución de los ingresos.

La IG cumple la función de informar al consumidor sobre el origen geográfico del producto, y de atraer hacia este sus preferencias constituyendo así un signo distintivo de diferenciación de productos en el mercado.

La IG informa sobre las especiales cualidades de un producto derivadas de la exclusividad de su origen y procedencia convirtiéndose de este modo en un elemento de selección por parte de los consumidores frete a otros productos de igual naturaleza.

La IG como signo distintivo novedoso de inclusión en la ley de propiedad industrial resulta ser una alternativa adecuada para la eficacia de la progresividad de los derechos humanos en el sistema jurídico mexicano.

LA REFORMA CONSTITUCIONAL EN MATERIA DE EDUCACIÓN HACÍA UNA CULTURA DE LA PAZ

Dra. María Teresa Guzmán Robledo[1],
Joseline Adriana González Madrigal[2]

Resumen. La reforma al artículo 3° constitucional del 2019 en México, tiene como objeto el fomento de la cultura de la paz a través de la educación, sin duda, es un gran desafío al que se enfrenta el país porque se debe plantear un modelo educativo que permita lograr la efectividad de una implementación de la cultura de la paz. En la presente investigación se analizan las reformas de este artículo a lo largo de la historia en las diversas constituciones que ha tenido el país, haciendo énfasis en la reforma constitucional del 2019 que ha logrado cambiar un paradigma en la educación con la intención de evidenciar la evolución y los posibles retos que se vislumbran. Análisis que se realiza mediante una metodología cualitativa con apoyo del método descriptivo y explicativo para lograr identificar los principios que permiten crear las condiciones para la paz.

Palabras clave: Constitución, cultura de la paz, educación, principios, reforma.

I. INTRODUCCIÓN

La educación es fundamental en el proceso de creación y recreación de la cultura porque impacta en la sociedad principalmente en

---

1 María Teresa Guzmán Robledo. Doctora en Derecho Electoral por el Instituto de Investigación y Capacitación Electoral, del Tribunal Electoral del Estado de Jalisco, Licenciatura y Maestría en Derecho Constitucional y Amparo, por la División de Estudios Jurídicos del Centro Universitario de Ciencias Sociales y Humanidades de la Universidad de Guadalajara. Profesora de dicho Centro Universitario, con reconocimiento de candidata del SNI. teresa.guzman@academicos.udg.mx

2 Joseline Adriana González Madrigal. Maestrante en Derecho Constitucional y Administrativo por la Universidad de Guadalajara, Docente en la Universidad de Guadalajara. joseline.gonzalez4986@academicos.udg.mx

su manera de pensar y actuar, permitiendo que las personas tengan la libertad de desarrollarse. En este sentido se convierte en un agente promotor de un cambio cultural en el que se busca una construcción del ser humano que proporcione las condiciones para mantener un diálogo, comunicación asertiva, solidaridad y un aspecto humanístico.

La presente investigación tiene como objetivo analizar las reformas al artículo 3° que se han llevado a cabo durante la historia de las constituciones en México para demostrar que el país se va a enfrentar desafíos que permitan las condiciones adecuadas en el fomento de la cultura de la paz en el ámbito educativo.

En México se ha conseguido por medio de la reforma del 2019 que la cultura de la paz se encuentre en el artículo 3° constitucional, generando un cambio de paradigma en la educación, se debe tomar en cuenta que parte de un contexto donde necesariamente se tienen que considerar los temas de conflicto y de violencia que han prevalecido en el país, siendo uno de los factores principales por lo que se busca crear un cambio cultural donde lo primordial sea mantener la paz.

La transformación social a la que alude este artículo constitucional proviene inicialmente de transformar los conflictos a una convivencia que resalte la cooperación de las personas para mantener un diálogo con base en la propia libertad y responsabilidad de actuar de los individuos.

En este sentido se describen los principales cambios que ha contenido el artículo constitucional y como se han mantenido algunos de los valores que después de la reforma constitucional que fomenta la paz se conciben como principios.

Los desafíos que tiene el país en el ámbito educativo son considerables porque parten de una concienciación y sensibilización para una adecuada convivencia escolar generando los medios para conseguirlo.

II. LA CULTURA DE LA PAZ Y SU RELACIÓN CON LA EDUCACIÓN

La educación funge como el agente más poderoso para la promoción de un cambio cultural por eso la UNESCO (2022, p. 5) en su obra intitulada como "Una cultura de paz para América Latina" lo ha considerado el medio idóneo para el fomento de la cultura de la paz.

Las Naciones Unidas (1998, Resolución A/52/13) ha definido a la cultura de la paz como *"una serie de valores, actitudes y comportamientos que rechazan la violencia y previenen los conflictos tratando de atacar sus causas para solucionar los problemas mediante el diálogo y la negociación entre las personas, los grupos y las naciones."*

En este aspecto la cultura de paz depende de la libertad y responsabilidad del individuo conforme a su formación individual que se ve reflejada ante la sociedad, pero no solamente depende de esta serie de valores y acciones conforme a lo que señala Fisas Vinces (1941) *"estableció que la paz era un equilibrio dinámico de factores políticos, sociales, culturales y tecnológicos y al romperse la "armonía" en el sistema internacional venía el conflicto bélico"*.

La armonía de estos factores es primordial para evitar los conflictos, por lo tanto, es una relación del Estado y de la sociedad para alcanzar la cultura de la paz; sin embargo, se ha tenido una evolución donde la paz se desarrolla para establecer las condiciones que permitan culminar con las guerras y todo tipo de violencia a través de métodos de resolución de conflictos en la sociedad.

Construir entornos pacíficos tienen como solución la aplicación de la mediación Gottheil refiere que la mediación significa lograr una solución en consenso, a pesar de los problemas previos, esto es, una transformación de la fractura en una convivencia. (1996, p. 215)

Los mediadores llegan a terminar el conflicto por crear una comunicación asertiva, por ello, Díaz Gamboa enfatiza que la herramienta principal del mediador es fomentar el diálogo, conduciéndose por el camino de la paz para llegar a la paz. (2015, p. 260)

El objeto de la reforma constitucional al artículo tercero es precisamente que, por medio de la cultura de paz, se implemente un modelo educativo que de como resultado una construcción en las personas para que puedan dar solución a conflictos tanto personales como colectivos teniendo las herramientas para ser sus propios mediadores.

En relación con lo anterior el autor Jacques Delors refiere que "la educación tiene el propósito de instruir a cada individuo para desarrollar todas sus capacidades al máximo, realizando su potencial creativo, incluyendo la responsabilidad de sus propias vidas, así como el cumplimiento de sus objetivos personales". (1996, p. 250)

Comprender la educación como medio para fomentar la paz es la relación de crear una identidad cultural en el país como lo establece el político español Federico Mayor Zaragoza donde señala que la educación para la paz se entiende como el proceso de participación por el cual debe desarrollarse la capacidad crítica de las personas, elemento esencial de lo que se pretende sean los nuevos ciudadanos. (2003, p. 19)

Por lo tanto, se busca mediante la educación fomentar la paz en los valores, actitudes y prácticas que permitan mejorar el cumplimiento de las normas, el avance del respeto a la diversidad cultural, la promoción de la igualdad entre hombres y mujeres, así como en la prevención, detección y tratamiento de manifestaciones violentas.

III. LA EDUCACIÓN A TRAVÉS DE LAS CONSTITUCIONES MEXICANAS Y SUS REFORMAS

El camino que ha recorrido el derecho a la educación en los textos constitucionales mexicanos ha sido largo, bajo diferentes ideologías derivadas de los marcos históricos acontecidos en México.

La Constitución de 1824, no contó con una enumeración sistemática de derechos o garantías individuales, empero en cuanto a la educación instruyó el sistema federal educativo reservando a los estados la materia educativa, dio facultades al congreso de legislar en materia de educación sin invadir la esfera de competencia de las entidades federativas. Así mismo, bajo la obligatoriedad de la religión católica que contempló esta constitución, se permearon las estructuras educativas, dejando en manos del clero esta labor ante la insuficiencia de un magisterio, prevaleció el método de enseñanza lancasteriano (Soto, 2012, p. 2).

La constitución de 1857 señaló: "*La enseñanza es libre. La ley determinará que profesiones necesitan título para su ejercicio, y con qué requisitos se deben expedir*" la ideología liberal de la época se refleja en el texto del artículo 3°, así como el control educativo por parte del estado, con el inició en nuestro país del principio de la libertad de cultos.

Los artículo 3° y 130 de la constitución de 1917 deriva su contenido normativo de los enfrentamientos durante los siglos XIX y XX entre el estado y la iglesia católica; respondiendo a la ideología de los vencedores, dándose así un estado laico, con libertades y derechos (resultado de la guerra de tres años y la revolución). Los revolucionarios se limitaron a establecer que la educación oficial sería libre y laica, disminuyeron la influencia de la iglesia católica, prohibiéndoles que tuvieran escuelas primarias y su dirigencia (Arteaga Nava, Elisur, 2009, p. 473).

> *ARTÍCULO 3.- La enseñanza es libre; pero será laica la que se dé en los establecimientos oficiales de educación, lo mismo que la enseñanza primaria, elemental y superior que se imparta en los establecimientos particulares. Ninguna corporación religiosa, ni ministro de algún culto, podrán establecer o dirigir escuelas de instrucción primaria. Las escuelas primarias particulares sólo podrán establecerse sujetándose a la vigilancia oficial. En los establecimientos oficiales se impartirá gratuitamente la enseñanza primaria.*

En esta línea del tiempo, continuamos con un breve análisis a la reforma constitucional del artículo 3° de 1934, la cual perfiló la educación hacía una ideología socialista "*La educación que imparta el Estado será socialista, y además de excluir toda doctrina religiosa combatirá el fanatismo y los prejuicios, para lo cual la escuela organizará sus enseñanzas y actividades en forma que permita crear en la juventud un concepto racional y exacto del universo y de la vida social*". Esta reforma también incluyó el centralismo de la educación, la facultad de los particulares para impartir educación (con la prohibición de intervenir de forma alguna las corporaciones religiosas, etc., en escuelas, primarias, secundarias o normales), la educación primaria obligatoria.

Se consideró la etapa socialista como una evolución natural del régimen liberal pasando de la laicidad a la socialización de la educación, lo cual se advierte de la exposición de motivas que dio el Partido Nacional Revolucionario (Soto Flores, Armando, 2012, p. 7): "*Por ello el proyecto o iniciativa propone que la educación que imparta el estado será socialista, excluirá toda enseñanza religiosa y proporcionará una cultura basada en la verdad científica, que forme el concepto de solidaridad necesario para la socialización progresiva de los medios de producción económica...*" (Congreso de los Estados Unidos Mexicanos, 1934) dando paso del sistema liberal al socialista a través de la educación.

En 1946 se reforma el artículo 3° constitucional para establecer que la educación tendría como objetivo:

> "*desarrollar armónicamente todas las facultades del ser humano y fomentará en él, a la vez, el amor a la Patria y la conciencia de la solidaridad internacional, en la independencia y en la justicia. I.— Garantizada por el artículo 24 la libertad de creencias... basada en los resultados del progreso científico, luchará contra la ignorancia y sus efectos, las servidumbres, los fanatismos y los prejuicios. Además: A) Será democrático, considerando a la democracia no solamente como una estructura jurídica y un régimen político, sino como un sistema de vida fundado en el constante mejoramiento económico, social y cultural del pueblo; b) Será nacional,...*" (UNAM, 1985, pp. 7-8)

El texto de la reforma canceló la orientación socialista de la educación, postulaba nuevos principios como fueron la educación integral, científica, democrática, nacional, obligatoria y gratuita que impartía el Estado (Guevara González, Iris, 2002, p. 31)

En 1980 a través de la reforma al artículo 3° constitucional se elevó a nivel constitucional la autonomía universitaria "*Las universidades y las demás instituciones de educación superior a las que la Ley otorgue autonomía, tendrán la facultad y la responsabilidad de gobernarse a sí mismas; realizarán sus fines de educar, investigar y difundir la cultura de acuerdo con los principios de este artículo,...*"

La reforma de 1992 derogó la fracción IV del artículo 3° de la Constitución Política de los Estados Unidos Mexicanos, respecto de la participación de las iglesias en la educación básica, normal y de campesinos u obreros, entre otras.

La reforma de 1993 del artículo 3° de la Carta Magna es complementaria de la reforma de 1992, entre otras cuestiones, establece la secundaria como educación obligatoria "*La educación primaria y secundaria son obligatorias*", la facultad del Ejecutivo federal para determinar los planes y programas de estudio para las escuelas primarias, secundarias y normales, educación gratuita respecto de toda la educación que imparta el estado, así mismo "*el Estado promoverá y atenderá todos los tipos y modalidades educativos —incluyendo la educación superior— necesarios para el desarrollo de la Nación, apoyará la investigación científica y tecnológica, y alentará el fortalecimiento y difusión de nuestra cultura..".*

En el año 2002 se reforma el artículo 3° para establecer la obligatoriedad de la educación preescolar; en el año 2011 se llevó a cabo la reforma en materia de derechos humanos (Senado de la República, 2020), considerándose la más importante, y uno de los artículos reformados fue el tercero estableciendo que la educación que imparta el estado tenderá a desarrollar el respeto a los derechos humanos. En el año 2012 se reforma el artículo 3l de la constitución federal para incluir a la educación media superior como obligatoria.

La administración de Enrique Peña Nieto en el año 2013 reforma el artículo para establecer el Servicio Profesional Docente, con el objeto de fortalecer la educación, regulando el ingreso y promoción de directoras y supervisores de la educación básica y la media superior a través concursos de oposición, entre otros, la reforma del 2016 complementa lo dispuesto por la reforma del 2013, dado que entre otras cuestiones señala:

> *"La ley reglamentaria fijará los criterios, los términos y condiciones de la evaluación obligatoria para el ingreso, la promoción, el reconocimiento y la permanencia en el servicio profesional con pleno respeto a los derechos constitucionales de los trabajadores de la educación. Serán nulos todos los ingresos y promociones que no sean otorgados conforme a la ley".*

IV. LA CULTURA DE LA PAZ EN LA REFORMA CONSTITUCIONAL DEL ARTÍCULO 3° DEL AÑO 2019

Contextos históricos como la separación del Estado y la iglesia católica, la libre enseñanza, cambios ideológicos, la educación como una labor social a cargo del Estado, educación secundaria obligatoria, modernización de la educación, educación democrática, educación media superior obligatoria, la educación en el marco del respeto de los derechos humanos, servicio profesional docente como fortalecimiento de la educación, entre otros, han sido algunos factores que han influenciado y modernizado el derecho a la educación; pero no sólo factores internos han transformado este derecho, también los contextos externos (como el derecho internacional de los derechos humanos) están latentes en los cambios.

Previo a analizar la reforma al artículo 3° de la Constitución Federal del año 2019, se hace necesario hablar de la Organización de las Naciones Unidas para la Cultura, las Ciencias y la Educación – UNESCO es "un organismo internacional que tiene como misión contribuir a la consolidación de la paz, la erradicación de la pobreza, el desarrollo sostenible y el diálogo intercultural, mediante la educación, las ciencias, la cultura, la comunicación y la información"(UNESCO, 2022) ; para lograr sus objetivos ha implementado programas, entre otras cuestiones. El programa "cultura de paz" de la UNESCO **nació en 1992, primero para consolidar la paz en situaciones de posconflicto y luego para prevenir también los conflictos en los países,** ha contextualizado la cultura de la paz de la siguiente manera:

> "*Una cultura de paz está basada en los principios enunciados en la Carta de las Naciones Unidas y en el respeto de los derechos humanos, la democracia y la tolerancia, la promoción del desarrollo, la educación para la paz, la libre circulación de información y la mayor participación de la mujer como enfoque integral para prevenir la violencia y los conflictos, y que se realicen actividades encaminadas a crear condiciones propicias para el establecimiento de la paz y su consolidación.*" (UNESCO, 2022)

Teniendo como factores de la cultura de la paz son: la democracia, la tolerancia, la promoción del desarrollo, la educación para la paz, la libre circulación de información, la mayor participación de la mujer como enfoque integral para prevenir la violencia y los conflictos.

La UNESCO señala que cultura de paz supone, en primer lugar un esfuerzo generalizado que modifique mentalidades y actitudes con ánimo de promover la paz. Lo que significa *transformar los conflictos, prevenir los conflictos que puedan engendrar violencia y restaurar la paz y la confianza en poblaciones que emergen de la guerra.* Más allá de los límites de los conflictos armados, el propósito de la cultura de la paz trasciende para hacerse extensivo *a las escuelas* y *los lugares de trabajo del mundo entero, los parlamentos y las salas de prensa, las familias y los lugares de recreo.* (UNESCO, 2022)

Dentro de este contexto y en el marco de los derechos humanos, la reforma constitucional al artículo 3° del año 2019, ha refrendado algunos principios y ha señalado otros, como que la educación será universal, inclusiva, publica gratuita y laica; se basará en el respeto de la dignidad humana en base al enfoque de los derechos humanos y de la igualdad sustantiva, teniendo que desarrollar de manera armónica todas las facultades de las personas y que fomente: el amor a la patria, el respetar todos los derechos, las libertades, ***la cultura de paz*** *y la conciencia de la solidaridad internacional, en la independencia y en la justicia; promoverá la honestidad, los valores...*

> *"Artículo 3o. Toda persona tiene derecho a la educación. El Estado -Federación, Estados, Ciudad de México y Municipios- impartirá y garantizará la educación inicial, preescolar, primaria, secundaria, media superior y superior. La educación inicial, preescolar, primaria y secundaria, conforman la educación básica; ésta y la media superior serán obligatorias, la educación superior lo será en términos de la fracción X del presente artículo. La educación inicial es un derecho de la niñez y será responsabilidad del Estado concientizar sobre su importancia.*
>
> *Corresponde al Estado la rectoría de la educación, la impartida por éste, además de obligatoria,* ***será universal, inclusiva, pública, gratuita y laica.***
>
> *Se deroga.*
>
> ***La educación se basará en el respeto irrestricto de la dignidad de las personas, con un enfoque de derechos humanos y de igualdad sustantiva.*** *Tenderá a desarrollar armónicamente todas las facultades del ser humano y fomentará en él, a la vez, el amor a la Patria, el respeto a todos los derechos, las libertades,* ***la cultura de paz*** *y la conciencia de la solidaridad internacional, en la independencia y en la justicia; promoverá la honestidad, los valores y la mejora continua del proceso de enseñanza aprendizaje.*
>
> *El Estado priorizará el interés superior de niñas, niños, adolescentes y jóvenes en el acceso, permanencia y participación en los servicios educativos..."*

El fomento a la cultura de la paz es parte de la reforma educativa del 2019, el 30 de septiembre del mismo año se publicó la Ley General de Educación la cual entre sus disposiciones garantiza el derecho a la educación y su objeto es regular la educación que imparta el estado en los tres niveles de gobierno, priorizando el interés superior de la niñez (de conformidad al artículo 4° de la Constitución Federal); en tanto en el capítulo segundo denominado "*De los fines de la educación*" señala que la educación que imparta el estado de manera directa o a través de los particulares autorizados o con reconocimiento oficial para tal efecto, persigue los fines siguientes:

> (artículo 15 fracción XV): ...
> "*Formar la educación en la cultura de la paz, el respeto, la tolerancia, los valores democráticos que fortalezcan el diálogo constructivo, la solidaridad y la búsqueda de acuerdos que permitan la solución no violenta de conflictos y convivencia en un marco de respeto a las diferencias*".

La cultura de la paz como uno de los fines de la educación a través del fomento del respeto, la tolerancia, los valores democráticos como base del dialogo constructivo, así como buscar llegar a acuerdos para soluciones pacíficas a las diferencias respetando dichas diferencias. Por supuesto es parte de la cultura de la paz la inclusión e igualdad de género, la cultura de la paz en la educación es sinónimo de progreso y de educación integral, evaluar la aplicación y resultados no sólo es materia de revisión de programas, más allá de esto, es visualizar los resultados en las nuevas generaciones, lo que tendremos que esperar, pero al menos ya es parte integrante de la educación en México la cultura de la paz.

V. CONCLUSIONES

La construcción de una cultura de la paz requiere de esfuerzos no solamente del Estado, sino que conlleva la colaboración de la sociedad, los principales desafíos a los que se enfrentará el país es precisamente que en el ámbito educativo se crean las condiciones necesarias para generar un diálogo y la comprensión de una interculturalidad.

La cultura de la paz no es solamente un cambio social también lleva intrínseco una acción individualizada donde se resaltan valores, actitudes y acciones de las personas ante un rechazo de la violencia para alcanzar la prevención de los conflictos, con la intención de solucionar las causas que originan los problemas los cuales se logran por medio de una comunicación asertiva y a través del diálogo.

Para conseguir una implementación, así como fomento de la cultura en la educación del país se debe enfrentar a los siguientes desafíos:

1. Hacer una revisión de los planes de estudio para asegurar que se promuevan valores, actitudes y comportamientos que propicien una posible solución de conflictos mediante el diálogo.
2. Se deben establecer programas nacionales que tengan como objeto reducir las desigualdades económicas y sociales para un desarrollo sostenible, porque la cultura de la paz no depende solamente del ámbito educativo, sino que es un conjunto factore que influyen para lograr una adecuada implementación.
3. En la comunidad educativa conservar una aplicación de derechos humanos porque su desarrollo es fundamental para la creación de la cultura de la paz.
4. Crear las condiciones para sostener una igualdad entre mujeres y hombres eliminando toda manera de discriminación y de violencia.
5. Para promover la paz es indispensable una participación de todas las personas para que puedan replicar los principios y prácticas que mantengan la consecución de la paz.
6. Trascender a un ambiente de solidaridad y tolerancia que conciba culminar con los conflictos, por medio del diálogo.
7. Mantener la libertad de información y comunicación para intercambiar conocimientos que apoyen a la cultura de la paz.

Por consiguiente la reforma al artículo 3° constitucional del 2019 tiene consigo un cambio de paradigma no solamente en la educación sino también para la sociedad, la paz es considerada en la actualidad como algo posible pero debe de tener consigo una actualización de los modelos educativos con base en los principios que son planteados por la UNESCO y que se encuentran en este mismo artículo para lograr tener una efectiva implementación de la cultura de la paz, que conciba impactar en la sociedad.

REFERENCIAS BIBLIOGRAFÍA

Arteaga Nava, E. (2009). *"Derecho Constitucional"*. p. 473.

Delors, J. (1996). *"Educación: Hay un tesoro escondido dentro"*. Ed. UNESCO, España. p.250

Díaz Gamboa, L. (2015). *"Nuevas configuraciones del Derecho a la Paz"*. Revista Misión Jurídica. Ed. Universidad Colegio Mayor de Cundinamarca. Bogotá. No. 9. p. 260.

Fisas, V. (2001). *"Cultura de paz y gestión de conflictos"*. UNESCO. Barcelona. p.21

Gottheil, Julio. (1996). *"La mediación y salud del tejido social"*. En Gottheil, Julio y Schiffrin, Adriana (comp.) *Mediación: una transformación de la cultura*. Ed. Paídos. Buenos Aires. p. 215.

Instituto de Investigaciones Jurídicas de la Universidad Nacional Autónoma de México. (1985). *"Constitución Política de los Estados Unidos Mexicanos. Comentada"*. México, UNAM, pp. 7-8.

Guevara, González. I. (2002). *"La Educación en México Siglo XX"*. México. UNAM. p.31

Mayor, Zaragoza, F. (2003). *"Educación para la Paz"*. En Educación XXI: Revista de la Facultad de Educación. Ed. UNED. Madrid, No. 6. p. 19.

Soto, Flores. A. (2012). *"El artículo 3o. constitucional: un debate por el control de las conciencias"*. México. p.2

Cibergrafía

Congreso de los Estados Unidos Mexicanos. (1934, septiembre). *Diario de los debates.* http://cronica.diputados.gob.mx/DDebates/36/1er/Ord/19340926.html

Naciones Unidas. (1998, enero). *Asamblea de las Naciones Unidas, Cultura de la paz.* https://www.um.es/paz/resolucion2.html

Senado de la República, (2020, abril). *Dictamen de las Comisiones Unidas de Puntos Constitucionales y de Estudios Legislativos, con opinión de la Comisión de reforma del Estado, respecto de la Minuta del Proyecto de Decreto que modificó la denominación del Capítulo I del Título Primero y reformó diversos artículos de la Constitución Política de los Estas Unidos Mexicanos, en materia de derechos* humanos. https://igualdad.ine.mx/wp-content/uploads/2020/04/MOD4_DICTAMEN-DE-LAS-COMISIONES-UNIDAS-DE-PUNTOS.pdf

UNESCO. (2022, septiembre). *Centro Internacional para la Formación en Derechos Humanos, ciudadanía Mundial y Cultura de Paz.* https://www.centro-unesco.org/cultura-de-paz.php

UNESCO. (2022, septiembre). *Organización de las Naciones Unidas para la Educación, la Ciencia y la Cultura (UNESCO). https://www.cancilleria.gov.co/international/multilateral/united-nations/unesco#:~:text=La%20Organizaci%C3%B3n%20de%20las%20Naciones,%2C%20las%20ciencias%2C%20la%20cultura%2C*

UNESCO. (2022, septiembre). *Una cultura de paz para América Latina.* https://unesdoc.unesco.org/ark:/48223/pf0000104830_spa#:~:text=El programa cultura de paz de la UNESCO, traduce con mayor vigor este concepto en acciones.

DERECHOS HUMANOS DE NUESTRA NIÑEZ. RETOS EN MÉXICO

Thais Loera Ochoa[1] y Esperanza Loera Ochoa[2]

---

1 DRA. THAIS LOERA OCHOA, originaria de Guadalajara Jalisco, Realizo sus estudios de licenciatura en la división de estudios Jurídicos de la Universidad de Guadalajara 1985-1990 , Estudios de posgrado a).-Maestría en la especialidad en derecho Civil y Financiero por el posgrado en derecho de la Universidad de Guadalajara 2002 . Doctorado en derecho con línea de investigación en derechos humanos, obteniendo el título, Por El Instituto Internacional del Estado y del Derecho 2005 .Doctorante en Educación por el instituto nacional de Pedagogía. 2004 -Especialidad en materia de derechos humanos, impartida por el Instituto de investigaciones Jurídicas de la Universidad de Guadalajara. Especialidad obtenida en derechos humanos, impartido por la Universidad de Salamanca 2007 .Especialidad en derecho Internacional Humanitario, impartida por el Comité Internacional de la Cruz Roja, en colaboración con el Instituto interamericano en derechos Humanos. Profesora de carrera titular "A", de la división de estudios jurídicos del Centro Universitario de Ciencias Sociales y Humanidades de la U de G., Reconocida como perfil PRODEP (programa para el desarrollo profesional docente, para el tipo superior), Siendo además docente Certificada por el comité de capacitación del consejo de coordinación para la implementación del sistema de justicia penal, de la secretaría de gobernación. Ha participado en libros colectivos de derechos humanos y ciencias sociales, así como en diversas revistas jurídicas nacionales e internacionales. Actualmente funge como Secretaria ejecutiva del sistema de protección de niñas niño y adolescente en Jalisco del 2019 a la fecha. Miembro del cuerpo académico en consolidación - Epistemología Jurídica, adscrito al centro universitario de ciencias sociales y humanidades a partir del 2013, a la fecha.

2 DRA. ESPERANZA OCHOA, originaria de Guadalajara Jalisco, Realizo sus estudios de licenciatura en la división de estudios Jurídicos de la Universidad de Guadalajara 1985-1990 , Estudios de posgrado a).-Maestría en la especialidad en derecho Civil y Financiero por el posgrado en derecho de la Universidad de Guadalajara 2002 . Doctorado en derecho con línea de investigación en derechos humanos, obteniendo el título, Por El Instituto Internacional del Estado y del Derecho 2005 .Doctorante en Educación por el instituto nacional de Pedagogía. 2004 -Especialidad en materia de derechos humanos, impartida por el Instituto de investigaciones Jurídicas de la Universidad de Guadalajara. Especialidad obtenida en derechos humanos, impartido por la Universidad de Salamanca 2007 .Especialidad en derecho Internacional Humanitario, impartida por el Comité Internacional de la Cruz Roja, en colaboración con el Instituto interamericano en derechos Humanos. Profesora de carrera titular "A", de la división de estudios

Resumen

A treinta años de la ratificación por parte de México de la Convención sobre los Derechos del Niño, y la creación de la Ley General de los Derechos de Niñas, Niños y Adolescentes[3]; documentos que forman parte de la normatividad del Estado para los Derechos de niñas, niños y adolescentes en México, han enfrentado un cambio paradigmático tanto teórico como institucional, un desafío en su cumplimiento, no solo para el Estado Mexicano, sino también para la sociedad en general, la cual debe comprender la posición que niñas, niños y adolescentes ocupan en cada ámbito social e institucional, el entendimiento pleno de cuáles son sus derechos, y la necesidad de incluir nuevas formas de organización familiar, educativa, cultural, económica y social para el ejercicio pleno de sus derechos.

Abstract

Thirty years after the ratification by Mexico of the Convention on the Rights of the Child, and the creation of the General Law on the Rights of Girls, Boys and Adolescents; Documents that are part of the State regulations for the Rights of girls, boys and adolescents in Mexico, have faced a paradigmatic change, both theoretical and institutional, a challenge in their compliance, not only for the Mexican State, but also for society in general, which must understand the position that girls, boys and adolescents occupy in each social and institutional sphere, the full understanding of what their rights are, and the need to include new forms of family, educational, cultural, economic and social organization to the full exercise of their rights.

Palabras Claves. - niñez, adolescencia, derechos humanos, interés superior de la niñez, titular de derechos, Convención sobre los Derechos del Niño.

---

jurídicos del Centro Universitario de Ciencias Sociales y Humanidades de la U de G . , Reconocida como perfil PRODEP (programa para el desarrollo profesional docente, para el tipo superior), Siendo además docente Certificada por el comité de capacitación del consejo de coordinación para la implementación del sistema de justicia penal, de la secretaría de gobernación. Ha participado en libros colectivos de derechos humanos y ciencias sociales, así como en diversas revistas jurídicas nacionales e internacionales. Actualmente funge como Secretaria ejecutiva de la Comisión Estatal de derechos humanos en Jalisco . Miembro del cuerpo académico en consolidación - Epistemología Jurídica, adscrito al centro universitario de ciencias sociales y humanidades a partir del 2013, a la fecha.

3 Publicada en el Diario Oficial de la Federación el 04 de diciembre del 2014.

I. INTRODUCCIÓN

El presente artículo pretende hacer una reflexión general sobre cómo se encuentra la situación de los derechos humanos de niñas, niños y adolescentes en México después de que se ratificara la Convención sobre los Derechos del Niño (CDN) y la conformación de nuevos paradigmas sobre la percepción de la niñez y la adolescencia. Para ello quiero iniciar con el análisis de si la Ley General de los Derechos de Niñas, Niños y Adolescentes (LGDNNA o Ley General) corresponde al surgimiento de un nuevo paradigma. Decía Thomas Kuhn en su famoso libro "La estructura de las revoluciones científicas"[4] haciendo referencia a este concepto, que un paradigma es la base para la construcción de la ciencia normal, en otras palabras, es una verdad aceptada en un momento dado sobre la cual se va construyendo la ciencia, y el conocimiento. Estos paradigmas son modelos aceptados por una sociedad en un tiempo determinado, que se construyen y perpetúan en las instituciones, el conocimiento, etc. En las ciencias sociales o en ámbito del Derecho, podríamos decir que los paradigmas son ideas que tenemos y sobre las cuales se construyen los sistemas jurídicos, las instituciones, el conocimiento y las relaciones humanas y que al mismo tiempo las instituciones responden a estos paradigmas. Entendiendo esto, entonces es importante hacer la reflexión sobre sí se han o no modificado los paradigmas sobre las niñas, niños ya adolescentes desde el punto de vista jurídico en nuestro país, para tener más miras sobre la situación de los derechos de niñas, niños y adolescentes. Kuhn decía que el conocimiento se da a través de revoluciones científicas que rompen paradigmas. Por lo tanto, a lo largo del texto se pretende responder si los dos documentos normativos anteriormente citados, han representado una ruptura con antiguos modelos doctrinales y jurídicos.

Iniciaremos el presente trabajo con el marco jurídico que conforma el desarrollo de los derechos de la infancia en nuestro país. Posteriormente, se abordará una exposición de los modelos de tratamiento jurídico a la infancia y adolescencia desde el punto de vista teórico, desarrollando el antes y después a la Ley General. Se prosigue con la

4 Thomas S. Kuhn, La estructura de las revoluciones científicas, fondo de cultura económica, México, 1971, p.p 176-212

explicación de cómo está conformado el sistema actual de protección integral de niñas, niños y adolescentes, es decir, qué es lo que se generó institucionalmente a través de la promulgación de la LGDNNA, posteriormente se comentará cuál es enfoque del rol de la familia en este nuevo paradigma, para concluir con los retos y perspectivas.

II. MARCO JURÍDICO

Después de que el Estado Mexicano ratificara la CDN en septiembre de 1990 y la cual se complementa con tres protocolos facultativos[5] para la atención, protección y garantía de los derechos de niñas, niños y adolescentes, en temáticas prioritarias que afecta el desarrollo integral de la infancia y la adolescencia. Cabe mencionar que al ratificar dicha Convención y demás Convenciones,[6] el Estado se ha visto en la necesidad de ir adecuando sus sistemas jurídicos nacionales y locales a los estándares mínimos reconocidos por estas convenciones y a realizar reformas legislativas al marco jurídico constitucional y en los niveles de gobierno, con la finalidad de proveer un marco jurídico aplicable para la dramatización de los derechos humanos y en particular en la garantía de los derechos de niñas, niños y adolescentes.

Para llegar al punto en el que está el Estado mexicano pasaron años de cabildeo, trabajo institucional, interinstitucional, posicionamientos políticos y modificaciones estructurales en la conciencia colectiva en donde se ve a la infancia y la adolescencia como etapas de vida en donde no hay una conciencia y autonomía para la toma de decisiones.

---

5 Protocolo facultativo de la Convención sobre los Derechos del Niño relativo a la venta de niños, la prostitución infantil y la utilización de niños en la pornografía; Resolución A/RES/54/263 del 25 de mayo de 2000, entrada en vigor el 18 de enero de 2002. Protocolo facultativo de la Convención sobre los Derechos del Niño relativo a la participación de niños en los conflictos armados, Resolución A/RES/54/263 del 25 de mayo de 2000, entrada en vigor el 12 de febrero de 2002. Protocolo facultativo de la Convención sobre los Derechos del Niño relativo al procedimiento de comunicaciones; Resolución 17/18, de 17 de junio de 2011, entrada en vigor el 14 de abril de 2014.

6 Véase, http://cedhj.org.mx/tratados_y_convenios.asp

En ese sentido el Estado mexicano llevó a cabo reformas constitucionales que le han permitido avanzar en el proceso de adecuación de su legislación interna a la CDN; entre las que destaca la reforma al artículo cuarto constitucional, que incorpora la noción de que niñas, niños y adolescentes son personas sujetas de derecho, y por lo tanto se reconoce que son titulares del derecho para la satisfacción de sus necesidades y bienestar como los es la alimentación, salud, educación y sano esparcimiento para un desarrollo integral. Así mismo se establece que las y los ascendientes, tutores y custodios tienen el deber de preservar y garantizar estos derechos, mientras el Estado es responsable de proveer lo necesario para propiciar el respeto a la dignidad de la niñez y el ejercicio pleno de sus derechos y otorgar facilidades a los particulares para que coadyuven al cumplimiento de estos derechos.

La reforma Constitucional al artículo cuarto, dio lugar a la emisión de la Ley para la Protección de los Derechos de Niñas, Niños y Adolescentes, cuyo objeto era garantizar a niñas, niños y adolescentes la tutela y el respeto de los derechos fundamentales reconocidos en la Constitución, así como establecer los principios básicos conforme a los cuales el orden jurídico mexicano habría de proteger y garantizar tales derechos. Asimismo, dio lugar a la posterior emisión de leyes homólogas en los estados de la República. Sin embargo, no obstante, al ser la primera Ley con visión de protección de los derechos específicos de la población menor de 18 años, fue derogada para dar paso a la LGDNNA, la cual se encuentra vigente y que modifico una visión asistencialista y proteccionista, a un posicionamiento más garantista.

III. PERCEPCIÓN SOCIAL

En 2010, se llevó a cabo la encuesta nacional sobre discriminación en México que convocó el Consejo Nacional para Prevenir la Discriminación (CONAPRED)[7]. El objetivo de esta encuesta era medir las percepciones sociales sobre ciertos grupos en condición de vulnerabilidad. Afortunadamente, por primera vez, se incluyó en una encuesta

[7] Los resultados de esta encuesta fueron publicados en abril del 2011Por el Consejo Nacional para prevenir la discriminación , México´

de esta naturaleza lo que la ciudadana piensa sobre los derechos de niñas, niños y adolescentes, y nos encontramos con este resultado: 6 de cada 10 personas opina que los niños deben de tener los derechos que les da la ley, mientras que 3 de cada 10 consideran que deben de tener los derechos que sus padres les quieran dar, poco más de 3% considera que los niños no tienen derechos porque son menores de edad. (ENADIS 2010) Cuando hablamos de un paradigma estamos hablando precisamente de esto, sobre la idea que se tiene hacia determinados sujetos. En el caso de las niñas, niños y adolescentes, de acuerdo con el CONAPRED, hay una fuerte resistencia social a aceptar que son titulares de derechos, situación que se refleja tanto en el ámbito del derecho, donde se ha limitado este reconocimiento como en la percepción social de cierta parte de la población.

Por otro lado, existen reportes emitidos tanto por Unicef México, y Save the Children México[8], que sirven como casos paradigmáticos para analizar el estudio de los derechos de niñas, niños y adolescentes y los grandes retos para logar su eficacia en nuestro país. A partir de los estudios de caso presentados en estos informes, retomo cuatro problemáticas comunes a las cuales se enfrentan niñas, niños y adolescentes. La primera a mencionar es el maltrato infantil. Es muy recurrente que, a los abogados dedicados al área de lo familiar, les soliciten asesoría, una pregunta que se reitera es ¿qué hacer cuando una vecina/conocida violenta a su hija o hijo? La respuesta es ciertamente compleja, desde una perspectiva general podríamos responder que lo conducente es presentar una denuncia ante el Ministerio Público. No obstante, el problema es que, por un lado, el Ministerio Público considere que vale la pena levantar una denuncia porque una madre o padre golpea a su hija o hijo, y si la denuncia prospera, otra situación es que el niño probablemente será retirado del seno familiar, y lo cierto es que el Estado mexicano carece en la actualidad de la estructura necesaria para hacerse cargo de estas niñas y niños. De manera que ese niño probablemente será canalizado hacia una institución privada y ahí surge otro problema, existen muchas instituciones públicas y privadas, que no cuentan con los elementos mínimos para atender inte-

[8] https://www.savethechildren.mx/sci-mx/files/72/724f2921-03e7-4f50-818b-171e3a79986e.pdf reporte anual 2015.- fecha 11 de noviembre del 2017.

gralmente a las niñas y niños. Además, en estos espacios también hay evidencia de casos en donde niñas, niños y adolescentes han sufrido violencia. El caso de Casitas de Sur, es un ejemplo de ello, fue ahí donde se descubrió una red de tráfico de menores, y dejó al descubierto que estos graves delitos han sucedido en más centros y casas hogares. Otra de las problemáticas identificadas tiene que ver con que niñas, niños y adolescentes son privados de cuidados parentales. Niñas, niños y adolescentes que no tienen el cuidado de sus madres y padres también son canalizados a instituciones públicas o privadas. En el informe rendido por el Sistema Nacional para el Desarrollo Integral de la Familia (SNDIF)[9], que fue creado como resultado de los foros de análisis a su trabajo del año 2015-2016, aparece reiteradamente el caso en el cual no se podía dar en adopción a niñas, niños y adolescentes porque para ello hacía falta seguir un juicio de pérdida de patria potestad, y los DIFs municipales no contaba con el presupuesto necesario para costear el pago de los edictos que son requisito legal para llamar a juicio a toda persona que pudiera tener algún derecho sobre patria potestad. La falta de publicación del edicto es que el juicio queda inconcluso y, en consecuencia, la niña, niño o adolescentes en lugar de incorporarse a una familia crece hasta los 18 años en una institución, privándosele de su derecho fundamental a vivir y crecer en una familia. Otra situación a mencionar lo constituyen niñas, niños y adolescentes institucionalizados, otra de las grandes deudas de nuestro país, nos lo ha dicho el Comité para los derechos del Niño de la Organización de las Naciones Unidas (ONU) con sede en Ginebra (CRC)[10], no sabemos cuántos son, por qué razones están en instituciones, cuál es su situación jurídica, qué es lo que procede hacer con ellas y ellos y porque no se garantiza su derecho a vivir en familia. Finalmente, una cuarta problemática importante es el de niñas, niños y adolescentes en una situación familiar en condiciones de vulnerabilidad[11], es decir, que está inmersa en procesos de violencia estructural

---

9 Reporte emitido por el consejo de normalización y certificación de competencias laborales, DIF Nacional. www.conocer gob.mx. 20 de noviembre del 2017.

10 Observaciones generales del comité de los derechos del Niño. https.//www.unicef.org. 02/ de octubre del 2017.

11 Según Retamoso (2002). La vulnerabilidad es el resultado de los activos disponibles, y de su combinación con determinadas estructuras de oportunidades y constreñimientos (conformadas por el Estado, el mercado de trabajo, la familia y

dentro de contextos sociales adversos, y con pocas posibilidades de hacer frente a ellos. Como es el caso del "Ponchis", un adolescente sicario de Morelos[12], el cual no tuvo acceso a todos sus derechos y las personas responsables de su cuidado vivieran en condiciones vulnerables, lo que hizo que el adolescente, cometiera crímenes en contra de cuatro personas. En estas situaciones es importante preguntarnos qué le toca al Estado, qué le toca a la sociedad y qué les toca a las familias para que la garantía de los derechos de ese adolescente y de otras niñas y niños sea efectiva. no simplemente pedir el aumento de penas o criminalizar a los niños cuando antes hubo una omisión gravísima a sus derechos. Es entonces en estas cuatro problemáticas en donde podemos observar la mirada social, cultural y jurídica que prevalece sobre niñas, niños y adolescentes.

IV. MODELOS DE PROTECCIÓN DE LA INFANCIA

De acuerdo con el Análisis de la iniciativa de ley general para la protección de Niñas, niños y Adolescentes, llevada a cabo por el Instituto Belisario Domínguez, podemos citar dos modelos, en primer término, nos referiremos al modelo que identificaremos como a). - Modelo minorista privatista. Entre las características del modelo podemos señalar: se utiliza el término "menor"[13], impone obligaciones a algunos actores; padres, maestros, tutores, autoridades. Las obligaciones están vagamente formuladas, dejando un gran margen a la interpretación del agente encargado de proteger "al menor". No se cumple con los derechos de la Convención. Por ejemplo, no se reco-

---

la comunidad). Las capacidades de los individuos y los hogares para hacer frente a situaciones de riesgo, es decir, sus respuestas, dependerán en gran medida de esta combinación. La escasa acumulación y diversificación de activos y la falta de engranaje entre activos y estructuras de oportunidades constituyen procesos generadores de vulnerabilidad social.

12 http://www.semana.com/mundo/articulo/la-historia-el-ponchis-nino-sicario-capturado-mexico/125397-3 fecha 02 de octubre del 2017.

13 Análisis de la iniciativa de Ley General para Protección de Niñas, Niños y Adolescentes. Elementos para su Valoración y Propuestas Versión Preliminar. Instituto Belisario Domínguez. Dirección General de Investigación Estratégica. SEP. 2014

noce el derecho de las NNA a expresar su opinión, puede reconocer derechos, pero no hay un medio para exigir su reparación en caso de vulneración. Puede tratarse de una ley con un catálogo amplio de derechos, pero no se establecen los medios para NNA puedan hacerlos efectivos, bien porque no hay un mecanismo, por la ausencia de la instancia correspondiente o porque no es accesible ya que presupone que "el menor" se encuentra dentro del ámbito privado y, por lo tanto, el Estado no tiene más que una pequeña intervención en la garantía de los derechos.

b)- Modelo Convencional garantista[14]. Introducido por la Convención sobre los Derechos del Niño, y que precisamente significa una ruptura, con el modelo minorista privatista. Sus características son que utiliza los términos "niñas, niños y adolescentes", o genéricamente "niño", en ocasiones se utiliza la palabra "infancia" para hacer referencia a los derechos colectivos. Reconoce derechos de niñas, niños y adolescentes e identifica las obligaciones correlativas a los derechos y a los sujetos obligados. Los alcances de los derechos están claramente delimitados, especialmente sobre el ejercicio de las obligaciones correlativas. Los derechos de la CDN y otros tratados internacionales en materia de derechos humanos señalan los principios identificados por el CRC y desarrolla la forma de interpretarlos y aplicarlos. Se contempla un mecanismo accesible, así como las obligaciones y procedimientos concretos en caso de vulneración del derecho. Contempla claramente los mecanismos para hacer efectivos los derechos, así como que estos estén en un lugar accesible a niñas, niños y adolescentes, tengan personal especializado que les permita expresarse en su propio lenguaje, presupone que el Estado debe actuar como un agente activo y promotor del cumplimiento de los derechos. Para ello utiliza medios para combatir los estereotipos, adecua la legislación y provee servicios públicos. Tomando en cuenta todo lo anterior, podemos deducir que este modelo sí constituye una ruptura de un paradigma que introduce la LGDNNA.

14 Ibidem.

V. EL INTERÉS SUPERIOR DE LA NIÑEZ EN LA LEY GENERAL

Otro punto toral en el cambio de paradigma al que hemos venido aludiendo en el presente trabajo se refiere al entendimiento doctrinal y jurídico de lo que es el principio del interés superior de la niñez.

Para México el contenido de este principio es fundamental porque a partir de la obligación Constitucional de la aplicación por parte de las autoridades del principio Pro persona y el principio de interés superior de la niñez debe construirse todo acto de política pública o política legislativa hacia el futuro. Es importante tener claro que la formación de una cultura en materia de derechos humanos y en materia derechos de la infancia y adolescencia no es un privilegio de los adultos, para ello debemos comenzar a hacer las modificaciones sociales, culturales y jurídicas que permitan generar un piso firme para la trasformación a una sociedad garantista de derechos humanos.[15] Un ejemplo claro de estas modificaciones es la LGDNNA, la cual tiene aciertos muy grandes en materia educativa, el hecho de que se promueva la educación en derechos humanos y no en valores, dado que al educar bajo esta mirada por sí misma se están creando valores asociados al respeto y la promoción de los derechos humanos de niñas, niños y adolescentes, y con ello se dan las bases para defenderlos y exigirlos, bajo un perspectiva de no discriminación que va de la mano al principio de la igualdad, de género, así como de hacer valer el derecho a la participación. Este nuevo paradigma en la educación es un tema de vital importancia respecto del trabajo de armonización y aplicación de las leyes estatales en materia de niñez, dado que permitirá que se haga una mayor observancia en la aplicación de las reformas necesarias para garantizar cada uno de los derechos humanos de niñas, niños y adolescentes.

El principio de Interés superior de la niñez, el cual ha sido recogido del derecho internacional, representa el principio rector de los derechos de niñas, niños y adolescentes en México. Nuestra Carta Magna

---

15 Véase, García (2011). De las Relaciones Públicas al Neomenorismo: 20 años de Convención Internacional de los Derechos del Niño en América latina (1989-2009).

lo establece en su artículo cuarto, y a partir del año 2015 ha comenzado a incluirse en las legislaturas de todos los Estados de la República mexicana en sus leyes estatales sobre los Derechos de niñas, niños y adolescentes. El Principio del interés superior de la niñez es un principio normativo implícito en la regulación constitucional de los derechos ha sido apoyado por la Suprema Corte de Justicia de la Nación al sostener que "[e]n términos del artículo 4°. de la Constitución Política de los Estados Unidos mexicanos, 3°. De la Convención sobre los derechos del niño, y 1°, 2°, 3°, 6°, y demás relativos de la Ley general de las niñas, niños y adolescentes de aplicación federal y por tanto los tribunales Federales y estatales deben atender primordialmente al interés superior del niño, en todas las medidas que tomen concernientes a estos, por lo que la importancia de tomar en cuenta el interés superior del niño que implica entre otras cosas considerar aspectos tales como garantizar y proteger su desarrollo, el ejercicio pleno de sus derechos , como criterios rectores para la elaboración de normas de aplicación en todos los órdenes relativos a la vida del niño, niña y adolescentes."[16] De conformidad con lo establecido en el texto de las leyes de las niñas, niños y adolescentes. El CRC, ha señalado que "[e]l principio de interés superior del niño se aplica a todas las medidas que afecten a ellos y exige medidas activas, tanto para proteger sus derechos como promover su supervivencia, crecimiento y bienestar como para apoyar y asistir a los padres y a otras personas que tengan la responsabilidad cotidiana de la realización de los derechos del niño"[17]. El interés superior de la niñez es uno de los principios rectores más importantes del marco internacional de los derechos humanos. No solo es mencionado expresamente en varios instrumentos, sino que es constantemente invocado por los órganos internacionales encargados de aplicar esas normas. Por tanto, constituye un mandato vinculante y de observancia para todas las autoridades involucradas en su correcta aplicación. Como consecuencia práctica de lo antes citado, debe concluirse que en toda contienda judicial en que se vean involucrados niñas, niños y adolescentes, debe resolverse atendiendo al interés superior de la niñez, conforme lo dispuesto por la CDN, en la cual menciona en su artículo 3.1 establece que "en cualquier medida

---

16 Tesis: 1ª./J. 25/2012 (9a.) Suprema Corte de Justicia de la Nación.

17 Tesis: 2ª./J. 113/2019 (10a.) Suprema Corte de Justicia de la Nación.

que tomen las autoridades estatales deben tomar en cuenta en forma primordial el interés superior del niño". Así mismo, se hace mención de este principio en los numerales 9º, 18, 20, 21, 37 y 40 que también mencionan expresamente la importancia de la aplicación de interés superior. Nuestra Carta Magna lo señala claramente en el artículo 4º: "En todas las decisiones y actuaciones del Estado se velará y cumplirá con el principio del interés superior de la niñez, garantizando de manera plena sus derechos. Los niños y las niñas tienen derecho a la satisfacción de sus necesidades de alimentación, salud, educación y sano esparcimiento para su desarrollo integral. Este principio deberá guiar el diseño, ejecución, seguimiento y evaluación de las políticas públicas dirigidas a la niñez". Además, la LGNNA establece en su artículo 2° que "El interés superior de la niñez deberá ser considerado de manera primordial en la toma de decisiones sobre una cuestión debatida que involucra niñas, niños y adolescentes. Cuando se presenten diferentes interpretaciones, se elegirá la que satisfaga de manera más efectiva este principio rector. Cuando se tome una decisión que afecte a niñas, niños o adolescentes, en lo individual o colectivo, se deberá evaluar y ponderar las posibles repercusiones a fin de salvaguardar su interés superior y sus garantías procesales. (...)"

VI. EL SISTEMA DE PROTECCIÓN ANTES DE LA LEY GENERAL DE LOS DERECHOS DE NIÑAS, NIÑOS Y ADOLESCENTES

Antes de la promulgación de la LGDNNA, el sistema jurídico mexicano contaba con el artículo cuarto constitucional, el cual fue reformado en el dos mil y posteriormente en el dos mil once. Dado que la CDN que, si bien reconocía los derechos, y había sido ratificada por el Estado mexicano, al ser un tratado internacional, no contaba con los mecanismos internos para su garantía. En la Ley para la Protección de los Derechos de niñas, niños y adolescentes, derogada en 2015, en el ámbito federal, se contaba con el Consejo Nacional para la infancia y la adolescencia. Esto interesante porque nos permite hacer un contraste de lo que había y lo que tenemos, el Consejo nacional para la infancia y la adolescencia, no tuvo una eficacia plena en la garantía de los derechos de niñas, niños y adolescentes, esto por varias razones, entre ellas podemos mencionar que era un consejo creado por un decreto presidencial y conformado por dos o tres secretarías, realmente era muy limitado su actuar. Su conformación dependía de la Secretaria de Educación Pública (SEP), de la Secretaría de Desarrollo Social (SEDESOL), y de la Secretearía de Salud y sus atribuciones eran: proponer, opinar, inducir, promover, procurar, evaluar, alentar los Derechos de niñas, niños ya adolescentes, sin embargo, no había obligaciones en su actuar y simplemente se quedaba las acciones en la propuesta, pero no en la creación de política pública con perspectiva en derechos humanos de infancia y adolescencia. Así mismo, dicha conformación se replicó en las leyes locales de protección de derechos de niñas, niños y adolescentes y en los comités de seguimiento o consejos, en cada una de las entidades.

Había una falta de instrumentos jurídicos que garantizaran los derechos humanos específicos para las personas menores de edad, y había una heterogeneidad y dispersión en la legislación de la materia. Tenemos leyes de la protección en los estados, pero estas leyes son de carácter muy heterogéneo, lo mismo que otras disposiciones contenidas en otras leyes relativas a los estados, ausencia de mecanismos de justiciabilidad de los derechos de niñas, niños y adolescentes, es por eso que la ley federal nunca funcionó, ya que prevalece la visión minorista-privatista en la legislación local, especialmente en materia familiar, con una visión asistencial de la familia. Los casos paradigmáticos a los que hicimos referencia con anterioridad, nunca encontraron respuesta o solución, debido a que cada estado, cada entidad federativa tenía distintos mecanismos, y distintos niveles de eficacia y de enfoque de derechos. Existía una insuficiencia de coordinación de las distintas dependencias, poderes y niveles de gobierno. La función que tenía el Consejo nacional para la infancia y la adolescencia no logró sus objetivos por la falta de enfoque en derechos de NNA, y de la debida interpretación de derechos humanos, tanto desde la perspectiva de política pública, legislativa como jurisdiccional. Se contaba con una gran heterogeneidad, tribunales, por ejemplo, con una interpretación muy garantista, otros con una visión muy asistencial y, esto se resume en el incumplimiento por parte del Estado Mexicano de las obligaciones derivadas de la Convención sobre los Derechos del Niño.

VII. ÓRGANOS Y OPERACIÓN DEL ACTUAL SISTEMA

La Ley General de los Derechos de Niñas, Niños y Adolescentes y su reglamento, ordenan la creación del Sistema nacional de Protección Integral de Niñas, Niños y Adolescentes (SIPINNA)[18] el cual está conformado por el Presidente de la República, el Secretario de Gobernación, el Secretario de Relaciones Exteriores, el Secretario de Hacienda y Crédito Público, el Secretario de Desarrollo Social, el Secretario de Educación Pública, el Secretario Salud, el Secretario de Trabajo y Previsión Social, Titular el Sistema Nacional DIF, los Gobernadores de los Estados, el Fiscal General de la República, el Jefe de Gobierno de la Ciudad de México, el Presidente de la Comisión Nacional de Derechos humanos, el Comisionado Presidente del Instituto federal de Telecomunicaciones, Representantes de Sociedad Civil, y como dependencia invitada parmente el Consejo Nacional de Evaluación de la Política de Desarrollo Social como el órgano encargado de hacer la evaluación y recabar la información del SIPINNA, sobre el cumplimiento de los derechos. Para coordinar las acciones del SIPINNA cuenta con la Secretaria Ejecutiva[19] la cual dependerá, según el diseño que propone la ley de la Secretaría de Gobernación, sus funciones básicamente son de coordinación, predominantemente políticas, es decir, es el órgano de gestión política del Sistema Nacional y encargado del Programa Nacional. Por otro lado, tenemos a la Procuraduría de Protección de Niñas, Niños y Adolescentes (PPNNA) la cual depende del Sistema Nacional DIF y tiene un mandato mucho más jurídico, es decir, de protección y restitución de derechos. La PPNNA tiene a su cargo la representación jurídica, también tiene un papel fundamental en adopciones, acogimiento y centros de cuidado de niñas, niños y adolescentes y, finalmente, el SIPINNA, debe de contar con que la Comisión Nacional de Derechos Humanos y las Comisiones Locales tengan un área especializada que se encargue de la protección, observancia, promoción, estudio y divulgación de los derechos de niñas, niños y adolescentes. No hay un mandato concreto sobre cuál es el diseño en el caso de la Comisión nacional para estar especializada, no señala expresamente que sea una visitaduría, pero se entiende que tiene que

---

18 Artículo 127 de LGDNNA
19 Art. 130 LGDNNA

ser un área que permita un enfoque trasversal, y la transversalización de los derechos en el entendido que todas las visitadurías pueden tener implicación en la vulneración de derechos de niñas, niños y adolescentes y en el cumplimiento de las funciones, en lo que se refiere a los sistemas locales, la LGDNNA da un margen importante de decisión a las legislaturas locales y también a los Sistemas Municipales para determinar en primer lugar qué Secretarias de Estado formaran parte del SIPINNA local, cómo se conformara la Secretaria Ejecutiva y cuál será el diseño institucional de las Procuradurías de Protección, es decir, puede estar adscrita al DIF municipal o local, pero no necesariamente puede depender de la Secretaría de Gobierno del Estado, puede ser un órgano desconcentrado, pero lo importante es entender y rescatar el espíritu de la LGDNNA de cuál es la función de estas procuradurías de protección que tienen la representación jurídica, la operatividad jurídica de la ley en cada uno de los niveles.

VIII. LA FAMILIA COMO SUJETO DE DERECHOS Y DEBERES EN LA CONVENCIÓN SOBRE LOS DERECHOS DEL NIÑO

Algunos políticos y comentaristas han considerado a la Convención sobre los Derechos del Niño como un instrumento que debilita a la familia como institución social. Sin embargo, contrario a esto, se puede decir que es un instrumento que no concibe a las niñas, niños y adolescentes como seres autónomos desvinculados del entorno familiar, sino que insiste sobre la importancia de la familia. Uno de los aspectos menos comentados de la Convención es su contribución al desarrollo de los derechos fundamentales de la familia, frente a la sociedad y al Estado.

Antes de la CDN, la normativa regional e internacional sobre derechos humanos reconocía a la familia como "elemento natural y fundamental de la sociedad [que] tiene derecho a la protección de la sociedad y del Estado."[20] Esta normativa, cabe señalar, considera

[20] Declaración Universal de Derechos Humanos Art.16.3; véase también la Declaración Americana de los Derechos y Deberes del Hombre, Art.VI

a la familia como uno de los pocos sujetos colectivos del derecho internacional de los derechos humanos. No obstante, el contenido de tal derecho – al igual que el concepto del derecho de niñas, niños y adolescentes a una protección especial – ha sido poco desarrollado por la normativa internacional. Una disposición de la Declaración Universal de los Derechos Humanos reconocía el derecho de la familia a una existencia digna, derecho que en principio ha de materializarse por la remuneración equitativa y adecuada de las personas que tienen un empleo. Con la adopción de la Convención sobre los Derechos del Niño, en la cual la dinámica entre la familia, el Estado y niñas, niños y adolescentes ocupa un lugar central en el desarrollo integral y la garantía de sus derechos. El tema de la familia y sus relaciones con el Estado y niñas, niños y adolescentes tiene tres ejes: los deberes del Estado hacia niñas, niños y adolescentes, los deberes de la familia hacia niñas, niños y adolescentes, y las obligaciones del Estado hacia la familia. Es importante mencionar que, en los artículos 18 y 27 de la Convención contienen elementos claves de la doctrina que hoy se conoce como la doctrina de protección integral.[21] El primer párrafo del artículo 18 de la CDN establece que: "[i]ncumbirá a los padres... la responsabilidad primordial de la crianza y el desarrollo del niño. Su preocupación fundamental será el interés superior del niño". En seguida, el segundo párrafo define la responsabilidad del Estado como "los efectos de garantizar y promover los derechos enunciados en la presente Convención, los Estados Partes prestarán la asistencia apropiada a los padres... para el desempeño de sus funciones en lo que respecta a la crianza del niño...". El concepto de crianza parece referirse principalmente a las obligaciones de las madres y los padres sobre el sano desarrollo de la personalidad de sus hijas e hijos, pues otro artículo de la Convención consagra el mismo principio con respecto a las necesidades materiales de las NNA. El artículo 27 reconoce en su primer párrafo "el derecho de todo niño a un nivel de vida adecuado para su desarrollo físico, mental, espiritual, moral y social." El segundo párrafo atribuye a las madres y los padres "la responsabili-

21 Para el concepto de Doctrina de Protección Integral véase, O´Donnell, Daniel (2004). La Doctrina de la Protección Integral y las Normas Jurídicas Vigentes en Relación a la Familia. https://archivos.juridicas.unam.mx/www/bjv/libros/5/2467/8.pdf

dad primordial de proporcionar, dentro de sus posibilidades y medios económicos, las condiciones de vida que sean necesarias para el desarrollo del niño." El tercer párrafo establece la obligación del Estado de adoptar "medidas apropiadas para ayudar a los padres y a otras personas responsables por el niño a dar efectividad a este derecho y, en caso necesario, proporcionarán asistencia material y programas de apoyo, particularmente con respecto a la nutrición, el vestuario y la vivienda." Gracias a la Convención, quedan claras tanto las responsabilidades de la familia como la obligación que tiene cada Estado Parte de prestar a la familia la ayuda y asistencia que ésta pueda necesitar para cumplir cabalmente con sus obligaciones con respecto a las necesidades materiales y de otra índole de niñas, niños y adolescentes. Se establece un régimen de corresponsabilidad, en el cual la familia tiene la responsabilidad principal de proteger los derechos de niñas, niños y adolescentes, y el Estado la responsabilidad de coadyuvar, en la medida en que ésta no puede garantizar con recursos propios todos los derechos elementales. Otra disposición de la Convención de gran relevancia para la dinámica entre las niñas, niños y adolescentes, la familia y el Estado es el artículo 5, establece que:

> *"[l]os Estados Partes respetarán las responsabilidades, los derechos y los deberes de los padres o, en su caso, de los miembros de la familia ampliada o de la comunidad, según establezca la costumbre local, de los tutores u otras personas encargadas legalmente del niño de impartirle, en consonancia con la evolución de sus facultades, dirección y orientación apropiadas para que el niño ejerza los derechos reconocidos en la presente Convención". (CDN,1989)*

Las madres, los padres, y la familia en general, tienen una doble obligación hacia sus hijas e hijos: la de proporcionar dirección y orientación, y la de permitirles ejercer sus derechos. Tanto el autoritarismo como la permisividad son contrarios a este principio. La familia no debe negarle al niño o a la niña el goce y ejercicio de sus derechos legítimos, ni fomentar la falsa idea que los derechos no conllevan límites y responsabilidades. Hay que buscar el medio justo entre los dos extremos, tomando en cuenta la edad y madurez.

Frente a esta dinámica entre niñas, niños y adolescentes, y la familia es importante determinar cuál es el rol del Estado. En la medida en que las madres y los padres cumplen con las obligaciones antes descritas, el deber del Estado, de acuerdo con el artículo 5, es respetar esta dinámica natural. En la medida en que las madres y los padres no tienen los conocimientos o la aptitud necesaria para cumplir cabalmente con este derecho y deber, la obligación del Estado es la que se señala en el artículo 18 de la CDN, es decir, la de proporcionarles la asistencia que necesitan para poder enfrentar esta tarea con éxito. Otra disposición de la CDN precisa que dicha asistencia puede comprender programas educativos y sociales, así como medidas de prevención y de protección eficaces que proporcionen "la asistencia necesaria al niño y a quienes cuidan de él".[22]

Existen, obviamente, situaciones y casos extremos en los cuales las madres y los padres, por un motivo u otro, no tienen las cualidades necesarias para garantizarles a sus hijas e hijos "condiciones adecuadas para su desarrollo físico, mental, espiritual, moral y social." [23] Estas circunstancias extremas se rigen principalmente por los artículos 9 y 19 de la Convención. El artículo 19 reconoce el derecho de niñas, niños y adolescentes a la protección "contra toda forma de perjuicio o abuso físico o mental, descuido o trato negligente, malos tratos o explotación, incluido el abuso sexual, mientras... se encuentre bajo la custodia de los padres".[24] El artículo 9, por su parte, reglamenta la separación del niño de su familia para efectos de protección. Su primer párrafo reza textualmente:

> *"Los Estados Partes velarán por que el niño no sea separado de sus padres contra la voluntad de éstos, excepto cuando, a reserva de revisión judicial, las autoridades competentes determinen, de conformidad con la ley y los procedimientos aplicables, que tal separación es necesaria en el interés superior del niño. Tal determinación puede ser necesaria en casos particulares, por ejemplo, en los casos en que el niño sea objeto de maltrato o descuido por parte de sus padres o cuando éstos viven separados y debe adoptarse una decisión acerca del lugar de residencia del niño". (CDN, 1989)*

El concepto de corresponsabilidad es recogido con entusiasmo por los autores de los nuevos códigos y los defensores de la Doctrina

---

22 Artículo 19.2 DE LA Convención sobre los Derechos del Niño.
23 Ibídem.
24 Ibídem.

de Protección Integral.[25] Este concepto de protección integral implica un rechazo del concepto tutelar de protección, en el cual la principal medida de protección era la separación de niñas, niños o adolescentes de su entorno familiar, por considerar a las familias como amenaza para su bienestar. Es el rechazo de un sistema de protección desprovisto de garantías, dado que se consideraban innecesarias y hasta inconvenientes, puesto que se entendía todo lo que se hacía, era para el bien de niñas, niños y adolescentes, sin contemplar en realidad sus necesidades y su bienestar. Un sistema que, en vez de ayudar a recuperar su autoestima y desarrollar un proyecto de vida, les privaba de libertad y vulneraba su dignidad, preparándoles para una vida de marginalización y violencia. El concepto de corresponsabilidad, en vez de culpar a las familias que no podían ofrecerles a sus hijas e hijos condiciones dignas de vida, reconoce su derecho a programas y políticas sociales que les permita cumplir con sus deberes hacia sus hijos. Tal como lo menciona O´Donnell (2004):

> *"Las bases sobre los cuales se construye la Doctrina de Protección Integral: el niño como sujeto de derechos, el derecho a la protección especial, y el derechos a condiciones de vida que permitan sus desarrollo integral. El cuarto elemento esencial... es el principio de la unidad de la familia y la corresponsabilidad de la familia, el Estado, y la comunidad en la protección de los derechos del niño."*

IX. PRINCIPALES RETOS

Como corresponde a toda ruptura de paradigma, la LGDNNA implica importantes retos culturales y sociales, no hay una predisposición muy clara al reconocimiento de derechos, dado que los derechos humanos no parten de las percepciones sociales, los derechos humanos parten del reconocimiento de la dignidad de la persona, la aplicación del modelo convencional-garantista, la construcción de la institucionalidad en lo que se refiere a sistemas de protección y

25 Véase, O´Donnell, Daniel (2004). La Doctrina de la Protección Integral y las Normas Jurídicas Vigentes en Relación a la Familia. https://archivos.juridicas.unam.mx/www/bjv/libros/5/2467/8.pdf

procuradurías, la incorporación del enfoque de derechos en las leyes y, desde luego, la armonización legislativa trasversal en todos los niveles de gobierno. Se tiene que impactar hasta los reglamentos municipales, los mandos municipales, porque la aplicación de los derechos de niñas, niños y adolescentes está en todos los ámbitos. Kuhn[26] decía que lo normal es que cuando surge un nuevo paradigma este no reemplace inmediatamente al anterior, sino que durante un tiempo convivan ambos paradigmas y que exista una confrontación entre los dos modelos, hasta cambiar las estructuras sociales hacer valido uno solo modelo. A partir de la ratificación de la Convención hasta la creación de un Sistema de Protección Integral de Niñas, Niños y Adolescentes en los tres niveles de gobierno, el tema de los derechos humanos de esta población se ha posicionado, sin embargo falta más por hacer para que realmente se vean reflejados todos estos años de trabajo en la protección y garantía de los derechos de, para y por las niñas, los niños y las y los adolescentes.

Lograr un cambio de paradigma en la forma de ver a la infancia es un desafío para todas y todos: El reto tiene que ver con la forma en la que reconocemos a niñas, niños y adolescentes como ciudadanos y como sujetos de derechos[27]. Darles también un trato desde la equidad resulta difícil, dadas las representaciones sociales, que tienden a considerar aniñas, niños y adolescentes como inferiores, en la lógica argumentativa de que están en desarrollo, en este sentido y difícil de institucionalizar, ahí el reto de los Estados, el institucionalizar los procesos, la programación presupuestal, los planes de trabajo, los programas, proyectos bajo un perspectiva de derechos humanos de niñas, niños y adolescentes y ponerlos en el centro de la política pública.

El tamaño del reto resulta muy grande cuando seguimos repitiendo discursos como: “nuestros niños”, “el futuro son los niños” o se sigue con una visión asistencialista y de protección. En este punto la reflexión sería, las niñas, niños y adolescentes no nos pertenecen, ellas y ellos son personas sujetas de derechos y por lo tanto son el presente, el ahora.

---

26 Thomas S. Kuhn, La estructura de las revoluciones científicas, fondo de cultura económica, México, 1971.

27 Belloff, Mary, Los Derechos del Niño en el Sistema Interamericano, Buenos Aires, editorial puerto, 2007. Pp. 79-90

Ejemplo de lo anterior, es la necesidad de que en vez de centrar la discusión sobre la situación de dependencia y tutela en la que viven niñas, niños y adolescentes hay que discutir más sobre cuestiones de competencias, sentimientos de pertenencia e implicación en la comunidad, participación, etc. De esta forma, el foco del debate se desplaza hacia la adquisición de estos recursos y hacia las motivaciones necesarias para actuar en la esfera pública.

La Convención sobre los Derechos del Niño proporciona un marco a esta nueva visión a partir de la cual la infancia y adolescencia pierde el carácter de subordinación ante las y los adultos y permite superar el carácter asistencial y de corto alcance que ha predominado en la atención a la infancia a lo largo de los años.

X. CONCLUSIONES

Primera. - La Ley general de los Derechos de niñas niños y adolescente en México, representa un nuevo paradigma respecto del tratamiento doctrinal y jurídico en nuestro país. Es un viraje a la percepción de los Derechos humanos de niñas. Niños y adolescentes, que se posiciona a esta población con personas sujetas de derechos y no como objetos de derechos.

Segunda. - El modelo convencional garantista introducido por la Convención sobre los Derechos del Niño, significa una ruptura con el modelo minorista privatista al reconocer los derechos de NNA. Este modelo identifica las obligaciones correlativas a los derechos y a los sujetos obligados, así como los alcances de los derechos.

Tercera. – Tanto el Estado, la Familia y la sociedad en generar tenemos obligaciones y atribuciones en el cumplimiento y garantía de los derechos de niñas, niños y adolescentes. Siempre anteponiendo el Principio de Interés Superior del niño, por lo tanto, al romper con el paradigma de "niñas, niños y adolescentes sujetos de protección", nos permite modificar las estructuras que permitan una reestructuración y reconfiguración de las instituciones gubernamentales para lograr la plena garantía de derechos de niñas, niños y adolescentes.

Cuarta. - Los retos del Estado mexicano para lograr la plena eficacia del sistema jurídico que protege los derechos de niñas, niños y adolescentes, deben tener como punto de partida el surgimiento de una nueva cultura generada entre otros aspectos por la educación, dicha educación debe basarse en el enfoque transversal del reconocimiento, respeto y garantismo de los derechos humanos, en este caso en los derechos niñas, niños y adolescentes.

XI. BIBLIOGRAFÍA Y WEBGRAFÍA

Belloff, Mary. 2007. Los derechos del niño en el sistema interamericano. Buenos Aires, Editorial Puerto.

Constitución Política de los Estados Unidos Mexicanos. Última reforma publicada en el DOF el 04 de diciembre del 2014.

Convención sobre los derechos del niño.

Declaración Universal de los Derechos el Hombre y del Ciudadano.

Instituto Belisario Domínguez. (2014). Análisis de la iniciativa de Ley General para Protección de Niñas, Niños y Adolescentes. Elementos para su Valoración y Propuestas Versión Preliminar. México, Dirección General de Investigación Estratégica. SEP.

García Méndez, Emilio. 2009. Infancia-Adolescencia de los derechos a la justicia, 3ª. Edición, México Clave 1ª: no. Fotamara.

García Ramírez, Sergio. 2002. Voto Concurrente Razonado, Opinión consultiva OC-17. Condición jurídica y derechos humanos del niño, Corte Interamericana de Derechos Humanos

González Contró, Mónica. (2008) Derechos del niño: Una propuesta de fundamentación. México UNAM. Instituto de investigaciones jurídicas.

Ley general de protección de niñas, niños y adolescentes.

Suprema Corte de Justicia de la Nación, Del Tribunal de Menores Infractores al Sistema Integral de Justicia para Adolescentes. Instituto de Investigaciones Jurisprudenciales y de

O´Donnell, Daniel. 2004. La Doctrina de la Protección Integral y las Normas Jurídicas Vigentes en Relación a la Familia.

Promoción y Difusión de la ética Judicial (México, Cuadernos de Jurisprudencia, Numero 4, 2009)

Thomas S. Kuhn, 1971. La estructura de las revoluciones científicas. México, Fondo de Cultura Económica.

Retamoso, A. 2002. "Ciclo de vida familiar, patrones reproductivos y el trabajo como activo: evolución y estrategias en Uruguay", Notas de Población 74: 111-161, CEPAL.

Vasconcelos Rubén. La justicia para adolescentes en México, Prologó por CAR BONELL Miguel, UNICEF, UNAM pág. XVII.

Webgrafía

https://www.savethechildren.mx/sci-mx/files/72/724f2921-03e7-4f50-818b-171e3a79986e.pdf reporte anual 2015.- fecha 11 de noviembre del 2017. Consulta octubre 2020

http://www.milenio.com/policia/caso Casitas del Sur-Casitas del Sur 0 277172831.html. fecha 02 de octubre del 2017. Consulta octubre 2020

Reporte emitido por el consejo de normalización y certificación de competencias laborales, DIF Nacional. www.conocer gob.mx. 20 de noviembre del 2017. Consulta octubre 2020

Observaciones generales del comité de los derechos del Niño. https.// www.unicef.org. 02/ de octubre del 2017. Consulta octubre 2020

http://www.semana.com/mundo/articulo/la-historia-el-ponchis-nino-sicario-capturado-mexico/125397-3 fecha 02 de octubre del 2017. Consulta octubre 2020

LA JUSTICIA ALTERNATIVA COMO PROMOTORA DE UNA CULTURA DE PAZ EN JALISCO

Alicia Livier Estrada Gutiérrez[1], Luis Octavio Cotero Bernal[2]
y Héctor Hugo Ramírez Larios[3]

RESUMEN:

En el desarrollo del presente trabajo de investigación se pretende manifestar cómo a partir de la reforma constitucional del artículo 17 donde se implementan los mecanismos alternativos de solución de controversias, México ha adoptado en todas sus entidades federativas de una forma paulatina dichos mecanismos, y cómo en Jalisco ha crecido de manera importante su implementación, lo cual está documentado a través

---

1 Estudió la Licenciatura y Maestría en Derecho en la Universidad de Guadalajara, así como Doctorado en el Instituto Internacional del Derecho y del Estado; 26 años de trayectoria en la docencia, galardonada en 12 ocasiones con el Reconocimiento "Ignacio L. Vallarta" por el Centro Universitario de Ciencias Sociales y Humanidades de la UdeG; y reconocimiento "José Parres Arias" por el Centro Universitario de Tonalá de la misma casa de Estudios; coautora de la obra "El Derecho Procesal Civil", así como de la obra denominada "Ensayos de Ciencias Jurídicas"; prestadora de servicios en Métodos Alternativos de Solución de Controversias certificada por el Instituto de Justicia Alternativa del Estado de Jalisco. Correo electrónico livierestrada@hotmail.com

2 Abogado, doctorado en Derecho, 40 años de academia en la Universidad de Guadalajara, Director del Observatorio Académico de Seguridad y Justicia; reconocimiento por el Instituto Nacional para la celebración del día del abogado; Presidente de la federación nacional de colegios y asociaciones de abogados; autor del libro la Justicia en Jalisco; reconocimiento Ignacio Luis Vallarta. Se desempeñó como Director del Instituto Jalisciense de Ciencias Forenses. Correo electrónico locb15@hotmail.com

3 Abogado y Maestro en Derecho con orientación en Administración de Justicia y Seguridad pública por la Universidad de Guadalajara. Doctorado en Derecho Electoral por el Instituto Prisciliano Sanchez del Tribunal Electoral del estado de Jalisco. 15 años en la academia de Derecho Penal y Procesal Penal de la Division de Estudios Juridicos, Profesor de Tiempo Completo Asociado "B". Coordinador de la carrera de Abogado y Presidente del Comité de Titulación de la División de estudios Jurídicos del CUCSH desde 2013 a la fecha. Correo electrónico hector.rlarios@academicos.udg.mx

de la información de la página de transparencia del propio Instituto de Justicia Alternativa del Estado de Jalisco. Asimismo la idea es poner de manifiesto importancia que ha tenido toda esta labor para fomentar en la sociedad una cultura diferente, una cultura vanguardista encaminada a promover la cultura de paz.

PALABRAS CLAVE:

Para iniciar, es importante destacar algunos conceptos básicos o palabras clave para el mejor entendimiento del tema que nos ocupa:

Justicia Alternativa: La justicia alternativa es definida como "todo procedimiento no jurisdiccional para solucionar un conflicto de índole civil, familiar, mercantil o penal, al cual pueden recurrir voluntariamente las partes involucradas, para buscar una solución acordada que ponga fin a su controversia, por procedimiento de técnicas específicas aplicadas por especialistas".[4]

Mecanismo Alternativo: Es el "trámite convencional y voluntario, que permite prevenir conflictos o en su caso, lograr la solución de los mismos, sin necesidad de Intervención de los órganos jurisdiccionales, salvo para su cumplimiento forzoso";[5] según lo señala la Ley de Justicia Alternativa del Estado de Jalisco en su Artículo 3, fracción XVI.

Conflicto: Mientras la Real Academia Española lo define como "Apuro, situación desgraciada y de difícil salida." o "Problema, cuestión, materia de discusión",[6] la citada ley de Justicia Alternativa del Estado de Jalisco en su Artículo 3 Fracción XI lo define como "Desavenencia entre dos o más personas que defienden intereses jurídicos contradictorios".[7]

Cultura de Paz: "Es una cultura que incluye estilos de vida, patrones de creencias, valores y comportamientos que favorezcan la construcción de la paz y acompañe los cambios institucionales que promuevan el bienestar, la igualdad, la administración equitativa de los recursos, la seguridad para los individuos, las familias, la identidad de los grupos o de las naciones, sin necesidad de recurrir a la violencia"[8]

---

4 Andrade Morales, Yurisha. (2012). La Mediación como Método Alternativo de Solución de Conflictos. En Anuario de la licenciatura en Derecho de la Universidad Latina de América. Página 73. México: UNLA.

5 https://congresoweb.congresojal.gob.mx/BibliotecaVirtual/busquedasleyes/Listado.cfm#Leyes

6 https://dle.rae.es/conflicto?m=form

7 https://congresoweb.congresojal.gob.mx/BibliotecaVirtual/busquedasleyes/Listado.cfm#Leyes

8 Fisas, V. (2006). Cultura de paz y gestión de conflictos (5ª ed.). Barcelona, Cataluña, España: Icaria Antrazyt-UNESCO.

DESARROLLO:

Cuando escuchamos el término de Paz, por lo general pensamos en que en el mundo no haya guerras y que haya cordialidad entre las naciones. Sin embargo de unos años hacia acá hemos visto con mucha frecuencia el término compuesto "Cultura de Paz", dicho término lo podemos visualizar e implementar a nivel internacional, nacional, estatal, local, en el núcleo social, familiar e incluso interpersonal. Dicha cultura de Paz la podemos observar como una forma de evitar cualquier tipo de violencia, o bien cuando el individuo tiene la posibilidad de convertir los conflictos en una nueva oportunidad de intercambiar ideas con sus semejantes y abrir nuevos canales de comunicación y nuevas formas de relacionarse. De ahí que cuando hablamos de que en las Naciones se ha dado surgimiento a la Cultura de Paz, podemos persuadir que de lo que se trata de conseguir es que se dé ese conjunto de valores, estilo de vida o comportamiento que esté basado en que no haya violencia, que siempre haya cooperación y diálogo a la hora de solucionar los conflictos, que se dé el respeto, que exista el esfuerzo y el compromiso de las personas y de la sociedad en general para solucionar cualquier tipo de controversia por pequeña o grande que sea.

Dicho lo anterior, y para poder adentrarnos en el tema que nos ocupa que es La Justicia Alternativa como promotora de una Cultura de Paz en México, vale la pena hacer hincapié en lo establecido en nuestra Carta Magna en el Artículo 17 reformado el 18 de junio de 2008 en donde se señala que las leyes preverán mecanismos alternativos de solución de controversias, y aunque la Constitución enfatiza su aplicación en el ámbito penal, cabe señalar que esta reforma constitucional representa una gran oportunidad para evitar que el alto número de causas penales tengan que dirimirse frente a un órgano jurisdiccional, logrando como primer propósito la disminución de la carga laboran en juzgados penales, así como la despresurización de las cárceles por personas que cometan delitos que afectan el patrimonio además de eficientar la reparación del daño de manera integral, lo cual significa que han tenido un acercamiento, diálogo y entendimiento con él que incluso de manera obligada el juez penal tiene que impulsar o motivar a las partes para un posible arreglo, generando un ambiente de paz. “Es importante considerar que en un curso de esta naturaleza se requiere abordar en primer término el tratamiento del conflicto, ya que en un conflicto: el mediador o conciliador del área penal debe atender, en primera instancia, cuáles son las posiciones de las partes, entendidas aquéllas como las afirmaciones, solicitudes y ofertas que

Las partes hacen durante una negociación".[9] Aunado a lo anterior, dicha reforma Constitucional ha significado un parte aguas en la implementación de los mecanismos alternativos de solución de controversias en diversas materias en toda la República Mexicana, es aquí donde podemos observar que en las Constituciones estatales de las diferentes entidades Federativas se incorporaron estos Mecanismos Alternativos de solución de Controversias y por ende se creó la legislación correspondiente en cada Estado, trayendo a la ciudadanía en general un beneficio social mediante la aplicación de diversos métodos que han servido para que las personas puedan resolver por sí mismos sus problemas y alcanzar la impartición de justicia de una manera inmediata junto con su adversario lo cual significa que han tenido un acercamiento, diálogo y entendimiento con él, generando un ambiente de paz y cordialidad incluso posiblemente mejorando o transformando su relación.

Para ver cómo la cultura de Paz ha estado presente en nuestro entorno a través de la Justicia Alternativa, es de suma relevancia ver cómo ha avanzado la implementación de estos Mecanismos Alternativos en México, y para ello podemos poner de referencia lo que sucede en nuestro Estado, por ejemplo, en donde podemos visualizar desde la página de transparencia del Instituto de Justicia Alternativa del Estado de Jalisco que en el informe de actividades del 2019 se señala que en ese año se abrieron en el área de Métodos alternos 12,565 expedientes de los cuales se formalizaron un total de 3,769 convenios y/o acuerdos entre las partes, lo que representa una tasa de acuerdo en el año de 30%. Aunado a lo anterior, 832 asuntos se cerraron antes en virtud de que su asunto se arregló gracias al acercamiento que hubo entre las partes. Y en comparativa, podemos observar el informe del año 2021 Asuntos ingresados en el área de Validación 15,270. Entonces se observa que "Durante el último año, se tuvo un incremento de

---

9 Roger Fischer y Danny Ertel, Sí... ¡de acuerdo! En la práctica, Norma, Bogotá, 1998, p. 31.

71.5% en los asuntos ingresados a validación respecto de los asuntos ingresados en 2020, reflejando de esta forma el importante crecimiento de la justicia alternativa en la entidad. Si se compara con los asuntos ingresados durante 2018, el incremento es de 219%."[10] Por otro lado hay que mencionar que el Instituto de Justicia alternativa del Estado de Jalisco está trabajando arduamente propiciando para la ciudadanía el acceso a la justicia, reto difícil actualmente por el trabajo que ha ido incrementando a pasos agigantados de un año a otro. En este rubro hay que manifestar el hecho de que juegan un papel muy importante todos aquellos profesionistas que se han certificado como mediadores para coadyuvar con la labor del instituto, haciéndolo a través de centros privados o de manera independiente, y quienes tienen facultades para llevar a cabo la realización de convenios los cuales se elevarán a categoría de sentencia ejecutoriada. De la página del Instituto de Justicia Alternativa del Estado de Jalisco se desprende que al día de hoy ya hay cerca de 300 centros privados y 1392 prestadores de servicios certificados, quienes tienen un papel importantísimo y trascendente en la Cultura de Paz en virtud de su papel de facilitar la comunicación entre las partes para que logren encontrar propuestas de solución a sus conflictos. Aunado a lo anterior, cabe hacer mención que tanto los Centros de Mediación Públicos como privados han tenido un papel importantísimo en cuanto a brindar capacitación completa y de calidad a la sociedad en general respecto a la Justicia Alternativa en nuestro Estado, tal y como lo ha afirmado en diferentes eventos el actual Director de Justicia Alternativa de Estado de Jalisco, Doctor Guillermo Zepeda Lecuona.

Por ende podemos asegurar que la sociedad cada día está más involucrada con la Cultura de Paz ya que optan por tratar de resolver sus conflictos de manera pacífica mediante el diálogo y la cordialidad con su adversario, creando un ambiente propicio para conservar la relación que tenían antes de la controversia, lo que traerá como consecuencia el que pueda perdurar dicha relación por siempre, generando con ello agradecimiento recíproco, armonía y bienestar.

---

10 https://ija.gob.mx/cms-data/depot/TransparenciaContenidoD/3er-Informe-de-resultados-2021-IJA.pdf

Y entonces, ¿por qué decimos que la Justicia Alternativa es promotora de la Cultura de Paz? Es sencillo, el hecho de que las personas que se encuentran involucradas en un conflicto tengan la posibilidad de acudir a un método mediante el cual van a lograr dialogar y llegar a un acuerdo en el cual estén convencidos de una forma pacífica y cooperativa de que es lo mejor para ambos y que dicho acuerdo es satisfactorio tanto de forma material como psicológica, eso definitivamente trae un beneficio enorme para ambos ya que con ello evitan un proceso judicial y por ende evitan pasar por el desgaste emocional económico y psicológico que conlleva un litigio y que además el resultado en la sentencia es incierto ya que depende del criterio del juzgador. Con todas estas bondades, se ha comprobado que las personas logran tener paz interior y por ende felicidad y tranquilidad, lo que repercute también en el ambiente en su entorno. Una persona feliz es menos propensa a generar problemas o diferentes tipos de violencia con quienes convive, creando un estilo de vida de diálogo, respeto, armonía, características de lo que es la Cultura de Paz.

Es por ello que resulta digno resaltar lo que las autoridades han trabajado en los últimos años para la construcción de Paz, en virtud de que se han visto diversos programas encaminados a promover la igualdad, el respeto hacia los demás, los valores, la familia, la seguridad, el bienestar, la protección a los más vulnerables, y por supuesto los Mecanismos Alternativos de Solución de Controversias que vienen a ser la cereza del pastel en el marco de la Cultura de Paz, promoviendo a su vez una sociedad sin violencia y la identidad entre los grupos sociales y las Naciones. Sin embargo, debemos ser realistas en el sentido de mencionar que no obstante lo anterior manifestado respecto a la ardua tarea que se ha desarrollado en cuanto a promover la Cultura de Paz, también es imperante señalar que hay un largo camino por recorrer por la situación tan complicada que tenemos en la actualidad debido a los graves problemas sociales que vivimos día con día.

> "Es necesario destacar que los MASC actúan y operan sólo si existe la voluntad de las partes para que eso ocurra. De no ser así, no se pueden considerar funcionales, ya que su principal característica es

el espíritu de autocomposición de las partes, basándose en el *petitum* de las mismas".[11]

Ante lo planteado en este trabajo, queda de manifiesto que los Métodos Alternativos de solución de conflictos son un sistema eminentemente humanitario ya que en su contexto en términos generales, el propósito fundamental es el reencuentro de los valores al servicio del mismo ser humano que le permita un crecimiento en armonía, cumpliendo con el marco constitucional y legal que se define en la solución de las contiendas en la plena voluntad de las partes en controversia, ya sea entre particulares, empresariales, sociales o entre los estados, toda vez que las soluciones de las controversias tienen al final la seguridad de la solución al contar con la fuerza pública en un estado de necesidad.

Según el tribunal internacional de la Haya como lo sostiene el autor Christophe Swinarski, en su obra Principales mociones instituciones del derecho internacional humanitario como sistema de protección de la persona humana.

Aunado a lo anterior, cabe destacar que el sistema que ha implementado la Justicia Alternativa, en términos generales ha propiciado un gran avance en el propósito de lograr una Paz más constante en donde los valores, el rechazo a la violencia y las buenas actitudes pesan más que la ira o el espíritu de venganza, pues es un instrumento que evita los procesos judiciales de todo tipo, toda vez que es viable su aplicación sin importar la naturaleza de los intereses en conflicto pues los problemas en conminación del solicitante de la mediación necesariamente contienen por lo menos por una de las partes el propósito de superar o resolver el problema que los reúne, ya sean familiares, comerciales, obrero patronales, accidentes, y ya sean individuales o colectivos, de tal suerte que incluso en los conflictos entre las naciones se pueda lograr una composición armoniosa que supere las cuestiones que se puedan dar en toda relación, propiciando con ello la igualdad, la autodeterminación y por ningún motivo la discriminación.

---

11 Francisco Javier Gorjón Gómez, " Medios Alternativos de solución de controversias. Solución a la impetración de la justicia", en ELIALA, año 2, núm. 3. UANL. México.2002.

Además de la importancia que este tema ha tomado en nuestro país y en Jalisco, es relevante visualizar cómo es trascendente de manera internacional. "Los MASC han cobrado gran importancia en el mundo, debido a su impacto en todos los niveles sociales; además, se han constituido en un instrumento preeminente en las relaciones internacionales de Estados que por fuerza deben integrarse a un esquema globalizador con todos los países del orbe, en donde se combinan acciones entre naciones y particulares, impulsados por factores culturales, políticos y económicos".[12]

BIBLIOGRAFÍA:

Andrade Morales, Yurisha. (2012). La Mediación como Método Alternativo de Solución de Conflictos. En Anuario de la licenciatura en Derecho de la Universidad Latina de América. Páginas. 73. México: UNLA.

Atina Fulvio, (1999) II Sistema Politico Globale, Gíus Laterza & Figli Spa, Roma-Bari.

Fisas, V. (2006). Cultura de paz y gestión de conflictos (5ª ed.). Barcelona, Catalunya, España: Icaria Antrazyt-UNESCO

Fischer Roger y Danny Ertel, (1998) Sí... ¡de acuerdo! En la práctica, Norma, Bogotá, p. 31.

Gorjón Gómez Francisco Javier, (2022) " Medios Alternativos de solución de controversias. Solución a la impetración de la justicia", en ELIALA, año 2, núm. 3. UANL. México.

CONSULTAS DE INTERNET:

https://dle.rae.es/justicia Consulta realizada el 10 de Julio 2022

https://dle.rae.es/conflicto?m=form Consulta realizada el 10 de Julio 2022

12 Atina Fulvio, (1999) II Sistema Politico Globale, Gíus Laterza & Figli Spa, Roma-Bari.

https://congresoweb.congresojal.gob.mx/BibliotecaVirtual/busquedasleyes/Listado.cfm#Leyes Consulta realizada el 10 de Julio 2022

https://ija.gob.mx/cms-data/depot/TransparenciaContenidoD/Tercer-trimestre-2021-actualizado-OCT-2021.pdf Consulta realizada el 10 de Julio 2022

https://ija.gob.mx/cms-data/depot/TransparenciaContenidoD/Informes-del-IJA.pdf

https://ija.gob.mx/cms-data/depot/TransparenciaContenidoD/3er-Informe-de-resultados-2021-IJA.pdf Consulta realizada el 10 de Julio 2022